Zeitliche Grenzen der gemäß § 3 Abs. 3 TVG fortbestehenden Tarifgebundenheit beim Verbandsaustritt des Arbeitgebers

Europäische Hochschulschriften

Publications Universitaires Européennes
European University Studies

Reihe II
Rechtswissenschaft

Série II Series II
Droit
Law

Bd./Vol. 4742

PETER LANG
Frankfurt am Main · Berlin · Bern · Bruxelles · New York · Oxford · Wien

Artur Kühnel

Zeitliche Grenzen der gemäß § 3 Abs. 3 TVG fortbestehenden Tarifgebundenheit beim Verbandsaustritt des Arbeitgebers

PETER LANG
Internationaler Verlag der Wissenschaften

Bibliografische Information der Deutschen Nationalbibliothek
Die Deutsche Nationalbibliothek verzeichnet diese Publikation in der Deutschen Nationalbibliografie; detaillierte bibliografische Daten sind im Internet über <http://www.d-nb.de> abrufbar.

Zugl.: Jena, Univ., Diss., 2008

27
ISSN 0531-7312
ISBN 978-3-631-58225-1

www.peterlang.de

Meinem Sohn Patrick

Vorwort

Die vorliegende Arbeit wurde im Wintersemester 2007/2008 von der rechtswissenschaftlichen Fakultät der Friedrich-Schiller-Universität Jena als Dissertation angenommen. Literatur und Rechtsprechung sind bis Oktober 2007 berücksichtigt.

Mein herzlicher Dank gebührt Herrn Prof. Dr. Hartmut Oetker für seine hervorragende Betreuung. Er hat mir die Erstellung dieser Arbeit ermöglicht, wertvolle Anregungen gegeben, viel Geduld mit mir gehabt und dabei selbst mein Manuskript sowie die eingereichte Arbeit jeweils in einer bewundernswert kurzen Zeit gelesen und begutachtet. Auch Herrn Prof. Dr. Jacob Joussen danke ich für die ebenfalls sehr zügige Erstellung des Zweitgutachtens.

Ganz besonders danke ich meiner Lebensgefährtin Monika Tadus für ihre Geduld und die gespendete Kraft sowie meinen Eltern, Yvonne Manasterska-Kühnel und Gregor Kühnel, für ihre stets verlässliche und geschätzte Unterstützung und Förderung gerade auch während der Erstellung dieser Arbeit.

Besonders danke ich auch Susanne A. Becker, Dr. Michael Kiedrowski, Dr. Oliver Vahle und Michael Witt für ihr geduldiges Korrekturlesen und für ihren Zuspruch, der mir half, die Arbeit trotz familiär und beruflich bedingter Zeitknappheit abzuschließen.

Hamburg, April 2008 — Artur Kühnel

Inhaltsübersicht

Inhaltsverzeichnis

§ 1 EINLEITUNG

Tarifverträge gelten für Arbeitsverhältnisse nicht ohne Weiteres, sondern bedürfen eines Geltungsgrundes.[1] Die Anwendbarkeit von Tarifverträgen auf Arbeitsverhältnisse kann auf verschiedenen Gründen beruhen, die auch kumulativ vorliegen können. Neben der Allgemeinverbindlicherklärung von Tarifverträgen nach § 5 TVG, einer gesetzlichen Anordnung (z.B. § 613a Abs. 1 S. 2 BGB, § 1 AEntG) oder einer arbeitsvertraglichen Bezugnahme auf Tarifverträge kommt als wichtigster Geltungsgrund die Tarifgebundenheit nach § 3 TVG (auch Tarifbindung genannt) in Betracht.[2]

Richtet man den Blick auf die durch die Mitgliedschaft in Arbeitgeberverbänden und Gewerkschaften vermittelte Tarifgebundenheit der Arbeitsvertragsparteien (§ 3 Abs. 1 Var. 1 TVG), so fällt auf, dass ein Thema seit Jahrzehnten immer wieder in der Diskussion steht: der Austritt des Arbeitgebers aus dem Arbeitgeberverband und die hiermit zumeist bezweckte „Flucht aus dem Tarifvertrag".[3] Dabei zeigt sich, dass einer solchen „Flucht aus dem Tarifvertrag" durch den Arbeitgeber Grenzen gesetzt sind und der Arbeitgeber in der Regel einen längeren Zeitraum in Kauf nehmen muss, um die Anwendbarkeit von Tarifverträgen auf die von ihm abgeschlossenen Arbeitsverhältnisse beseitigen zu können. Diese Grenzen bestehen zum einen in der über den Verbandsaustritt hinaus bis zum Ende des jeweiligen Tarifvertrages fortbestehenden Tarifgebundenheit (§ 3 Abs. 3 TVG). Zum anderen schließt sich hieran nach gefestigter Rechtsprechung des Bundesarbeitsgerichts die Nachwirkung gemäß § 4 Abs. 5 TVG an.[4] Anders als § 3 Abs. 3 TVG erlaubt § 4 Abs. 5 TVG zwar eine Ersetzung des nachwirkenden Tarifvertrages durch eine andere Abmachung, jedoch wird – nicht ohne Grund – darauf aufmerksam gemacht, dass eine solche Abmachung oft nur schwer durchsetzbar ist[5]. Erschwerend kann hinzukommen, dass die (ursprünglich) tarifgebundenen Arbeitgeber in den Arbeitsverträgen mit ihren Arbeitnehmern oft eine Bezugnahme auf die einschlägigen Tarifverträge vereinbaren[6], die

---

1 Vgl. Jacobs/Krause/Oetker/*Oetker* § 6 Rn. 1.

2 Siehe Jacobs/Krause/Oetker/*Oetker* § 6 Rn. 1 ff.

3 Siehe etwa *Dietz* RdA 1957, 178, 179; *Biedenkopf* Grenzen (1964) S. 232 f.; *Konzen* ZfA 1975, 401, 408 ff.; *Scholz* FS G. Müller (1981) S. 509, 534; *Bauer/Diller* DB 1993, 1085; *von Bernuth* NJW 2003, 2215. Vgl. *Oetker* ZfA 1998, 41: „literarischer Dauerbrenner".

4 BAG AP Nr. 3 und 8 zu § 3 TVG Verbandsaustritt; BAG AP Nr. 13 zu § 3 TVG.

5 Z.B. *Bauer/Diller* DB 1993, 1085, 1087; *Buchner* RdA 1997, 259, 260 f.; *Oetker* Gemeinsame Anm. zu BAG EzA Nr. 14 und 15 zu § 4 TVG Nachwirkung; *Reuter* ZfA 1995, 1, 41; *Walker* ZfA 1996, 353, 379 f.

6 *Hromadka/Maschmann* ArbR § 13 Rn. 252 ff.; *Schliemann* NZA 2003, Beil. zu Heft 16, S. 1, 4. Zur sog. Gleichstellungsabrede siehe etwa BAG AP Nr. 21 und 29 zu § 1 TVG

je nach Formulierung der Bezugnahmeklausel zu einer über §§ 3 Abs. 3, 4 Abs. 5 TVG hinausgehenden vertraglichen Bindung an die Tarifverträge führen kann.

Von den soeben beschriebenen Grenzen einer „Flucht aus dem Tarifvertrag“ soll in der vorliegenden Abhandlung die fortbestehende Tarifgebundenheit gemäß § 3 Abs. 3 TVG näher untersucht werden. Innerhalb des § 3 Abs. 3 TVG wiederum werden die zeitlichen Grenzen der an sich fortbestehenden Tarifgebundenheit beim Verbandsaustritt des Arbeitgebers in den Mittelpunkt der Untersuchung gerückt.

A. Fragestellung

Die durch die Mitgliedschaft in einer Tarifvertragspartei vermittelte Tarifgebundenheit müsste dem Wortlaut des § 3 Abs. 1 TVG zufolge mit dem Beitritt entstehen und mit dem Austritt oder der sonstigen Beendigung der Mitgliedschaft enden.[7] Hiervon weicht das Gesetz in § 3 Abs. 3 TVG aber ab. Danach bleibt die Tarifgebundenheit bestehen, bis der Tarifvertrag endet. Nach dem Wortlaut des § 3 Abs. 3 TVG ist diese fortbestehende Tarifgebundenheit zeitlich unbegrenzt, solange nur der Tarifvertrag nicht endet.

Diese fortbestehende Tarifgebundenheit zielt insbesondere auf Arbeitgeber, deren Mitgliedschaft im Arbeitgeberverband – insbesondere durch Austritt – endet. Ein aus seinem Verband ausgetretener Arbeitgeber ist weiter zwingend an diejenigen Tarifverträge seines (ehemaligen) Arbeitgeberverbandes gebunden, die bereits während seiner Mitgliedschaft galten. Auf die Beendigung dieser Tarifverträge kann er aber mangels Mitgliedschaft keinen Einfluss mehr nehmen.[8] Seine Tarifgebundenheit hängt somit vollständig davon ab, ob und wann die Tarifvertragsparteien den Tarifvertrag enden lassen, sofern der Tarifvertrag nicht selbst sein Ende bestimmt. Dies wird in der Praxis und auch in der Literatur teilweise als erhebliche Beschränkung empfunden, insbesondere wenn es sich um unbefristete, manchmal jahrelang nicht geänderte und nicht endende Tarifverträge – zumeist Manteltarifverträge – handelt.[9]

Bezugnahme auf Tarifvertrag und nunmehr aber auch BAG AP Nr. 39 zu § 1 TVG Bezugnahme auf Tarifvertrag; BAG NZA 2007, 965, 967 ff.

7 Siehe etwa Kempen/Zachert/*Kempen* TVG § 3 Rn. 18; *Löwisch/Rieble* TVG § 3 Rn. 81; Wiedemann/*Oetker* TVG § 3 Rn. 50.

8 *Bauer/Diller* DB 1993, 1085, 1086; *Frieges* DB 1996, 1281.

9 Vgl. *Bauer* FS Schaub S. 19, 23; *Bayreuther* Tarifautonomie S. 729; *von Bernuth* NJW 2003, 2215, 2216; *Dahlbender* Austritt S. 10; *Däubler* NZA 1996, 225, 227; *Dieterich/Hanau/ Henssler/ Oetker/Wank/Wiedemann* RdA 2004, 65 f., 76; *Lieb* NZA 1994,

Dies führt zu der folgenden Fragestellung:

Ist die nach § 3 Abs. 3 TVG fortbestehende Tarifgebundenheit zeitlich begrenzt, wenn das Ende des Tarifvertrages im Sinne dieser Norm nicht eintritt und auch nicht absehbar ist bzw. unter Umständen noch jahrelang auf sich warten lassen wird? Wie ist diese zeitliche Grenze gegebenenfalls zu bestimmen?

Sinn und Zweck dieser Abhandlung ist es, die wichtigsten Probleme im Zusammenhang mit der obigen Fragestellung herauszuarbeiten, die verschiedenen Auffassungen gegenüberzustellen, um sodann eine dogmatisch klare Lösung aufzuzeigen, die auch zu praktisch brauchbaren Ergebnissen führt.

B. Praktische und wissenschaftliche Relevanz

Die praktische Relevanz der Untersuchung wird in der Diskussion über eine nachteilige Wirkung der Verbandstarifverträge auf die wirtschaftliche Lage und die Wettbewerbssituation der Unternehmen deutlich[10]. Die Dauer der Tarifgebundenheit spielt insbesondere bei der Diskussion um die Unterschreitung von tariflichen Arbeitsbedingungen im Wege so genannter betrieblicher Bündnisse für Arbeit eine Rolle.[11] Ein aktuelles Beispiel für die praktische Relevanz sind die Entgeltrahmenabkommen in der Metall- und Elektroindustrie (ERA), durch die die tariflichen Lohnstrukturen vereinheitlicht werden. Diese sind bereits in Kraft getreten, sollen aber erst ab dem 1. Januar 2008 ihre unmittelbare und zwingende Wirkung entfalten.[12] Es wurde bereits die Frage aufgeworfen, ob die Tarifgebundenheit bei einem vorher erfolgenden Austritt aus dem Arbeitgeberverband bestehen bleibt[13], was bei Bejahung der Frage zu einer sehr langen Bindung führen würde. Ein weiteres Beispiel für die praktische Relevanz ist ein unlängst (erfolglos) im Bundesrat eingebrachter Gesetzesentwurf, der auch die Änderung des § 3 Abs. 3 TVG vorsah[14]. Im Übrigen kommt es auch nicht selten

---

337; *Maschmann* Zugriff S. 193; *Oetker* ZfA 1998, 41, 43; *Rieble* Arbeitsmarkt Rn. 1554; *Schleusener* NJ 1998, 561, 563.

10 Siehe *von Bernuth* NJW 2003, 2215; *Dieterich/Hanau/Henssler/Oetker/Wank/Wiedemann* RdA 2004, 65 ff.; *Hanau* RdA 1998, 65 ff.; *Rieble* RdA 1996, 151 f.

11 *Dieterich/Hanau/Henssler/Oetker/Wank/Wiedemann* RdA 2004, 65 f., 75 f.

12 Vgl. dazu *Kania* BB 2004, 665, 666.

13 *Kania* BB 2004, 665, 666 f., meint, dass eine Flucht vor ERA noch möglich sei, weil die Tarifgebundenheit einen wirksam gewordenen Tarifvertrag voraussetze, während ein Inkrafttreten allein nicht ausreiche; dagegen *Hohenhaus/Otzipka* BB 2004, 1737 ff. Siehe auch BAG AP Nr. 12 zu § 3 TVG Verbandsaustritt unter 1.a) der Gründe.

14 Entwurf eines Gesetzes zur Entlastung von Kleinunternehmen des Freistaates Bayern, BR-Drs. 701/03, der quasi die Abschaffung des § 3 Abs. 3 TVG vorsah, indem die Tarifgebundenheit auch mit dem Ende der Mitgliedschaft in der Tarifvertragspartei enden

vor, dass Arbeitgebern die fortbestehende Tarifgebundenheit des § 3 Abs. 3 TVG unbekannt ist.[15] Dass es sich bei der hier aufgeworfenen Fragestellung auch nicht um ein auf geringe Zeit beschränktes Problem handeln muss, zeigen der Rahmentarifvertrag für das Glaserhandwerk in Hamburg vom 1. Oktober 1992 sowie der Manteltarifvertrag für gewerbliche Arbeitnehmer und das Verkaufspersonal in den Betrieben der Fleischerinnung Hamburg und des Verbandes der Fleischwarenindustrie in der Hansestadt Hamburg e.V. vom 12. Oktober 1992.[16] Die Tarifverträge sind seit dem 1. Oktober 1992 bzw. dem 1. Januar 1993 in Kraft und waren im Hinblick auf die meisten ihrer Regelungsinhalte erstmals zum 31. Dezember 1996 kündbar. Auch mehr als zehn Jahre später sind die Tarifverträge trotz Verhandlungsbemühungen der Arbeitgeberverbände unverändert in Kraft.[17]

Die wissenschaftliche Relevanz der Untersuchung folgt zunächst daraus, dass es bisher keine Rechtsprechung gibt, die man als umfassende oder auch nur ansatzweise Klärung der vorliegenden Fragestellung ansehen könnte. In der Literatur hingegen gibt es zwar verschiedene Lösungsansätze. Oft sind diese Lösungsansätze Vorschläge für eine Gesetzesänderung.[18] Andere schlagen Lösungen vor, die schon am geltenden Recht ansetzen. Dabei konnte sich trotz langjähriger Diskussion bisher noch keine Ansicht durchsetzen. Zudem sind viele Abhandlungen vom Umfang her beschränkt und können die sich aufwerfenden Fragen nur anreißen oder nur einen Gesichtspunkt behandeln.[19] Selbst die wenigen umfassenden Abhandlungen zu § 3 Abs. 3 TVG befassen sich mit der vorliegenden Fragestellung nur neben weiteren, darüber hinaus gehenden Gesichtspunkten.[20] Eine umfassende Abhandlung, die sich einzig und allein der vorliegenden Frage-

---

sollte. Der Wirtschaftsausschuss des Bundesrates hat diese Änderung in der Empfehlung der Ausschüsse zu dem Entwurf vom 28. Oktober 2003 (BR-Drs. 701/1/03) abgelehnt. Der Bundesrat hat die Befassung mit dem Entwurf auf seiner Sitzung vom 7. November 2003 von der Tagesordnung abgesetzt (Plenarprotokoll 793, Stenographischer Bericht, S. 395).

15 Vgl. *Böhm* NZA 1994, 497, 498; *von Bernuth* NJW 2003, 2215; *Däubler* NZA 1996, 225, 229 f.; *Käppler* ZfA 1995, 271, 333.

16 Entgegen *Kittner* AuR 1998, 469, 471, ist die Fragestellung eben nicht „eher theoretisch".

17 Telefonisch dem Verfasser erteilte Auskünfte der Geschäftsstelle des Wirtschaftsverbandes Glashandwerke Hamburg e.V. vom 24. September 2007 sowie Auskunft der die Fleischerinnung vertretenden Rechtsanwältin vom 11. Oktober 2007. Siehe auch BAG NZA 2007, 576, 578: „UrlaubsTV (...) schon mehr als 18 Jahre bestanden".

18 Vgl. etwa *Beuthien/Meik* DB 1993, 1518, 1519 f.; *Dieterich/Hanau/Henssler/Oetker/Wank/Wiedemann* RdA 2004, 65, 75 f.

19 Z.B. *Bauer/Diller* DB 1993, 1085 f.; *Büdenbender* NZA 2000, 509 ff.; *Löwisch/Rieble* TVG § 3 Rn. 91 ff.

20 So etwa die Abhandlungen von *Dahlbender*, Austritt; *Knoppik*, Tarifgeltung und *Benedikt* Kürzung.

stellung widmet und einen grundsätzlichen Lösungsansatz zum Ausgleich der kollidierenden Interessen anbietet, gibt es – soweit ersichtlich – bisher noch nicht.

C. Gang der Untersuchung

Zunächst werden unter § 2 (*Austritt des Arbeitsgebers aus dem Arbeitgeberverband*) die vereinsrechtlichen Rahmenbedingungen für die tarifrechtliche Fragestellung näher betrachtet. Neben einem kurzen Überblick über das Recht der Vereinsmitgliedschaft wird insbesondere der Verbandsaustritt sowie die einvernehmliche Aufhebung der Vereinsmitgliedschaft untersucht. Schwerpunktmäßig wird die Frage behandelt, wie lang von der Satzung für den Verbandsaustritt vorgesehene Kündigungsfristen maximal sein dürfen und welche Folge eine zu lange Kündigungsfrist nach sich zieht.

Im Anschluss daran befasst sich § 3 mit der *Tarifgebundenheit nach § 3 Abs. 1 TVG* und insbesondere mit dem Begriff der Tarifgebundenheit und der Abgrenzung zur Normwirkung und zum persönlichen Geltungsbereich. Ferner werden der entstehungsgeschichtliche Hintergrund der Vorschrift und statistische Zahlen über die Verbreitung der Tarifgebundenheit behandelt.

Als zentraler Teil der Abhandlung nimmt sich § 4 der *fortbestehenden Tarifgebundenheit (§ 3 Abs. 3 TVG)* an. Unter § 4 A. wird auf allgemeine Fragen zu § 3 Abs. 3 TVG eingegangen. So werden insbesondere der Sinn und Zweck der Norm sowie die Formulierung „bis der Tarifvertrag endet“ in § 3 Abs. 3 TVG und eine etwaige analoge Anwendung auf andere Fallgestaltungen dargestellt. Der Schwerpunkt der Abhandlung liegt in der Untersuchung der *zeitlichen Grenzen der fortbestehenden Tarifgebundenheit* unter § 4 B. Hier werden zunächst die vielen verschiedenen Literaturmeinungen zum Bedürfnis nach einer zeitlichen Begrenzung und auch zu ihrer Art und Weise vorgestellt. Hieran schließt sich eine umfassende Stellungnahme des Verfassers an.

§ 2 Austritt des Arbeitgebers aus dem Arbeitgeberverband

A. Vorfrage zu § 3 Abs. 3 TVG

Die Regelung in § 3 Abs. 1 und 3 TVG macht deutlich, dass die wirksam erfolgte Beendigung der Verbandsmitgliedschaft des Arbeitgebers eine notwendige Voraussetzung für eine etwaige Lösung des in der Einleitung vorgestellten Problems der „ewigen" Tarifgebundenheit ist. Deswegen ist es wichtig, sich Klarheit über die vereinsrechtlichen Rahmenbedingungen für die Beendigung der Verbandsmitgliedschaft zu verschaffen.[21] Eine voreilige Fixierung auf die tarifrechtliche Fragestellung unter Vernachlässigung des Vereinsrechts birgt die Gefahr, dass rechtsdogmatische oder rechtspolitische Konzeptionen zur Lösung der tarifrechtlichen Fragestellung zu kurz greifen, auch wenn sich die tarifrechtlichen Probleme durch vereinsrechtliche Überlegungen nicht gänzlich beseitigen lassen.

Das Problem kann aber vermieden werden, wenn die Beendigung der Verbandsmitgliedschaft rechtzeitig vor dem Neuabschluss eines Tarifvertrages erfolgt.[22] Eine Tarifgebundenheit an den neuen Tarifvertrag nach § 3 Abs. 1 TVG tritt dann nicht ein. Folglich kann auch § 3 Abs. 3 TVG nicht eingreifen. Voraussetzung hierfür ist aber, dass die Mitgliedschaft vor dem Neuabschluss endet. Es reicht nicht aus, dass die Austrittserklärung vor diesem Zeitpunkt zugeht, wenn eine etwaige Kündigungsfrist erst danach abläuft.[23]

B. Verbandsmitgliedschaft

I. Vereinsrecht

Arbeitgeberverbände sind Koalitionen i.S.d. Art. 9 Abs. 3 S. 1 GG. Die herrschende Meinung liest das Wort „Vereinigungen" in dieser Norm als „Vereine".[24]

---

21 Zum Folgenden *Oetker* ZfA 1998, 41, 42.

22 Zum Folgenden *Oetker* ZfA 1998, 41, 42 f.; vgl. auch *Buchner* RdA 1997, 259, 260; *Plander* NZA 2005, 897.

23 BAG AP Nr. 12 zu § 3 TVG Verbandsaustritt mit zust. Anm. *Oetker*; *Buchner* RdA 1997, 259, 260; Wiedemann/*Oetker* TVG § 3 Rn. 52, 139. Siehe zu einem möglichen abweichenden Ansatz aber auch *Reuter* Anm. zu BAG RdA 2006, 117. Auf die von *Adomeit* Regelung S. 54 f. und *Heinze* NZA 1995, 5, 7 vorgeschlagenen Ansätze, § 3 Abs. 3 TVG einschränkend auszulegen, so dass eine leichtere Möglichkeit zur Abstreifung der Tarifgebundenheit nach Neuabschluss besteht, wird im Rahmen der vorliegenden Abhandlung noch eingegangen (siehe hierzu unten unter § 4 B.II.1.d)aa) auf S. 107 f. und unter § 4 B.II.2.c)aa) auf S. 117).

24 Vgl. *Zöllner/Loritz/Hergenröder* ArbR § 9 III.2.; kritisch zur Begrenzung *Hromadka/Maschmann* ArbR § 12 Rn. 10.

Die Arbeitgeberverbände sind zumeist als eingetragene und damit rechtsfähige Vereine organisiert.[25]

Die Verfassung der Arbeitgeberverbände wird folglich durch das Vereinsrecht des BGB bestimmt.[26] Fragen der Verbandsmitgliedschaft gehören zu dieser rechtlichen Grundordnung des Arbeitgeberverbands.[27] Sie richten sich damit nach den §§ 21 ff. BGB sowie der Satzung des jeweiligen Arbeitgeberverbands (vgl. insoweit auch § 58 Nr. 1 und 2 BGB).[28]

II. Erwerb der Verbandsmitgliedschaft

Erworben wird die Mitgliedschaft in einem Verein durch Beteiligung an der Gründung oder – im Regelfall – durch Vertrag zwischen dem Verein und dem Mitglied; die beiderseitigen Willenserklärungen sind im letzteren Fall die Beitrittserklärung (bzw. Aufnahmeantrag) und deren Annahme (bzw. Aufnahme).[29] Die Mitgliedschaft entsteht regelmäßig mit dem Zugang der Annahmeerklärung und des damit zusammenhängenden Zustandekommens des Beitritts- bzw. Aufnahmevertrages[30], es sei denn, dass die Mitgliedschaft zu einem späteren Termin beginnen soll[31] oder aus sonstigen Satzungsbestimmungen ein späterer Beginn folgt. Die Satzung soll gemäß § 58 Nr. 1 Var. 1 BGB Bestimmungen über den Eintritt der Mitglieder enthalten. Sie kann für die Wirksamkeit des Beitritts die bloße Beitrittserklärung ausreichen lassen.[32] Auch kann für den Aufnahmeantrag die Schriftform oder für die Aufnahme die Zustimmung bestimmter Verbandsorgane vorgesehen sein.[33] Bei Arbeitgeberverbänden bedarf es zur Aufnahme eines

---

25 *von Bernuth* NJW 2003, 2215; *Dahlbender* Austritt S. 3; *Hromadka/Maschmann/Wallner* Tarifwechsel Rn. 180; *Zöllner/Loritz/Hergenröder* ArbR § 9 III.2.

26 Vgl. BAG AP Nr. 12 zu § 3 TVG Verbandszugehörigkeit; Kempen/Zachert/*Kempen* TVG § 3 Rn. 7; *Löwisch/Rieble* TVG § 3 Rn. 16; MünchHbArbR/*Löwisch/Rieble* § 249 Rn. 16; Wiedemann/*Oetker* TVG § 3 Rn. 35, 134.

27 MünchHbArbR/*Löwisch/Rieble* § 249 Rn. 17; Wiedemann/*Oetker* TVG § 3 Rn. 50, 114.

28 Däubler/*Lorenz* TVG § 3 Rn. 15; MünchHbArbR/*Löwisch/Rieble* § 267 Rn. 5; *Oetker* ZfA 1998, 41, 42 ff.; vgl. allgemein *Larenz/Wolf* AT BR § 10 Rn. 93.

29 BGHZ 101, 193, 196; BAG NZA 2001, 980, 981, 982; Däubler/*Lorenz* TVG § 3 Rn. 16; Kempen/Zachert/*Kempen* TVG § 3 Rn. 8; *Löwisch/Rieble* TVG § 3 Rn. 26; Soergel/*Hadding* BGB § 38 Rn. 6 ff. Zur Frage, ob es eine Mitgliedschaft kraft Rechtsscheins gibt, vgl. BAG AP Nr. 14 zu § 3 TVG; LAG Baden-Württemberg AP Nr. 18 zu § 3 TVG Verbandszugehörigkeit; Däubler/*Lorenz* TVG § 3 Rn. 20; *Löwisch/Rieble* TVG § 3 Rn. 24 f.

30 Vgl. BGHZ 101, 193, 196; *Hromadka/Maschmann* ArbR § 12 Rn. 49; *Löwisch/Rieble* TVG § 3 Rn 30.

31 *Löwisch/Rieble* TVG § 3 Rn. 32.

32 *Larenz/Wolf* AT BR § 10 Rn. 107; Palandt/*Heinrichs/Ellenberger* BGB § 38 Rn. 4.

33 LAG Baden-Württemberg AP Nr. 18 zu § 3 TVG Verbandszugehörigkeit; *Hromadka/Maschmann* ArbR § 12 Rn. 47; *Löwisch/Rieble* TVG § 3 Rn 26.

Mitglieds häufig eines Beschlusses des zuständigen Verbandsorgans.[34] Vereinsrechtlich ist auch ein rückwirkender Beitritt zum Verband möglich; tarifrechtlich ist die Rückwirkung aber ohne Bedeutung.[35]

Dem Verein steht es wegen der ihm zustehenden Autonomie grundsätzlich zu, die Voraussetzungen für den Erwerb der Mitgliedschaft festzulegen; selbst bei Erfüllung der satzungsmäßigen Voraussetzungen besteht in der Regel kein Aufnahmezwang.[36]

III. Beendigung der Verbandsmitgliedschaft

Das Ende der Verbandsmitgliedschaft ergibt sich aus der Satzung (vgl. auch § 58 Nr. 1 Var. 2 BGB).[37] Die Mitgliedschaft ist zumeist nicht befristet.[38] Teilweise ist sie unter eine auflösende Bedingung gestellt.[39] Als Beendigungsgründe für die Mitgliedschaft im Arbeitgeberverband können neben dem Verbandsaustritt etwa der Verbandsausschluss und der Verlust der von der Satzung vorgeschriebenen persönlichen Eigenschaften vorgesehen sein.[40] In Betracht kommen auch die Einstellung der Betätigung in dem Bereich, für den die Koalition zuständig ist, die rechtskräftige behördliche Schließung des Betriebs und die Eröffnung des Insolvenzverfahrens bzw. dessen Nichteröffnung mangels Masse.[41]

---

34 *Hromadka/Maschmann* ArbR § 12 Rn. 47.

35 BAG AP Nr. 9 zu § 87 BetrVG 1972 Auszahlung; *Däubler* TVR (1993) S. 178 f. Ziff. 293; Däubler/*Lorenz* TVG § 3 Rn. 18 f.; *Hromadka/Maschmann* ArbR § 12 Rn. 49; Kempen/Zachert/*Kempen* TVG § 3 Rn. 8; vgl. für Gewerkschaftsbeitritt BAG NZA 2001, 980, 981 f.; im Ergebnis auch *Löwisch/Rieble* TVG § 3 Rn. 31, wonach zwar eine rückwirkende Begründung als Rechtsverhältnis nicht erfolgen könne, aber eine Rückbeziehung von Rechtsfolgen (vergleichbar § 159 BGB) möglich sei.

36 Palandt/*Heinrichs/Ellenberger* BGB § 25 Rn. 10. Zur ausnahmsweise bestehenden Aufnahmepflicht vgl. *ders.* § 25 Rn. 10 f.; *Hromadka/Maschmann* ArbR § 12 Rn. 50; *Löwisch/Rieble* TVG § 3 Rn. 33 ff.

37 *Hromadka/Maschmann* ArbR § 12 Rn. 56; *Löwisch/Rieble* TVG § 3 Rn. 45.

38 *Hromadka/Maschmann* ArbR § 12 Rn. 56; *Hromadka/Maschmann/Wallner* Tarifwechsel Rn. 179.

39 *Löwisch/Rieble* TVG § 3 Rn. 68; MünchHbArbR/*Löwisch/Rieble* § 267 Rn. 9.

40 Vgl. BGH LM Nr. 17 zu § 25 BGB; *Löwisch/Rieble* TVG § 3 Rn. 65 ff.; MünchHbArbR/*Löwisch/Rieble* § 267 Rn. 9 f.; Palandt/*Heinrichs/Ellenberger* BGB § 38 Rn. 5.

41 Vgl. *Gamillscheg* KollArbR § 10 2.c), S. 448; *Hromadka/Maschmann* ArbR § 12 Rn. 56; *Löwisch/Rieble* TVG § 3 Rn. 69 f.; MünchHbArbR/*Löwisch/Rieble* § 267 Rn. 14.

Im Folgenden soll im Hinblick auf die vorliegende tarifrechtliche Fragestellung von den genannten Beendigungstatbeständen nur der Verbandsaustritt näher betrachtet werden.[42]

C. Verbandsaustritt

I. Begriff und Erscheinungsformen

Der Austritt aus dem Verein ist die auf Beendigung der Mitgliedschaft durch das Mitglied gerichtete einseitige Willenserklärung des Mitglieds. Der Austritt wird zum Teil auch als Kündigung bezeichnet.[43] Möglich wäre es zwar, in Anlehnung an § 39 BGB zu unterscheiden, dass die sofortige einseitige Beendigung der Mitgliedschaft durch das Mitglied (§ 39 Abs. 1 BGB) als „Austritt" und die Beendigung unter Einhaltung einer Kündigungsfrist (§ 39 Abs. 2 BGB) als „Kündigung" bezeichnet werden.[44] Dagegen spricht allerdings, dass auch in § 39 Abs. 2 Hs. 1 BGB wie in Abs. 1 von „Austritt" die Rede ist. Das BGB unterscheidet folglich nicht zwischen den Begriffen „Austritt" und „Kündigung". Im Folgenden werden die Begriffe deswegen synonym verwendet.

Die Austrittserklärung ist eine einseitige empfangsbedürftige Willenserklärung[45], die mit ihrem Zugang an ein Vorstandsmitglied oder das in der Satzung bestimmte sonstige Vereinsorgan wirksam wird[46]. Der Austritt ist grundsätzlich bedingungsfeindlich.[47]

Neben der einseitigen Beendigung der Mitgliedschaft soll auch deren einvernehmliche Beendigung näher betrachtet werden, auch wenn sie streng genom-

---

42 Vorliegend nicht behandelt wird die sog. Zulässigkeit der OT-Mitgliedschaft, vgl. dazu BAG AP Nr. 15 zu § 3 TVG Verbandszugehörigkeit; BAG AP Nr. 42 zu § 4 TVG Nachwirkung; BAG AP Nr. 19 zu § 2 TVG Tarifzuständigkeit; LAG Düsseldorf NZA-RR 2006, 200 ff.; LAG München NZA-RR 2006, 145 ff.; *Hromadka/Maschmann* ArbR § 13 Rn. 75 ff. m.w.N.; *Löwisch/Rieble* TVG § 2 Rn. 34, 88 ff. m.w.N. Der Wechsel von der Mitgliedschaft mit Tarifbindung zu derjenigen ohne Tarifbindung kommt tarifrechtlich dem Austritt gleich, BAG AP Nr. 42 zu § 4 TVG Nachwirkung; *Löwisch/Rieble* TVG § 3 Rn. 52.

43 Soergel/*Hadding* BGB § 39 Rn. 2.

44 So *Gamillscheg* KollArbR § 10 2.c), S. 448. In diese Richtung wohl auch BAG AP Nr. 12 zu § 3 TVG Verbandsaustritt, wonach der Gebrauch der in der Satzung verwendeten Begriffe „Kündigung" und „kündigen" auf eine Beendigung nach Maßgabe der Satzung hindeute.

45 BAG AP Nr. 1 zu § 3 TVG Verbandszugehörigkeit; *Gamillscheg* KollArbR § 10 2.c), S. 448; *Hromadka/Maschmann/Wallner* Tarifwechsel Rn. 181; Wiedemann/*Oetker* TVG § 3 Rn. 140.

46 Palandt/*Heinrichs/Ellenberger* BGB § 39 Rn. 2; Soergel/*Hadding* BGB § 39 Rn. 3.

47 BAG AP Nr. 1 zu § 3 TVG Verbandszugehörigkeit.

men kein Austritt im Sinne der obigen Definition ist. Für die vorliegende tarifrechtliche Fragestellung ist auch sie von Bedeutung.[48] Entscheidend ist, dass die Beendigung der Mitgliedschaft des Arbeitgebers in beiden Fällen – zumindest auch – auf seinen Willen zurückzuführen ist.

II. Einseitige Beendigung der Mitgliedschaft (Austritt)

Das Recht des Mitglieds zum Austritt aus dem Verein folgt aus § 39 Abs. 1 BGB. Gemäß § 40 BGB ist dieses Recht unabdingbar. Die dauernde Versagung des Austritts wäre eine übermäßige Beschränkung der persönlichen Freiheit; sie würde dem Prinzip der Freiwilligkeit widerstreiten, auf dem alle privatrechtlichen Zusammenschlüsse beruhen.[49] Erst die Möglichkeit des jederzeitigen Austritts für das einzelne Mitglied bietet die Gewähr, dass die Satzung tendenziell die Interessen der Beteiligten berücksichtigt; denn sie setzt die Mehrheit der Gefahr aus, die von der Minderheit eingebrachten personellen und/oder materiellen Ressourcen zu verlieren, falls sie einseitig ihre Vorstellungen verwirklicht.[50] Der dauerhafte Ausschluss der Möglichkeit, aus einer Koalition auszutreten, ist zudem mit der durch Art. 9 Abs. 3 S. 1 GG garantierten negativen Betätigungsfreiheit nicht vereinbar.[51]

Sinn des § 39 Abs. 1 BGB ist es, einen Ausgleich dafür zu schaffen, dass für Beschlüsse eines Vereins das Mehrheitsprinzip gilt und auf diese Weise den Mitgliedern Pflichten auferlegt werden können, die eine Minderheit nicht billigt.[52] Mitglieder, die mit den durch die Mehrheit bestimmten Entschließungen eines Vereins nicht einverstanden sind, sollen das nicht unbegrenzt hinnehmen müssen, sondern ein Mittel in der Hand haben, sich in nicht zu ferner Zeit der Vereinsmacht zu entziehen[53] und für die Zukunft Pflichten abzuschütteln, die sie nicht tragen können oder wollen. Etwas anderes folgt auch nicht daraus, dass ein Verein seine Finanzierung insbesondere durch Beitragspflichten auf längere Sicht sicherstellen können müsse. Solche Vereinsinteressen hat das Gesetz berücksichtigt und gegen das Interesse austretender Mitglieder abgegrenzt, indem es den Vereinssatzungen zugestanden hat, Kündigungsfristen vorzusehen (§ 39 Abs. 2 BGB).

---

48 Vgl. *Oetker* ZfA 1998, 41, 45.

49 *Hromadka/Maschmann/Wallner* Tarifwechsel Rn. 180; *Larenz/Wolf* AT BR § 10 Rn. 111.

50 MünchKomm/*Reuter* BGB § 39 Rn. 1 m.w.N. Vgl. auch *Reuter* Anm. zu BAG RdA 2006, 117, 119.

51 BAG AP Nr. 22 zu § 3 TVG Verbandszugehörigkeit.

52 Zum Folgenden BGHZ 48, 207, 210.

53 *Hromadka/Maschmann/Wallner* Tarifwechsel Rn. 180: „einzige Möglichkeit“.

1. Kündigungsfristen, -termine

Beim eingetragenen Verein soll die Satzung gemäß § 58 Nr. 1 Var. 2 BGB Bestimmungen über den Austritt der Mitglieder enthalten. Trotz der aufgezeigten Unabdingbarkeit des Austrittsrechts verbleibt dem Verein ein gewisser, eng umgrenzter Gestaltungsspielraum[54]. So kann die Satzung etwa Schriftform für den grundsätzlich formfreien Austritt vorsehen, nicht aber die Einhaltung einer strengeren Form oder eine Begründung des Austritts verlangen.[55] Eine Schriftform genügt z.B. auch dann, wenn die Satzung einen eingeschriebenen Brief fordert.[56] Die vor dem Hintergrund der vorliegenden Abhandlung bedeutendsten Satzungsbestimmungen sind aber diejenigen über Kündigungsfristen und Kündigungstermine:

a) § 39 Abs. 2 BGB: Rahmen für Satzungsregeln

Gemäß § 39 Abs. 2 Hs. 1 BGB kann durch die Satzung bestimmt werden, dass der Austritt nur am Schluss eines Geschäftsjahres oder erst nach Ablauf einer Kündigungsfrist zulässig ist. Gemäß § 39 Abs. 2 Hs. 2 BGB kann die Kündigungsfrist höchstens zwei Jahre betragen. Diese Begrenzung entspricht der auch sonst vom BGB verfolgten Tendenz, eine Bindung der Person für unbegrenzte Zeit auszuschließen.[57]

Die Formulierung „oder" in § 39 Abs. 2 Hs. 1 BGB deutet auf eine Alternativität hin, woraus das Reichsgericht gefolgert hat, dass die Verbindung einer Kündigungsfrist von zwei Jahren mit einem Kündigungstermin zum Schluss eines Geschäftsjahres unzulässig ist, weil dadurch die höchstzulässige Kündigungsfrist überschritten wird.[58] Wird die Überschreitung der gesetzlichen Höchstdauer von zwei Jahren allerdings vermieden, bestehen gegen eine Kombination von Kündigungsfrist und Kündigungstermin zum Schluss eines Geschäftsjahres grundsätzlich keine Bedenken; der freiheitssichernde Zweck der Norm bleibt dann ge-

---

54 Vgl. BGHZ 48, 207, 210; *Oetker* ZfA 1998, 41, 57.

55 BayObLGZ 1986, 528, 533; *Hromadka/Maschmann/Wallner* Tarifwechsel Rn. 181; Palandt/*Heinrichs/Ellenberger* BGB § 39 Rn. 2; *Löwisch/Rieble* TVG § 3 Rn. 50.

56 BGH NJW-RR 1996, 866, 877 m.w.N. aus der Literatur; RGZ 77, 70 f., wonach das satzungsmäßige Erfordernis der Kündigung mittels eingeschriebenen Briefs grundsätzlich als gewillkürte Schriftform i.S.d. § 127 BGB anzusehen und keine Wirksamkeitsvoraussetzung ist, sondern nur die Kenntnisnahme sicherstellen soll. Ein Verstoß hiergegen sei unschädlich, wenn die mittels einfachen Briefs oder sogar per Telefax übersandte Kündigungserklärung ihren bestimmungsgemäßen Empfänger erreicht. In diese Richtung tendierend, aber offengelassen von BAG AP Nr. 1 zu § 3 TVG Verbandszugehörigkeit. Ebenso *Hromadka/Maschmann/Wallner* Tarifwechsel Rn. 181.

57 RG JW 1937, 3236 unter Zitierung der Protokolle zum BGB, S. 1074.

58 RG JW 1937, 3236.

wahrt.[59] Ob eine Kündigungsfrist zu lang ist, ergibt sich also aus der Zusammenrechnung von Kündigungsfrist und –termin.[60] Die tatsächliche Kündigungsfrist kann bei einer satzungsmäßigen Kündigungsfrist von z.B. 18 Monaten in Kombination mit einem Kündigungstermin zum Jahresende 18 Monate, aber auch knapp 30 Monate betragen. Ob eine solchermaßen ausgestaltete Kündigungsfrist zu lang oder noch zulässig ist, muss im Vorhinein feststehen. Deswegen ist hierfür die potentiell längste einzuhaltende Zeitspanne, also der für einen Austretenden ungünstigste Fall zugrunde zu legen. Nur so werden alle Fallgestaltungen erfasst und gleich beurteilt.

Enthält die Satzung keine Bestimmungen i.S.d. § 39 Abs. 2 BGB, ist das Mitglied gemäß § 39 Abs. 1 BGB jederzeit und mit sofortiger Wirkung zum Austritt berechtigt.[61] Die Arbeitgeberverbände machen von der Möglichkeit der Festlegung von Kündigungsfristen allerdings in der Regel Gebrauch, indem sie eine Kündigungsfrist von zumeist sechs Monaten mit dem Kündigungstermin zum Jahresende bzw. zum Ende des Geschäftsjahrs kombinieren.[62]

b) Beschränkung bei Koalitionen wegen Art. 9 Abs. 3 GG

aa) Zulässige Dauer der Kündigungsfrist

Die in den meisten Satzungen der Arbeitgeberverbände statuierte Kündigungsfrist von sechs Monaten zum Jahresende bzw. zum Ende des Geschäftsjahrs hält sich dem Wortlaut nach innerhalb des von § 39 Abs. 2 Hs. 2 BGB gezogenen Rahmens; die vom austretenden Arbeitgeber einzuhaltende Zeitspanne beträgt maximal knappe 18 Monate. Nach allgemeiner Ansicht ist die nach § 39 Abs. 2 Hs. 2 BGB für Vereine zulässige Frist von zwei Jahren bei Koalitionen aber nicht mit Art. 9 Abs. 3 GG vereinbar[63]; umstritten ist jedoch, wie lang eine zuläs-

---

59 AG Hamburg NJW 1987, 2380; MünchKomm/*Reuter* BGB § 39 Rn. 7; *Oetker* ZfA 1998, 41, 58; in diese Richtung RGZ 90, 306, 311; *Reuter* Anm. zu BAG RdA 2006, 117, 118; wohl auch Soergel/*Hadding* BGB § 39 Rn. 4.

60 *Löwisch/Rieble* TVG § 3 Rn. 48.

61 Siehe dazu *Oetker* ZfA 1998, 41, 55 f.: Dem Verein selbst ist es überlassen, seinem Perpetuierungsinteresse durch zeitliche Austrittsbeschränkungen Rechnung zu tragen.

62 *Buchner* RdA 1997, 259, 260; *Dahlbender* Austritt S. 3 f.; *Oetker* ZfA 1998, 41, 57 f. mit Nachweisen aus diversen Satzungen in Fn. 60; *Plander* NZA 2005, 897. Vgl. auch § 4 Ziff. 4 Buchst. a) der Satzung des Arbeitgeberverbandes Chemie Rheinland-Pfalz e.V.; § 8 Abs. 1 Nr. 1 der Satzung für den Bauindustrieverband Hessen-Thüringen e.V.; § 3 Abs. 3 Buchst. b) der Satzung des Arbeitgeberverbandes der Versicherungsunternehmen in Deutschland.

63 Bis in die 1960er Jahre wurde dies noch anders gesehen von *Buchner* Koalitionsfreiheit S. 86; *Hueck/Nipperdey* ArbR Bd. II Hb. 1 § 10 III.1.a) Fn. 21 (S. 162); *Richardi* Kollektivgewalt S. 223; Wiedemann/*Oetker* TVG § 3 Rn. 52.

sige Kündigungsfrist sein darf und ob für Gewerkschaften und Arbeitgeberverbände die gleichen Maßstäbe gelten.[64]

(1) BGH: bei Gewerkschaftsaustritt maximal sechs Monate

Der Bundesgerichtshof hat in zwei älteren Urteilen entscheiden, dass die gemäß § 39 Abs. 2 Hs. 2 BGB zulässige Kündigungsfrist von zwei Jahren beim Austritt eines Arbeitnehmers aus der Gewerkschaft nicht mit Art. 9 Abs. 3 GG vereinbar ist.[65] So hat der Bundesgerichtshof einerseits eine Kündigungsfrist von drei Monaten nicht beanstandet.[66] Eine Kündigungsfrist von mindestens 15 Monaten (drei Monate zum Jahresende mit Wirkung zum Schluss des folgenden Kalenderjahres)[67] hat der Bundesgerichtshof andererseits für unzulässig erklärt; eine Austrittsfrist dürfe keinesfalls mehr als sechs Monate betragen.[68]

Der Bundesgerichtshof hat dies mit einer Abwägung zwischen den jeweils durch Art. 9 Abs. 3 GG geschützten Interessen der Gewerkschaft und des Mitglieds (positive Koalitionsfreiheit) begründet; nur hilfsweise hat der Bundesgerichtshof die negative Koalitionsfreiheit des Mitglieds herangezogen:[69] der Schutz der Gewerkschaften durch Art. 9 Abs. 3 GG führe dazu, dass dem Mitglied die Einhaltung einer mäßigen Kündigungsfrist zuzumuten sei. Die nach § 39 Abs. 2 Hs. 2 BGB zulässige Kündigungsfrist von zwei Jahren würde allerdings das Mitglied, das die Koalition wechseln oder eine neue gründen möchte, von einer Wahrnehmung seiner geschützten Interessen für einen Zeitraum fernhalten, der viel zu lang wäre, um noch durch berechtigte Belange seiner alten Organisation gerechtfertigt zu sein. Etwas anderes gelte auch dann nicht, wenn die Satzung der alten Organisation eine Doppelmitgliedschaft erlaube. Der Zwang, weiterhin

64 BGH AP Nr. 33 zu Art 9 GG; BGH AP Nr. 25 zu Art. 9 GG; LAG Saarland v. 22. Oktober 2003, 2 Sa 48/03, juris (Nr. KARE600009834); Däubler/*Lorenz* TVG § 3 Rn. 46 f.; *Löwisch/Rieble* TVG § 3 Rn. 45 ff.; *Oetker* ZfA 1998, 41, 65 ff.; *Reitze* NZA 1999, 70 ff. m.w.N.; Vgl. auch *Reuter* Anm. zu BAG RdA 2006, 117, 118 ff.

65 BGH AP Nr. 33 zu Art 9 GG; BGH AP Nr. 25 zu Art. 9 GG. Vgl. zur bereits in diese Richtung tendierenden Rechtsprechung in der Weimarer Republik *Oetker* ZfA 1998, 41, 64 und 66. Unzutreffend insoweit *von Bernuth* NJW 2003, 2215, der meint, dass die Rechtsprechung „bei Arbeitgeberverbänden" eine längere Frist als sechs Monate für unzulässig erachtet.

66 BGH AP Nr. 25 zu Art. 9 GG. Für drei Monate zum Quartalsende, also maximal sechs Monate ebenso AG Hamburg NJW 1987, 2380.

67 Nach dem oben unter § 2 C.II.1.a) auf S. 12 f. Gesagten, wonach es bei der Kombination von Kündigungsfrist und –termin auf die potentiell längste Zeitspanne ankommt, wäre hier von einer Kündigungsfrist von knapp 27 Monaten auszugehen; diese überschreitet damit sogar die Grenze des § 39 Abs. 2 Hs. 2 BGB.

68 BGH AP Nr. 33 zu Art 9 GG.

69 Zum Folgenden BGH AP Nr. 33 zu Art 9 GG.

lange Zeit Mitglied bleiben und (Beitrags-)Pflichten erfüllen zu müssen, sei geeignet, die Mitglieder am Beitritt zu einer anderen Berufsorganisation vor Ablauf der Kündigungsfrist zu hindern. Ferner könne die Zulassung der Doppelmitgliedschaft an der Beeinträchtigung der ebenfalls grundsätzlich geschützten negativen Koalitionsfreiheit nichts ändern. Auch eine Verwaltungskostenersparnis der Gewerkschaft rechtfertige keine länger als sechs Monate dauernde Frist. Obgleich anzuerkennen sei, dass der Gewerkschaft unerwartete Entwicklungen im Mitgliederbestand nicht von heute auf morgen zuzumuten seien[70], müsse sie sich innerhalb dieses Zeitraums darauf einstellen. Diese Frist reiche jedem Verein, um die aufgrund des Austritts notwendigen Maßnahmen zu treffen. Es sei überhaupt zweifelhaft, ob dafür eine halbjährige Kündigungsfrist notwendig sei und ob diese an sich schon lange Frist mit Art. 9 Abs. 3 GG in Einklang stehe.[71]

(2) H.M.: Übertragung der BGH-Rspr. auf Arbeitgeberverbände

Nach Ansicht der herrschenden Lehre kann für den Austritt eines Unternehmens aus dem Arbeitgeberverband nichts wesentlich anderes gelten als für den Austritt eines Arbeitnehmers aus der Gewerkschaft; folglich sei auch hier nur eine Kündigungsfrist von maximal sechs Monaten zulässig.[72] Ein in der Satzung vorgesehener Kündigungstermin zum Jahresende in Kombination mit einer sechsmonatigen Kündigungsfrist sei insoweit unzulässig.[73] Die herrschende Lehre argumentiert damit, dass auch für Arbeitgeber die Koalitionsfreiheit und damit die Austrittsfreiheit nicht anders als für die Gewerkschaften gilt.[74] Auch hier würden längere Fristen das Betätigungsrecht der Organisation in unangemessener Weise gegenüber dem Recht des Einzelnen privilegieren, sich für eine andere Koalition oder eine verbandsfreie Existenz entscheiden zu können.[75] Das leuchte insbesondere mit Blick auf die Tarifmacht ein: der verbandsangehörige Arbeitgeber müsse sich der auf Mitgliedschaft fußenden Befugnis seines Verbandes, für ihn

---

70 Ähnlich AG Hamburg NJW 1987, 2380.

71 Kritisch zur generalisierenden Wortwahl des BGH („Koalitionen", „jeder Verein") *Oetker* ZfA 1998, 41, 67 f., 71.

72 Konkret auf Arbeitgeberverbände bezogen ArbG Berlin NJOZ 2006, 2552, 2556; *Bauer/Diller* DB 1993, 1085; *Bauer* FS Schaub S. 19; *Dahlbender* Austritt S. 3; *Däubler* NZA 1996, 225, 226; *Feger* AiB 1995, 490, 491; *Krauss* DB 1995, 1562; *Löwisch/Rieble* TVG § 3 Rn. 46 f.; MünchHbArbR/*Löwisch/Rieble* § 245 Rn. 62; MünchKomm/*Reuter* BGB § 39 Rn. 9. Einschränkend *Hromadka/Maschmann/Wallner* Tarifwechsel Rn. 182; *Hromadka/Maschmann* ArbR § 12 Rn. 60 unter Hinweis auf BAG AP Nr. 162 zu Art. 9 GG Arbeitskampf.

73 *von Bernuth* NJW 2003, 2215; *Dahlbender* Austritt S. 3 f.; *Löwisch/Rieble* TVG § 3 Rn. 48 auch für „einen Monat zum Halbjahr"; vgl. auch *Bauer/Diller* DB 1993, 1085; *Bauer* FS Schaub S. 19 f.

74 *Löwisch/Rieble* TVG § 3 Rn. 46.

75 *Däubler* NZA 1996, 225, 226.

Tarifverträge mit Wirkung für die Zukunft abschließen zu können, insbesondere mit Blick auf § 3 Abs. 3 TVG ebenso schnell entziehen können, wie der Arbeitnehmer.[76]

Das Bundesarbeitsgericht hat diese Frage bisher zwar nicht entschieden.[77] Allerdings hat es die genannten Entscheidungen des Bundesgerichtshofs vom Grundgedanken her auch bei der Beschränkung der Austrittsfreiheit des Arbeitgebers durch Verpflichtung in einem Firmentarifvertrag, nicht aus dem Arbeitgeberverband auszutreten, zustimmend herangezogen.[78]

(3) Oetker: Differenzierung nach Abhängigkeit von Mitgliedern

Oetker zufolge kann die Rechtsprechung des Bundesgerichtshofs zum Gewerkschaftsaustritt nicht unreflektiert auf den Austritt aus dem Arbeitgeberverband übertragen werden; vielmehr sei hier die Höchstgrenze für eine angemessene Kündigungsfrist differenziert nach der jeweils vorhandenen Mitgliederstruktur zu bestimmen.[79]

Die Gewerkschaften seien typischerweise Massenorganisationen.[80] Sie würden ihren finanziellen Bedarf durch eine der Mitgliederzahl entsprechende Vielzahl von Kleinstbeiträgen decken. Auch bei größerer Mitgliederfluktuation sei die vom Bundesgerichtshof angenommene Höchstgrenze von sechs Monaten wegen des notwendigen Minimums an Planungssicherheit angemessen. Die Arbeitgeberverbände hingegen hätten aufgrund der fachlichen und regionalen Zersplitterung eine wesentlich geringe Mitgliederzahl. Dadurch steige ihre Abhängigkeit von den einzelnen Mitgliedern insbesondere dann erheblich an, wenn das Beitragsaufkommen vor allem von einigen wenigen großen Beitragszahlern bestritten werde. In diesem Fall erzwinge der Austritt eines einzigen bedeutenden Mit-

76 *Löwisch/Rieble* TVG § 3 Rn. 46.

77 Vgl. BAG AP Nr. 12 zu § 3 TVG Verbandsaustritt; BAG AP Nr. 22 zu § 3 TVG Verbandszugehörigkeit.

78 BAG AP Nr. 162 zu Art. 9 GG Arbeitskampf. Siehe auch BAG AP Nr. 22 zu § 3 TVG Verbandszugehörigkeit.

79 *Oetker* ZfA 1998, 41, 61 ff., 69 ff.; Wiedemann/*Oetker* TVG § 3 Rn. 53. Zustimmend Däubler/*Lorenz* TVG § 3 Rn. 47; ErfK/*Dieterich* Art. 9 GG Rn. 38; *Graf* Tarifzuständigkeit S. 93; *Kleinebrink* ArbRB 2004, 22; *Pogge* FS Stege S. 112, 115 f. Ähnlich wohl AnwK-ArbR/*Friedrich* § 3 TVG Rn. 21; *Berg/Platow/Schoof/Unterhinninghofen* § 3 TVG Rn. 17; *Gamillscheg* KollArbR § 10 2.h) (1), S. 454, wonach die Kündigungsfristen nicht länger sein dürften, als dies für eine ordentliche Haushaltsführung erforderlich ist; *Hromadka/Maschmann* ArbR § 12 Rn. 60; *Hromadka/Maschmann/Wallner* Tarifwechsel Rn. 182; *Kittner* AuR 1998, 469: *Maschmann* Zugriff S. 193 in dortiger Fn. 79. Das AG Ettenheim NJW 1985, 979, 980 misst diesem Umstand ausdrücklich keine rechtliche Bedeutung bei.

80 Zum Folgenden *Oetker* ZfA 1998, 41, 61 ff., 71 f.

glieds größere Reaktionen und Anpassungsmaßnahmen als dies bei einer Massenorganisation der Fall sei. Deswegen betrage die zulässige Höchstgrenze für die Kündigungsfristen hier grundsätzlich ein Jahr. Aufgrund der atypischen Mitgliederstruktur könne allerdings die schematische Gleichbehandlung aller Mitglieder bei den Kündigungsfristen für einzelne Mitglieder zu einer unangemessen langen Bindung führen, ohne dass dem für den konkreten Fall ein zwingendes Bestandsinteresse des Verbandes gegenüberstehe. Der gegenüber den Mitgliedern mit hohen Beiträgen erhöhte Dispositionsschutz des Verbandes sei im Vergleich zu den Mitgliedern mit vergleichsweise geringen Beiträgen nicht gerechtfertigt. Der Verband habe dem dadurch Rechnung zu tragen, dass er differenzierende Satzungsregelungen (kürzere Frist als ein Jahr für die Mitglieder mit vergleichsweise geringen Beiträgen) schaffe. Abweichungen könnten auch dann gerechtfertigt sein, je mehr der Arbeitgeberverband aufgrund seiner Mitgliederzahl und der damit tendenziell wachsenden Unabhängigkeit von den Beitragsleistungen eines einzelnen Mitglieds den Charakter einer Massenorganisation annehme. In diesem Fall sei für alle Mitglieder eine kürzere Kündigungsfrist gerechtfertigt. Umgekehrt könne es wegen der besonderen und atypischen Mitgliederstruktur auch gerechtfertigt sein, bei Arbeitgebervereinigungen mit geringer Mitgliederzahl eine Überschreitung des Ein-Jahres-Zeitraumes zu tolerieren.

Oetker wird entgegengehalten, dass die Verlängerung der Austrittsfrist auf ein Jahr für besonders wichtige Beitragszahler trotz des anzuerkennenden Interesses, mit einem überschaubaren Mitgliederbestand und einem entsprechenden Beitragsaufkommen kalkulieren zu können, schon nicht erforderlich sei, weil die Satzung die Beitragspflicht für das laufende Jahr auch nach dem Austritt aufrechterhalten könne.[81] Wegen § 3 Abs. 3 TVG habe der Arbeitgeber zudem stets ein besonderes Interesse daran, nicht einem – während des Laufs der Kündigungsfrist neu abgeschlossenen – Tarifvertrag zu unterfallen, so dass sich bereits aus diesem Gesichtspunkt verbiete, zu Lasten des einzelnen Arbeitgebers exorbitant lange Kündigungsfristen zuzulassen.[82] Der Unterschied der Arbeitgeberverbände zu den Gewerkschaften hinsichtlich der Abhängigkeit von Beiträgen wichtiger Mitglieder werde zudem dadurch nivelliert, dass die Arbeitgeberverbände anders als Gewerkschaften selten einer größeren Fluktuation des Mitgliederbestandes ausgesetzt seien.[83]

---

81 *Löwisch/Rieble* TVG § 3 Rn. 47; MünchHbArbR/*Löwisch/Rieble* § 245 Rn. 62.

82 *Reitze* NZA 1999, 70, 71.

83 MünchKomm/*Reuter* BGB § 39 Rn. 9; *Reitze* NZA 1999, 70, 71; *Reuter* Anm. zu BAG RdA 2006, 117, 120.

(4) LAG Saarland: längere Fristen zulässig

Das LAG Saarland folgt insoweit der Ansicht von *Oetker*, als die strukturellen Unterschiede zu den Gewerkschaften es gebieten würden, für den Austritt aus Arbeitgeberverbänden längere Kündigungsfristen zuzulassen.[84] Allerdings hält es auch eine Kündigungsfrist von bis zu knapp 18 Monaten (im konkreten Fall sechs Monate zum Jahresende) für zulässig. Ein Austritt aus dem Arbeitgeberverband werde selten spontan erfolgen. Er sei vielmehr regelmäßig das Ergebnis einer längeren Überlegungsphase im Anschluss an eine umfassende Abwägung der damit verbundenen Chancen und Risiken. Auf die in der Satzung des Arbeitgeberverbandes festgelegte Kündigungsfrist könne sich der Arbeitgeber daher bei seiner Planung einrichten. Zudem sei eine Differenzierung zwischen kleineren und größeren Unternehmen nicht praktikabel; der Arbeitgeberverband müsse sich hinsichtlich der Länge der Kündigungsfrist an größeren Arbeitgebern orientieren dürfen.

(5) AG Ettenheim: sofortiger Austritt analog § 10 Abs. 2 S. 3 ParteiG

Das AG Ettenheim hat in einem Fall entschieden, dass das Mitglied einer Gewerkschaft analog § 10 Abs. 2 S. 3 ParteiG jederzeit zum sofortigen Austritt berechtigt ist; die Gewerkschaft könne sich nicht auf eine von der Satzung bestimmte Kündigungsfrist berufen.[85] Ein Mitglied, das mit der Richtung der Organisation nicht einverstanden sei oder einzelne ihrer Aktionen missbillige, müsse auch dann berechtigt sein, die Mitgliedschaft aufzukündigen, wenn für eine solche Missbilligung und Distanzierung objektiv kein Grund bestehe.[86] Die Koalition müsse eine frei gebildete Vereinigung darstellen und dürfe nicht, auch nicht übergangsweise, auf einer Zwangsmitgliedschaft beruhen. Ob diese Zwangsmitgliedschaft von außen oder durch die von der Mehrheit der Mitglieder bzw. ein Repräsentantengremium beschlossene Satzung verfügt werde, sei unerheblich. Dass ein kündigendes Mitglied übergangsweise noch einen „Solidaritätsbeitrag" schulden müsse, sei kein zulässiger Gesichtspunkt.

Übertragen auf den Austritt aus dem Arbeitgeberverband würde das auch dem einzelnen Arbeitgeber entgegen den in den meisten Satzungen der Arbeitgeberverbände statuierten Kündigungsfristen ein sofortiges Austrittsrecht ermöglichen. Nach *Hoß/Liebscher* spricht hierfür die Vergleichbarkeit der Koalitionen

84 Zum Folgenden (zwei nicht veröffentlichten Entscheidungen derselben Kammer vom 28. November 2001 zustimmend) LAG Saarland v. 22. Oktober 2003, 2 Sa 48/03, juris (Nr. KARE600009834).Vgl. auch bereits die Vorinstanz ArbG Neunkirchen LAG-Report 2003, 526, 529 f.

85 AG Ettenheim NJW 1985, 979. Vgl. auch AG Köln NJW 1987, 2450; zustimmend *Hoß/Liebscher* DB 1995, 2525; *Schmidt* Mitgliedschaft S. 228 f.

86 Zum Folgenden AG Ettenheim NJW 1985, 979.

als sozialpolitischer Organisationen mit den Parteien als politische Organisationen, die beide von dem gemeinschaftlichen Willen der Mitglieder getragen würden.[87] Auch die Koalitionen zwischen den Mitgliedern der Arbeitgeberverbände würden auf einem freiwilligen Zusammenschluss beruhen.

Die überwiegende Ansicht lehnt diese Analogie ab. Aus § 10 Abs. 2 S. 3 ParteiG ließe sich zwar der Schluss ableiten, dass bei Massenorganisationen kein legitimes Bestandsinteresse anzuerkennen ist.[88] Jedoch verkenne eine solche Schlussfolgerung, dass die Vernachlässigung der Bestandsinteressen der Parteien hier durch die staatliche Teilfinanzierung kompensiert werde. Für Koalitionen fehle ein vergleichbarer Ausgleichsmechanismus. Deswegen müsse dem Bestandsinteresse durch Austrittsfristen Rechnung getragen werden. Zudem sei § 10 Abs. 2 S. 3 ParteiG eine Spezialvorschrift im Recht der politischen Parteien und damit nicht analogiefähig.[89] Die Norm trage der Aufgabe der Parteien bei Bildung und Kanalisation politischen Willens Rechnung, also in einem für Zwangsmitgliedschaften besonders sensiblen Bereich, in dem die Koalitionen von Verfassungs wegen gerade nicht tätig würden. Für eine derart weit reichende Beschränkung der Satzungsautonomie und der damit verbundenen vollständigen Zurückdrängung der Bestandsinteressen des Verbandes bedürfe es ferner einer ausdrücklichen gesetzlichen Regelung.[90]

(6) Weitere Ansichten

Reitze ist der Auffassung, dass für Gewerkschaften und Arbeitgeberverbände eine einheitliche Höchstgrenze für zulässige Kündigungsfristen anzunehmen ist; jedoch liege diese bei drei Monaten.[91] Auszugehen sei von der Feststellung des Bundesgerichtshofs, dass eine für das Austrittsrecht des Mitglieds geltende Kündigungsfrist nur kurz bemessen werden dürfe und eine mehr als halbjährige Frist jedenfalls zu lang sei. Gegen die Annahme einer längeren zulässigen Frist spreche, dass die Bindung eines austrittswilligen Mitglieds an die Koalition – und für die Arbeitgeberseite die damit verbundenen tarifrechtlichen Folgen – einen schwerwiegenden Eingriff in die negative Koalitionsfreiheit darstelle.

---

87 Zum Folgenden *Hoß/Liebscher* DB 1995, 2525.

88 Zum Folgenden – wenn auch im Hinblick auf die Gewerkschaften – *Oetker* ZfA 1998, 41, 62. Für die Arbeitgeberverbände können die Argumente aber genauso herangezogen werden. Ablehnend auch *Gamillscheg* KollArbR § 10 2.h) (2), S. 454; MünchHbArbR/*Löwisch/Rieble* § 245 Rn. 62; MünchKomm/*Reuter* BGB § 39 Rn. 8; Soergel/*Hadding* BGB § 39 Rn. 4 a.E.

89 Zum Folgenden *Reitze* NZA 1999, 70, 71.

90 *Oetker* ZfA 1998, 41, 67.

91 Zum Folgenden *Reitze* NZA 1999, 70, 71 f. Vgl. auch Maunz/Dürig/Herzog/*Scholz* GG Art. 9 Rn. 92, 230.

Nach Auffassung von *Reuter* liegt die Maximalfrist für den Koalitionsaustritt bei drei bis sechs Monaten.[92] Aufgrund der aus Art. 9 Abs. 3 S. 1 GG staatlich garantierten Existenz und Wirksamkeit der Vereinigung im Rechtsverkehr sei der kraft Ausübung der Koalitionsfreiheit entstandenen Mitgliedschaft ein gewisses Maß an Beschränkung der Kündigungsfreiheit immanent. Die Kündigung dürfe den Verband nicht in unverhältnismäßige Schwierigkeiten bringen. Die maximal zulässige Kündigungsfrist sei eine Konkretisierung der Pflicht dieser Mitglieder zur Rücksicht auf legitime Verbandsbelange.

Nach der Ansicht von *Mann* beträgt die maximal zulässige zeitliche Austrittsbeschränkung für den Austritt aus dem Arbeitgeberverband grundsätzlich drei Monate.[93] Er differenziert zwar – unter Hinweis auf die Betonung der positiven Koalitionsfreiheit durch den Bundesgerichtshof – grundsätzlich danach, ob das Mitglied in einen anderen Verband übertreten oder nur austreten will.[94] So sei beim Verbandswechsel die Grenze im Hinblick auf die betätigte positive Koalitionsfreiheit bei drei Monaten, beim bloßen Verbandsaustritt ohne Eintritt in einen anderen Verband hingegen erst bei einem Jahr zu ziehen. Dies gelte jedoch nur für Gewerkschaften. Arbeitgeber seien aufgrund ihrer Tariffähigkeit nach § 2 Abs. 1 TVG immer in ihrer positiven Koalitionsfreiheit betroffen, egal ob sie sich einem anderen Verband anschließen oder nicht. Entscheidend für die Annahme einer Grenze von maximal drei Monaten sei, dass dies die für einen Verband unerlässliche Zeit sei, um sich auf einen veränderten Mitgliederbestand einzustellen.[95]

Kittner knüpft an die Differenzierung zwischen betätigter positiver und negativer Koalitionsfreiheit andere Folgen; er meint, der Bundesgerichtshof lege den Akzent darauf, dass das austrittswillige Gewerkschaftsmitglied nicht unangemessen lange davon abgehalten werden dürfe, seine positive Koalitionsfreiheit durch Beitritt zu einer anderen Gewerkschaft oder Gewerkschaftsneugründung zu verwirklichen.[96] Demgegenüber wolle der austrittswillige Arbeitgeber gerade „stand alone" operieren. Er reklamiere seine negative Koalitionsfreiheit im Konflikt mit der positiven Koalitionsfreiheit des Verbandes. An dieser Stelle werde der grundlegende Unterschied zwischen einem Arbeitgeber und einem Arbeitnehmer als Verbandsmitglied deutlich: der Arbeitnehmer könne tarifgebunden nur als Mitglied einer Gewerkschaft werden, der Arbeitgeber sei selbst potenzielle Tarifvertragspartei gemäß § 2 Abs. 1 TVG. Deshalb stelle sich der Verbandsaustritt für

92 Zum Folgenden *Reuter* Anm. zu BAG RdA 2006, 117, 119 f. Vgl. auch *Gamillscheg* KollArbR § 10 2.h) (2), S. 454.

93 *Mann* Austrittsbeschränkungen S. 38 ff., 94, 119.

94 Zum Folgenden *Mann* Austrittsbeschränkungen S. 38 ff., 66 ff., 70 ff.

95 *Mann* Austrittsbeschränkungen S. 119.

96 Zum Folgenden *Kittner* AuR 1998, 469.

ihn gerade nicht als vergleichbar existenzielle Notwendigkeit dar. Trete er einem Arbeitgeberverband bei, sei es vertretbar, ihn intensiveren Belastungen auszusetzen, als dies einem Arbeitnehmer gegenüber möglich wäre. Das erlaube deutlich längere Austrittsfristen bei einem Arbeitgeberverband als bei einer Gewerkschaft.

Gegen die Differenzierung nach Verbandswechsel und Verbandsaustritt wird eingewandt, dass diese Unterscheidung der Austrittsfristen sich aus Art. 9 Abs. 3 GG nicht herleiten lässt.[97] Die positive Freiheit zum Übertritt genieße keinen höheren Rang als die negative zum Austritt. Auch würden für sie zwingende Gründe fehlen.[98] Der Dispositionsschutz, der dem Verband im Hinblick auf sein Bestandsinteresse zuzubilligen sei, stehe mit dem Zweck des Austritts in keinem Zusammenhang. Auch das in die Abwägung einzubeziehende Austrittsinteresse wiege angesichts der gleichermaßen eingreifenden grundrechtlichen Verbürgung ähnlich schwer. Es erscheine daher geradezu willkürlich und sachlich nicht zu rechtfertigen, dem Verband einen größeren Dispositionsschutz zuzubilligen, weil das austrittswillige Mitglied sich anschließend keiner Koalition anschließen wolle.

(7) Stellungnahme

Die besseren Gründe sprechen dafür, bei Arbeitgeberverbänden eine Höchstgrenze für die maximal zulässige Dauer von Kündigungsfristen von sechs Monaten anzunehmen. Den Arbeitgeberverbänden, die aufgrund ihrer Mitgliederstruktur von einigen wichtigen Beitragszahlern abhängig sind, ist aber das Recht zuzugestehen, in der Satzung die zeitlich begrenzte Aufrechterhaltung der Beitragspflicht trotz Beendigung der Mitgliedschaft zu regeln.

Entgegen der herrschenden Meinung ist es aber nicht zwingend geboten, bei Gewerkschaften und Arbeitgeberverbänden einheitliche Grenzen für die maximal zulässige Dauer von Kündigungsfristen festzulegen. Seinem Schutzgehalt nach unterscheidet Art. 9 Abs. 3 GG der herrschender Meinung zufolge zwar nicht zwischen Arbeitnehmer- und Arbeitgeberkoalitionen.[99] Jedoch kommt es vorliegend gar nicht auf einen Vergleich zwischen Gewerkschaften und Arbeitgeberverbänden an. Bei der Bemessung der Grenzen für die maximal zulässige Dauer von Kündigungsfristen werden nicht die grundrechtlich geschützten Interessen der Gewerkschaften mit denen der Arbeitgeberverbände, sondern die der

97 Zum Folgenden *Löwisch/Rieble* TVG § 3 Rn. 47; MünchHbArbR/*Löwisch/Rieble* § 245 Rn. 62.

98 Zum Folgenden – wenn auch im Hinblick auf die Gewerkschaften – *Oetker* ZfA 1998, 41, 69. Für die Arbeitgeberverbände können die Argumente aber genauso herangezogen werden.

99 Vgl. Nachweise bei Maunz/Dürig/Herzog/*Scholz* GG Art. 9 Rn. 3.

Verbände mit denen ihrer jeweiligen Mitglieder abgewogen. Eine unterschiedliche Grenzziehung für die maximal zulässige Dauer von Kündigungsfristen bei Gewerkschaften und bei Arbeitgeberverbänden ist also durchaus möglich, wenn die Abwägung ihrer Interessen mit den Interessen ihrer Mitglieder zu jeweils unterschiedlichen Ergebnissen führt.

Ein sofortiges Austrittsrecht analog § 10 Abs. 2 S. 3 ParteiG, wie es dem AG Ettenheim für Gewerkschaften vorschwebte, vernachlässigt zu sehr die Bestandsinteressen der Arbeitgeberverbände. Insofern überzeugen die ablehnenden Argumente der überwiegenden Ansicht[100]. Auch eine Differenzierung der Dauer der maximal zulässigen Kündigungsfrist danach, ob das ausgetretene Mitglied die positive oder nur die negative Koalitionsfreiheit betätige, überzeugt nicht.

Eine zu Gunsten der Arbeitgeberverbände längere Kündigungsfrist als sechs Monate ist ebenfalls abzulehnen. Sie müsste als Eingriff in das Grundrecht ihrer Mitglieder erforderlich sein. Dies ist nicht der Fall. Insoweit überzeugen die Ausführungen des Bundesgerichtshofs und der herrschenden Meinung. Für die betroffenen Mitglieder würde die Aufrechterhaltung der Mitgliedschaft über sechs Monate hinaus bedeuten, dass sie für den ganzen Zeitraum der längeren Kündigungsfrist weiterhin den Folgen der von ihnen nicht mehr gewollten (mehrheitlichen) Willensbildung des Verbandes unterfallen würden, ohne dass hierfür zwingende Gründe auf Seiten des Verbandes angeführt werden könnten. Es spricht – *Löwisch/Rieble*[101] folgend – einiges dafür, das im Hinblick auf § 3 Abs. 3 TVG bestehende Interesse an einer zeitigen Lösung der Mitgliedschaft auf Seiten des Mitglieds für eine Verkürzung der maximal zulässigen Kündigungsfrist in die Waagschale zu werfen. Auch die aufgrund der Mitgliederstruktur einiger Arbeitgeberverbände bestehende größere Abhängigkeit von den die wesentliche Beitragslast tragenden Mitgliedern führt nicht dazu, dass die Aufrechterhaltung der Mitgliedschaft über die Grenze von sechs Monaten hinaus zulässig wäre. Zwar kann die Sicherung der Finanzierung des Verbandes bzw. seiner Tätigkeit durchaus als erheblicher Gesichtspunkt angesehen werden, wie auch ein Blick auf § 65 Abs. 2 S. 3 GenG zeigt. Danach kann die bei Genossenschaften, bei denen alle Mitglieder Unternehmer i.S.d. § 14 BGB sind, die Satzung zum Zweck der Sicherung der Finanzierung des Anlagevermögens eine deutlich längere als die in § 65 Abs. 2 S. 2 GenG vorgesehene Höchstkündigungsfrist bestimmen. Der Norm kann also die gesetzgeberische Wertung entnommen werden, dass ein in der Praxis bestehendes Bedürfnis, die Finanzierung eines Unternehmenszusammenschlusses zu sichern, durchaus zu längeren Kündigungsfristen für die Mitglieder führen kann.[102] Jedoch ist bei Arbeitgeberver-

100 Siehe hierzu oben unter § 2 C.II.1.b)aa)(5) auf S. 19.

101 Siehe oben unter § 2 C.II.1.b)aa)(2) auf S. 15 f.

102 Vgl. insoweit die Gesetzesbegründung in BR-Drs. 71/06, S. 251.

bänden die Verlängerung der zulässigen Kündigungsfrist gegenüber der maximal zulässigen Kündigungsfrist von sechs Monaten – wie *Löwisch/Rieble*[103] zu Recht betonen – nicht erforderlich. Mit der Aufrechterhaltung der Beitragspflicht für einen über die zulässige Kündigungsfrist hinausgehenden Zeitraum steht ein milderes Mittel zur Verfügung um dem Bestandsinteresse der Arbeitgeberverbände ausreichend Rechnung zu tragen.[104] Dass dieser Weg sachgerecht ist, zeigt auch ein Vergleich mit dem Wechsel von der Vollmitgliedschaft in die Mitgliedschaft ohne Tarifbindung (OT-Mitgliedschaft). Dieser steht dem Verbandsaustritt gleich.[105] Eine Beeinträchtigung des Bestandsinteresses des Verbandes ist hier nicht zu befürchten, so dass eine Verlängerung der „Kündigungsfrist" für den Wechsel nicht anhand des Bestandsinteresse der Arbeitgeberverbände begründet werden kann.

Die Aufrechterhaltung der Beitragspflicht über das Ende der Verbandsmitgliedschaft hinaus begegnet auf den ersten Blick zwar Bedenken, da an sich mit der Beendigung der Mitgliedschaft auch alle Pflichten aus der Mitgliedschaft enden. Vorliegend ist die Aufrechterhaltung der Beitragspflicht jedoch als zulässig anzusehen. Die Ausgestaltung der Beitragspflicht und ihrer Dauer bei laufenden Beiträgen ist der Satzung überlassen.[106] Damit können die Arbeitgeberverbände eine Aufrechterhaltung der Beitragspflicht dem Grunde nach in der Satzung regeln. Sie überschreiten damit auch nicht die Grenzen ihrer Regelungsmacht. Denn die dem Grunde nach unstreitige Verkürzung der gemäß § 39 Abs. 2 Hs. 2 BGB normalerweise bis zu zwei Jahren betragenden Kündigungsfrist bei Koalitionen erfolgt nur aufgrund einer Abwägung der Interessen der Mitglieder mit den Interessen des Verbandes. Diese Abwägung hat aber auch die Interessen der Arbeitgeberverbände zu berücksichtigen, die aufgrund ihrer Mitgliederstruktur von einigen die wesentliche Beitragslast tragenden Mitgliedern abhängig sind. An sich würde dies eine längere Kündigungsfrist jedenfalls für diese Mitglieder rechtfertigen. Die Verlängerung der maximal zulässigen Kündigungsfrist scheitert in diesem Fall eben nur an der Verhältnismäßigkeit; sie ist nicht erforderlich. Dem Interesse des Verbandes wird ausreichend Rechnung getragen, wenn das Mitglied die Mitgliedschaft grundsätzlich früher kündigen kann, jedoch für einen gewissen Zeitraum noch Beitragszahlungen erfüllen muss. Für das Mitglied ist es aufgrund der Mitwirkungspflichten und auch der tarifrechtlichen Folge des § 3 Abs. 1 TVG die geringere Belastung gegenüber einer längeren Aufrechterhaltung der Mitgliedschaft. Auch die Entscheidungen des Bundesgerichtshofs zur zulässigen Kündigungsfrist beim Austritt aus der Gewerkschaft stehen einer

103 Siehe oben unter § 2 C.II.1.b)aa)(3) auf S. 17.

104 Für die Gast- oder OT–Mitgliedschaft als möglichen Ansatz zur Lösung dieses Interessenkonflikts *Wilhelm/Dannhorn* NZA 2006, 466, 467.

105 Vgl. BAG AP Nr. 42 zu § 4 TVG Nachwirkung; *Löwisch/Rieble* TVG § 3 Rn. 52.

106 BGHZ 96, 253, 255.

solchen Aufrechterhaltung der Beitragspflicht nicht entgegen. Zwar meinte der Bundesgerichtshof dass der Zwang, Beitragspflichten erfüllen zu müssen, grundsätzlich geeignet sei, die Mitglieder am Beitritt zu einer anderen Berufsorganisation vor Ablauf der Kündigungsfrist zu hindern. Jedoch wägt er diesen Gesichtspunkt damit ab, dass der Gewerkschaft unerwartete Entwicklungen im Mitgliederbestand nicht von heute auf morgen zuzumuten seien. Entscheidend sei die Möglichkeit, sich auf die verändernden Verhältnisse einstellen zu können. Dies wiederum hängt aber eben von der vorhandenen Mitgliederstruktur ab. Die Erforderlichkeit ist auch der Maßstab für die Ausgestaltung einer möglichen Aufrechterhaltung der Beitragspflicht. Die Regelung der Aufrechterhaltung der Beitragspflicht ist zunächst – nicht anders wie die Bemessung einer Kündigungsfrist in den (verkürzten) Grenzen des § 39 Abs. 2 Hs. 2 BGB – Sache des Arbeitgeberverbandes. Sie muss aufgrund der ausnahmsweise zulässigen, über die Mitgliedschaft hinausgehenden Belastung auch in der Satzung selbst erfolgen. Die verbleibende Bindung darf nur noch in der finanziellen Belastung mit dem Beitrag für den laufenden Beitragszeitraum bestehen. Dieser Beitragszeitraum muss ebenfalls in der Satzung geregelt sein und darf insgesamt maximal die in § 39 Abs. 2 Hs. 2 BGB vorgesehenen zwei Jahre umfassen; in der Regel dürfte eine Begrenzung auf das laufende Geschäftsjahr wohl genügen.

Zur Begründung einer längeren maximal zulässigen Kündigungsfrist als sechs Monate beim Austritt aus Arbeitgeberverbänden können die Interessen Dritter – z.B. der Arbeitnehmer an der Tarifgebundenheit ihres Arbeitgebers – nicht berücksichtigt werden.[107] Aufgrund dessen, dass die Beschränkung der maximal zulässigen Länge von Kündigungsfristen unstreitig aus einer Abwägung der Grundrechtspositionen der Beteiligten folgt, wird deutlich, dass die Abwägung nur zwischen dem Bestandsinteresse des Verbandes und dem Austritts- bzw. Verbandswechselinteresse des Mitglieds zu erfolgen hat. Der Ausgleich zwischen den Grundrechtspositionen betrifft nur das Innenverhältnis zwischen Verband und Mitglied. Wenn bereits die Einschränkung der Auswirkungen der Gestaltung dieses Innenverhältnisses (Beendigung der Verbandsmitgliedschaft) zugunsten Dritter (Aufrechterhaltung der Tarifgebundenheit) eine gesetzliche Regelung erfordern, die der Gesetzgeber mit § 3 Abs. 3 TVG geschaffen hat, muss erst recht eine gesetzliche Regelung verlangt werden, wenn die Möglichkeiten zur Gestaltung dieses Innenverhältnisses selbst aufgrund von Interessen Dritter beschränkt werden sollen. Mangels einer entsprechenden gesetzlichen Regelung können die Interessen Dritter bei der Bemessung der zulässigen Länge einer satzungsgemäßen Kündigungsfrist für den Austritt aus dem Verband nicht berücksichtigt werden.

---

107 Vgl. auch BAG AP Nr. 162 zu Art. 9 GG Arbeitskampf unter B.I.3.b)bb) der Gründe sowie BAG AP Nr. 22 zu § 3 TVG Verbandszugehörigkeit.

Eine kürzere maximal zulässige Kündigungsfrist als sechs Monate, z.B. eine Kündigungsfrist von drei Monaten, wie sie *Reitze* vorschlägt, kann zwar ausreichend sein. Jedoch ist sie rechtlich nicht zwingend geboten. Der lediglich pauschale Hinweis auf die negative Koalitionsfreiheit der Mitglieder kann dies jedenfalls nicht begründen, insbesondere weil den grundrechtlich geschützten Interessen der Mitglieder ebenfalls grundrechtlich geschützte Interessen der Verbände gegenüberstehen. Es ist insoweit Sache der Verbandes, kürzere Fristen als sechs Monate in der Satzung zu regeln. Die Sechs-Monats-Frist bildet lediglich eine Obergrenze.

bb) Ergebnis zur Dauer der Kündigungsfrist

Im Ergebnis gilt die bei Gewerkschaften anerkannte Grenze von sechs Monaten also auch bei den Arbeitgeberverbänden. Die Annahme einer maximal zulässigen Kündigungsfrist von sechs Monaten ist ein angemessener Ausgleich der konkurrierenden Interessen der Beteiligten. Die gegebenenfalls unterschiedliche Mitgliederstruktur ermöglicht den Arbeitgeberverbänden die zeitlich begrenzte Aufrechterhaltung der Beitragspflicht.

Folglich sind die in zahlreichen Satzungen von Arbeitgeberverbänden enthaltenen Bestimmungen, die eine Kündigungsfrist von sechs Monaten zum Jahresende bzw. zum Ende des Geschäftsjahres vorsehen, unwirksam, da die Kombination von Kündigungsfrist und Kündigungstermin die höchst zulässige Kündigungsfrist von sechs Monaten überschreitet; dies ist der Fall, wenn man als maßgebliche Grundlage der Beurteilung den für einen austretenden Arbeitgeber potentiell längsten einzuhaltenden Zeitraum von knapp 18 Monaten zugrunde legt.

Neben einer Satzungsbestimmung, die sich darauf beschränkt, nur eine Kündigungsfrist von sechs Monaten zu statuieren, ist auch eine Kombination von Kündigungsfrist und –termin möglich, solange diese Kombination eben nicht dazu führt, dass der potentiell längste einzuhaltende Zeitraum länger ist. Eine Kombination ist danach z.B. in der Form möglich, dass die Satzung eine Kündigungsfrist von fünf Monaten zum Monatsende oder von drei Monaten zum Quartalsende vorsieht.

c) Rechtsfolge bei zu langer Kündigungsfrist

Ist die in der Satzung vorgesehene Kündigungsfrist zu lang und damit unwirksam, stellt sich die Frage, wie die Regelungslücke zu schließen ist. Dem Mitglied könnte der sofortige Austritt möglich sein, wie es § 39 Abs. 1 BGB bei

Fehlen abweichender Regelungen i.S.d. § 39 Abs. 2 BGB auch vorsieht.[108] In Betracht kommt aber auch eine geltungserhaltende Reduktion auf die höchstzulässige Kündigungsfrist. Der Bundesgerichtshof hat dies ausdrücklich offen gelassen.[109]

aa) AG Ettenheim: sofortiger Austritt

Nach Ansicht des AG Ettenheim führt die Nichtigkeit einer Kündigungsregelung in der Satzung dazu, dass der Austritt gemäß § 39 Abs. 1 BGB jederzeit zulässig ist.[110]

Die Satzungen zumindest der großen Organisationen seien allgemeinen Geschäftsbedingungen nicht unähnlich. Das einzelne Mitglied habe nur die Wahl, der Organisation entweder überhaupt nicht beizutreten oder aber ihre durch die Satzung vorgegebene Struktur zu akzeptieren. Wie bei unwirksamen Klauseln allgemeiner Geschäftsbedingungen müsse daher die geltungserhaltende Reduktion ausscheiden. Anders könne nur entschieden werden bei Klauseln, die der Verwender nach sorgfältiger Prüfung der Sach- und Rechtslage wenigstens subjektiv für wirksam halten durfte. Das veröffentlichte Urteil des Bundesgerichtshofs, wonach eine Kündigungsfrist von maximal sechs Monaten zulässig sei,[111] dürfe bei sorgfältiger Vorbereitung von Satzungsüberarbeitungen nicht übersehen werden. Die Satzung müsse entsprechend angepasst werden; dies sei in der Regel nicht geschehen. Dasselbe Ergebnis, dass der an sich nichtige Inhalt der Satzungsbestimmung nicht durch einen anderen Inhalt ersetzt werden könne, ergebe sich allgemein aus §§ 139, 140 BGB. Die Umdeutung der nichtigen Satzungsbestimmung in eine gültige sei schon aus praktischen Gründen nicht möglich, weil nicht prognostizierbar sei, was bei Kenntnis der Nichtigkeit beschlossen worden wäre.

bb) Reitze: Differenzierung nach Vertrauensschutzgesichtspunkten

Nach Auffassung von *Reitze*, der von einer maximal zulässigen Kündigungsfrist von drei Monaten ausgeht, ist eine vermittelnde Lösung anzunehmen.[112] Dem AG Ettenheim sei entgegenzuhalten, dass eine gewisse zeitliche Bindung im Wesen der Mitgliedschaft in der Koalition als auf Dauer angelegter Verbindung begründet sei. Dies wisse das spätere Mitglied bei Eintritt in die Koalition, so dass der völlige Ausschluss einer geltungserhaltenden Reduktion es besser stel-

108 Vgl. *von Bernuth* NJW 2003, 2215; *Däubler/Lorenz* TVG § 3 Rn. 47.

109 BGH AP Nr. 33 zu Art 9 GG.

110 Zum Folgenden AG Ettenheim NJW 1985, 979 f.

111 BGH AP Nr. 33 zu Art 9 GG. Vgl. hierzu oben unter § 2 C.II.1.b)aa)(1) auf S. 14 ff.

112 Zum Folgenden *Reitze* NZA 1999, 70, 72 f.

len würde, als seine diesbezüglichen Erwartungen bzw. sein Vertrauen reichen. Damit würde man ein Recht des Mitglieds auf sofortigen Austritt allenfalls als Sanktion für die Festlegung übermäßiger Fristen durch die Koalition begreifen können. Für eine solche Sanktion bestehe allerdings in den meisten Fällen kein Anlass. Man könne dem Verband nicht entgegenhalten, unzulässige Fristen statuiert zu haben, wenn verlässliche Leitlinien – sehe man einmal von der absoluten, durch höchstrichterliche Rechtsprechung anerkannten Sechs-Monats-Grenze ab – fehlen würden. Damit müsse zumindest dann eine geltungserhaltende Reduktion möglich sein, wenn die absolute Obergrenze der Rechtsprechung eingehalten worden sei, möge die Frist im Einzelfall dennoch unzulässig lang sein. In diesen Fällen wäre es unangemessen, den Koalitionen das volle Risiko der Unwirksamkeit der statuierten Kündigungsfrist aufzuerlegen. Bei Überschreitung der höchstrichterlich festgelegten Sechs-Monats-Grenze sehe dies anders aus: auf die hinreichend bekannte Rechtsprechung hätten sich die Koalitionen einrichten können. Es sei schlicht unangemessen, den Koalitionen das Risiko eines diesbezüglichen Verstoßes abzunehmen.

cc) H.M.: geltungserhaltende Reduktion

Für das allgemeine Vereinsrecht ist anerkannt, dass eine Frist nicht ersatzlos wegfällt, sondern die Frist des § 39 Abs. 2 Hs. 2 BGB gilt, wenn die Satzung eine zu lange Frist vorsieht.[113] Dies wird von der herrschenden Meinung auch beim Austritt aus dem Arbeitgeberverband so gesehen: die maximal zulässige Dauer der Kündigungsfrist für den Austritt aus dem Arbeitgeberverband sei zugleich auch die heranzuziehende Auffangregelung, wenn in der Satzung eine längere und damit unwirksame Kündigungsfrist statuiert worden sei.[114]

Für eine Lückenfüllung komme einerseits eine ergänzende Vertragsauslegung entsprechend dem mutmaßlichen Willen der Parteien sowie andererseits eine Heranziehung dispositiver gesetzlicher Regelungen in Betracht.[115] Letzteres sei allerdings insoweit ausgeschlossen, als die Parteien die gesetzliche Regelung – vorliegend das jederzeitige Austrittsrecht nach § 39 Abs. 1 BGB – gerade nicht wollten. Durch die Anordnung einer Frist sei § 39 Abs. 1 BGB ausdrücklich ab-

---

113 RG JW 1937, 3236; MünchKomm/*Reuter* BGB § 39 Rn. 7; *Oetker* ZfA 1998, 41, 58 f.; Palandt/*Heinrichs/Ellenberger* BGB § 39 Rn. 3; Soergel/*Hadding* BGB § 39 Rn. 4.

114 So LAG Saarland v. 22. Oktober 2003, 2 Sa 48/03, juris (Nr. KARE600009834); LAG Düsseldorf NZA-RR 1996, 340, 341; *Dahlbender* Austritt S. 4 f.; Däubler/*Lorenz* TVG § 3 Rn. 47; *Hromadka/Maschmann* ArbR § 12 Rn. 60; *Hromadka/Maschmann/Wallner* Tarifwechsel Rn. 182; *Löwisch/Rieble* TVG § 3 Rn. 49; MünchHbArbR/*Löwisch/Rieble* § 245 Rn. 62; Wiedemann/*Oetker* TVG § 3 Rn. 53. Für drei bis sechs Monate *Gamillscheg* KollArbR § 10 2.h) (2), S. 454; *Reuter* Anm. zu BAG RdA 2006, 117, 120. Vgl. auch *von Bernuth* NJW 2003, 2215.

115 Zum Folgenden *Dahlbender* Austritt S. 4 f.

bedungen worden. Aus diesem Grund sei auf den mutmaßlichen Willen der Vereinsmitglieder abzustellen. Da diese seinerzeit eine unzulässig lange Frist für den Verbandsaustritt bestimmt bzw. bisher an ihr fest gehalten hätten, sei ihr mutmaßlicher Wille so einzuschätzen, dass nunmehr wenigstens eine Frist gelten solle, die das erlaubte Maß voll ausschöpfe.

Der herrschenden Meinung ist zuzustimmen. Der mutmaßliche Wille der Parteien und die geschützte Erwartung des Mitglieds verbieten es, ein sofortiges Austrittsrecht in Anwendung des § 39 Abs. 1 BGB anzunehmen. Nach den allgemeinen Regeln der Rechtsgeschäftslehre hat die ergänzende Auslegung Vorrang vor der Anwendung dispositiver Gesetzesregelungen, wenn letztere dem Parteiwillen widerspricht.[116]

dd) Ergebnis zur Rechtsfolge

Die Rechtsfolge bei Statuierung einer länger als sechs Monate betragenden und damit unwirksamen Kündigungsfrist führt dazu, dass im Wege der geltungserhaltenden Reduktion die Kündigungsfrist sechs Monate beträgt.

d) Vorbehalt der Unwirksamkeit beim Austritt erforderlich?

Auch wenn sich nach Maßgabe der obigen Ausführungen die satzungsmäßige Kündigungsfrist als unzulässig lang herausstellt und damit eigentlich unwirksam ist, soll daraus nach einer neueren Entscheidung des Bundesarbeitsgerichts nicht ohne Weiteres folgen, dass sich der Arbeitgeber nachträglich auf diese Unwirksamkeit berufen darf.[117] Vielmehr soll es auf den Inhalt der Austritts-/Kündigungserklärung des Arbeitgebers bzw. seines Verhaltens bei der Erklärung ankommen.

Die Wendung in einem Kündigungsschreiben des Mitglieds eines Arbeitgeberverbandes "Hiermit kündigen wir die Mitgliedschaft (...) zum nächstmöglichen Termin." ist nach der Entscheidung des Bundesarbeitsgerichts in der Regel als eine satzungsgemäße Beendigung der Mitgliedschaft im Arbeitgeberverband auszulegen. Der Arbeitgeberverband könne und dürfe eine solche Erklärung nach dem objektiven Empfängerhorizont nur als satzungsgemäße Beendigung der Mitgliedschaft verstehen. Zwar könnten sich aus der Erklärung selbst oder aus dem Empfänger selbst erkennbaren Umständen Anhaltspunkte dafür ergeben, dass das Verbandsmitglied vorzeitig aus dem Mitgliedschaftsverhältnis ent-

116 Vgl. Palandt/*Heinrichs* BGB § 157 Rn. 5 m.w.N.

117 Zum Folgenden vgl. BAG AP Nr. 12 zu § 3 TVG Verbandsaustritt m. Anm. *Oetker* = DB 2005, 1282 m. Anm. *Melot de Beauregard*. Vgl. auch BAG v. 1. Dezember 2004, 4 AZR 329/04, juris (Nr. KARE600012585).

lassen werden will, etwa mit Zugang der Erklärung. Daran fehle es aber, wenn der Arbeitgeber die Kündigung "zum nächstmöglichen Termin" erklärt, keine Zweifel an der Wirksamkeit der entsprechenden Satzungsbestimmung zum Ausdruck bringt, einen vor dem satzungsgemäßen Kündigungstermin liegenden Beendigungszeitpunkt unerwähnt lässt und auch keinen Vorbehalt hinsichtlich der Satzungsbestimmung äußert. Für den Arbeitgeberverband als Empfänger der Kündigungserklärung deute dann nichts auf einen Willen des Arbeitgebers hin, die Mitgliedschaft abweichend von der satzungsmäßigen Kündigungsfrist zu einem früheren Zeitpunkt beenden zu wollen. Schon die Verwendung der Begriffe „Kündigung" und „kündigen" deute für den Empfänger der Erklärung auf eine Beendigung der Mitgliedschaft nach Maßgabe der Satzung hin. Ob eine Verletzung der negativen Koalitionsfreiheit aufgrund der satzungsrechtlichen Kündigungsbeschränkung vorlag, sei deswegen nicht zu entscheiden gewesen.

In dem vom Bundesarbeitsgericht entschiedenen Fall kam hinzu, dass die aus dem Verband ausgetretene Arbeitgeberin dem Schreiben des Arbeitgeberverbandes, dass die Kündigung erst zum satzungsmäßigen Beendigungszeitpunkt wirke, nicht widersprochen hat. Auch hat sie die Mitgliedsbeiträge bis zu diesem Zeitpunkt bezahlt. Erst auf Entgeltklagen von Arbeitnehmern hin berief sie sich auf die Unwirksamkeit der satzungsmäßigen Kündigungsfrist, wobei sie sich im Laufe der Rechtsstreite im Lichte des Abschlusses eines Tarifvertrages auf verschiedene Zeitpunkte berief, an dem ihre Mitgliedschaft im Arbeitgeberverband geendet habe. Das Bundesarbeitsgericht hat dies als widersprüchliches Verhalten gewertet.

Da vorliegend ein widersprüchliches Verhalten der Arbeitgeberin vorlag, ist der Entscheidung des Bundesarbeitsgerichts im Ergebnis zuzustimmen.[118] Dem kann auch nicht entgegengehalten werden, dass es der Relativität des Schuldverhältnisses bzw. des Mitgliedschaftsverhältnisses im Verein widerspreche, wenn der Arbeitnehmer ein Verhalten des Arbeitgebers gegenüber dem Arbeitgeberverband zu seinen Gunsten als widersprüchliches Verhalten anführen könne, da durch § 3 Abs. 1 TVG eine rechtliche Verknüpfung zwischen der Verbandsmitgliedschaft des Arbeitgebers und dem Arbeitverhältnis erfolgt.

Sollte das Bundesarbeitsgericht zukünftig allerdings weitergehend einen allgemeinen Rechtssatz aufstellen, wonach sich ein aus dem Arbeitgeberverband austretender Arbeitgeber immer vorbehalten muss, die Unwirksamkeit der Satzungsbestimmung über die Kündigungsfrist geltend zu machen, um sich später auf die Unwirksamkeit berufen zu können, sind Zweifel an der Richtigkeit der

118 Insoweit a.A. *Reuter* Anm. zu BAG RdA 2006, 117, 118.

Auffassung des Bundesarbeitsgerichts angebracht.[119] Weder kann man aus dem Ausspruch der Kündigung „zum nächstmöglichen Termin" schließen, dass damit der satzungsmäßige Beendigungszeitpunkt gemeint ist, noch deutet der Gebrauch der Begriffe „Kündigung" und „kündigen" hierauf hin. Letzteres trifft schon deswegen nicht zu, weil der Arbeitgeber in der Regel keinen Unterschied zwischen den Begriffen Austritt und Kündigung und sich nur selten Gedanken über die Wortwahl der Satzung machen wird. Zudem werden die Begriffe Austritt und Kündigung auch in der Fachliteratur zumeist synonym verwendet.[120] Und die Kündigung der Mitgliedschaft „zum nächstmöglichen Termin" kann angesichts der fehlenden höchstrichterlichen Klärung der höchstzulässigen satzungsmäßigen Kündigungsfrist für den Austritt aus dem Arbeitgeberverband gerade gegenteilig ausgelegt werden, nämlich dass bei Unwirksamkeit der satzungsmäßigen Kündigungsfrist ein früherer Beendigungszeitpunkt der „nächstmögliche Termin" ist.[121] Die Kündigungserklärung bezieht sich dann nicht mehr auf die ursprünglich aufgestellte statuarische Bestimmung, sondern auf die kraft Gesetzes reduzierte, maximal zulässige Kündigungsfrist.[122] Zu Recht wird von *Reuter* eingewandt, dass der Verband viel eher als das Mitglied um die Problematik der maximal zulässigen Kündigungsfrist wissen und gegebenenfalls mit der Unwirksamkeit der eigenen in der Satzung statuierten Frist rechnen muss; daraus leitet er sogar die Pflicht des Verbandes zur Nachfrage beim Mitglied her.[123] Die Kündigung zum „nächstmöglichen Termin" könnte man auch als konkludenten Vorbehalt verstehen. Ein Vergleich bestätigt dies: die Kündigung eines Arbeitsverhältnisses zum nächstmöglichen bzw. nächstzulässigen Termin (allein oder hilfsweise zu einem bestimmten Beendigungszeitpunkt) kann auch angesichts der Unsicherheit der im konkreten Fall einzuhaltenden Kündigungsfrist ausgesprochen werden. Als einziger, aber nicht hinreichender für die Argumentation des Bundesarbeitsgerichts sprechender Gesichtspunkt kann die fehlende Deutlichkeit der Zweifel des Arbeitgebers an der Wirksamkeit der satzungsgemäßen Kündigungsfrist für den Arbeitgeberverband angeführt werden.

Eine nach Maßgabe der obigen Ausführungen unzulässig lange Kündigungsfrist ist folglich grundsätzlich auch dann unzulässig lang und damit unwirksam, wenn ein einzelner Arbeitgeber dies nicht im Wege eines Vorbehalts beim Austritt rügt.

---

119 So auch *Oetker* Anm. zu BAG AP Nr. 12 zu § 3 TVG Verbandsaustritt; *Reuter* Anm. zu BAG RdA 2006, 117 f.

120 Vgl. bereits oben unter § 2 C.I. auf S. 10.

121 So *Reuter* Anm. zu BAG RdA 2006, 117.

122 So *Oetker* Anm. zu BAG AP Nr. 12 zu § 3 TVG Verbandsaustritt.

123 *Reuter* Anm. zu BAG RdA 2006, 117 f.

2. Austritt aus wichtigem Grund

a) Allgemeines

Auch wenn die Satzung gemäß § 39 Abs. 2 BGB Kündigungsfristen vorsieht, ist aus wichtigem Grund ein Austritt aus einem Verein mit sofortiger Wirkung – auch ohne ausdrückliche Erwähnung in der Satzung – möglich (vgl. § 314 Abs. 1 S. 1 BGB).[124]

Ein wichtiger Grund ist gegeben, wenn Umstände vorliegen, die es dem Mitglied unzumutbar machen, die Mitgliedschaft bis zum Ablauf der satzungsmäßigen Kündigungsfrist aufrechtzuerhalten (vgl. § 314 Abs. 1 S. 2 BGB).[125] Grundsätzlich ist aber eine vorherige Abmahnung erforderlich (vgl. § 314 Abs. 2 S. 1 BGB).[126] Die Kodifikation der Kündigung aus wichtigem Grund in § 314 BGB hat zur Folge, dass die dort genannten Voraussetzungen nun auch für den Vereinsaustritt aus wichtigem Grund gelten.[127] Abzulehnen ist insoweit die Ansicht von *Leßmann*, wonach bei Wirtschaftsverbänden der alleinige Wunsch zum Austritt als wichtiger Grund zur sofortigen Beendigung der Mitgliedschaft ausreichen soll[128]. Gleiches gilt für die Ansicht von *Schmidt*, der einen wichtigen Grund bereits in solchen Fällen als gegeben ansieht, in denen grundsätzliche Meinungsverschiedenheiten Anlass für den Austritt sind oder das Mitglied einer anderen, konkurrierenden Organisation beitreten möchte[129]. Beide Ansätze stellen das außerordentliche Austrittsrecht in das Belieben des Austretenden. Das Interesse des Verbandes wird dabei gänzlich außer Acht gelassen. Die Unzumutbarkeit der weiteren Mitgliedschaft für das Mitglied ist aber „unter Abwägung der beiderseitigen Interessen“ (vgl. § 314 Abs. 1 S. 2 BGB) festzustellen.

---

124 Vgl. etwa RGZ 130, 375, 377 f.; RG NJW 1931, 1024; BGH AP Nr. 25 zu Art. 9 GG; LAG Düsseldorf NZA-RR 1996, 340, 341; LG Hamburg NJW-RR 1999, 1709; *Buchner* RdA 1997, 259, 260; Däubler/*Lorenz* TVG § 3 Rn. 53; *Gamillscheg* KollArbR § 10 2.h) (1), S. 454; *Hromadka/Maschmann/Wallner* Tarifwechsel Rn. 183; *Krauss* DB 1995, 1562; *Löwisch/Rieble* TVG § 3 Rn. 53; MünchKomm/*Reuter* BGB § 39 Rn. 10; *Oetker* ZfA 1998, 41, 79; *Plander* NZA 2005, 897, 898.

125 RGZ 130, 375, 378; LG Aurich RPfleger 1987, 115, 116; LG Itzehoe NJW-RR 1989, 1531, 1532; *Hromadka/Maschmann* ArbR § 12 Rn. 61; *Hromadka/Maschmann/Wallner* Tarifwechsel Rn. 183; *Krauss* DB 1995, 1562; MünchKomm/*Reuter* BGB § 39 Rn. 8; *Oetker* ZfA 1998, 41, 79.

126 LG Itzehoe NJW-RR 1989, 1531, 1532; vgl. allgemein BGH NJW 1981, 1264, 1265 m.w.N.; *Löwisch/Rieble* TVG § 3 Rn. 53.

127 *Löwisch/Rieble* TVG § 3 Rn. 53 sowie in Rn. 58 zur Frage, inwieweit ein Mitglied angemessener Weise nach § 314 Abs. 3 BGB mit der Kündigung warten darf.

128 *Leßmann* Wirtschaftsverbände S. 265 f.

129 *Schmidt* Mitgliedschaft S. 228.

Der wichtige Grund kann im Mitgliedschaftsverhältnis begründet sein.[130] Vor allem Pflichtverletzungen des Vereins sind nach den Umständen des Einzelfalles taugliche Gründe. In Betracht kommen z.B. schlechte Beratung, schädigende Prozessvertretung, ein Eingriff in das Persönlichkeitsrecht, Namensrecht, Verrat von Geheimnissen oder verbotene Boykottmaßnahmen. Vor Gerichten wurde etwa eine ordnungsgemäß beschlossene Beitragserhöhung nicht als wichtiger Grund angesehen[131], wohl aber eine rückwirkende Erhöhung um 300 %[132]. Der jederzeitige fristlose Austritt kann nicht darauf gestützt werden, dass die satzungsmäßige Kündigungsfrist zu lang sei.[133]

b) Tarifvertragsabschluss als wichtiger Grund?

Umstritten ist, ob der wichtige Grund seine Ursachen in den tarifrechtliche Folgen der Mitgliedschaft, also in der (drohenden) Tarifgebundenheit an einen Tarifvertrag gemäß § 3 Abs. 1, 3 TVG haben kann.

Mann zufolge ist aus der Koalitionsfreiheit des Arbeitsgebers ein wichtiger Grund zum sofortigen Austritt abzuleiten, wenn sich der Arbeitgeber hierdurch einem bevorstehenden Tarifvertrag entziehen wolle.[134] *Löwisch/Rieble* sind der Ansicht, dass die rechtzeitige, nämlich fristlose Beendigung der Mitgliedschaft vor dem Tarifabschluss durch dessen wirtschaftliche Unzumutbarkeit begründet ist, wenn sich während laufender Tarifvertragsverhandlungen abzeichne, dass das Tarifergebnis für ein einzelnes Unternehmen nicht verkraftbar wäre.[135] Ähnlich will *Krauss* einen wichtigen Grund bejahen, wenn durch einen bevorstehenden Tarifabschluss eine derart große wirtschaftliche Belastung für den Betrieb entstehen würde, die den Insolvenzfall befürchten ließe.[136] *Buchner* meint, dass zwar normalerweise ein sich abzeichnender, vom Mitglied nicht mehr zu billigender Tarifabschluss nicht ausreiche.[137] Allerdings komme es darauf an, dass die verbandsinterne Willensbildung korrekt verlaufe und bei dieser die wirtschaftliche Leistungsfähigkeit von Minderheitsgruppen berücksichtigt würde. Sei der Verband dazu nicht bereit oder aufgrund der arbeitskampfrechtlichen Situation nicht in der Lage, stehe einem Mitglied das außerordentliche Kündigungsrecht zu. *Heinze* ist der Ansicht, dass dem TVG *de lege lata* im Wege ver-

130 Zum Folgenden *Löwisch/Rieble* TVG § 3 Rn. 54.

131 LG Aurich RPfleger 1987, 115, 116.

132 LG Hamburg NJW-RR 1999, 1709.

133 *Gamillscheg* KollArbR § 10 2.h) (2), S. 454.

134 *Mann* Austrittsbeschränkungen S. 96 ff., 109 f., 112.

135 *Löwisch/Rieble* TVG § 3 Rn. 57. Siehe auch Däubler/*Lorenz* TVG § 3 Rn. 54; *Oetker* Anm. zu BAG AP Nr. 12 zu § 3 TVG Verbandsaustritt.

136 *Krauss* DB 1995, 1562.

137 Zum Folgenden *Buchner* RdA 1997, 259, 260.

fassungskonformer Auslegung ein nachbindungsfreier Verbandsaustritt innerhalb eines Zeitraums von drei Wochen nach Abschluss eines neuen Tarifvertrages zu entnehmen ist.[138] Der Arbeitgeber könnte hiernach also in Abweichung von § 3 Abs. 3 TVG bei einem Neuabschluss innerhalb der genannten Zeit entscheiden, ob er diesen Tarifabschluss mittragen kann und/oder will. Auch *Adomeit* will dem Arbeitgeber hier eine Lösungsmöglichkeit zugestehen: die fortbestehende Tarifgebundenheit soll entfallen, wenn der Arbeitgeber ernsthafte wirtschaftliche Gründe aufweisen kann und er seinen Verbandsaustritt kurz nach dem Neuabschluss unverzüglich und deutlich bekannt gibt.[139] *Beuthien/Meik* sind der Ansicht, dass ein Arbeitgeber die Verbandsmitgliedschaft außerordentlich kündigen kann, wenn sein Verband einen Tarifvertrag abschließt, den der Arbeitgeber wirtschaftlich nicht verkraften kann.[140] Sie gehen dabei offensichtlich auch davon aus, dass diese Kündigung die Tarifgebundenheit beseitigen soll. *Löwisch/Rieble* wollen dem Arbeitgeber zudem ein außerordentliches Kündigungsrecht der Verbandsmitgliedschaft wegen individueller Unzumutbarkeit gewähren, wobei die Kündigung zugleich den Wegfall des § 3 Abs. 3 TVG bewirken soll.[141]

Die herrschende Meinung hingegen lehnt eine tarifrechtliche Begründung des wichtigen Grundes ab. So soll ein wichtiger Grund einerseits weder vorliegen, wenn der fristlose Austritt deshalb erfolgt, um mit ihm einen unmittelbar bevorstehenden Tarifabschluss zu entgehen.[142] Noch reiche allein die Tarifgebundenheit hierfür aus, weil § 3 Abs. 3 TVG verhindere, dass sich das Verbandsmitglied durch den Austritt der Bindung an die Tarifnormen entledige.[143]

Der herrschenden Meinung kann jedenfalls insoweit zugestimmt werden, als das außerordentliche Austrittsrecht, wie bereits erwähnt[144], nicht in das Belieben des Austretenden gestellt werden kann. Das Interesse des Verbandes würde dabei

---

138 *Heinze* NZA 1995, 5, 7, der von einem „nachwirkungsfreien" Verbandsaustritt spricht, aber wohl einen „nachbindungsfreien" Verbandsaustritt meint, wie seine folgende Aussage belegt, dass der Arbeitgeber „dann an die Nachwirkung des alten Tarifvertrages gebunden" wäre.

139 *Adomeit* Regelung S. 54 f.

140 *Beuthien/Meik* DB 1993, 1518, die aber die einseitige oder einvernehmliche Suspendierung der Mitgliedschaft bis zum Ablauf des unzumutbaren Tarifvertrages für das rechtlich schonendere Mittel halten.

141 *Rieble* ZfA 2004, 1, 37 f.; *Löwisch/Rieble* TVG § 1 Rn. 533. Vgl. auch *Melot de Beauregard* S. 61 ff.

142 LAG Düsseldorf NZA-RR 1996, 340, 341. Vgl. auch *Berg/Platow/Schoof/Unterhinninghofen* § 3 TVG Rn. 18; *von Bernuth* NJW 2003, 2215; *Däubler* NZA 1996, 225, 226.

143 *Berg/Platow/Schoof/Unterhinninghofen* § 3 TVG Rn. 18; *Oetker* ZfA 1998, 41, 79 f. Vgl. auch *Feger* AiB 1995, 490, 491; *Hromadka/Maschmann* ArbR § 12 Rn. 61; *Hromadka/Maschmann/Wallner* Tarifwechsel Rn. 183.

144 Siehe oben unter § 2 C.II.2.a) auf S. 31.

gänzlich außer Acht gelassen werden. Die Unzumutbarkeit der weiteren Mitgliedschaft für das Mitglied ist aber „unter Abwägung der beiderseitigen Interessen“ (vgl. § 314 Abs. 1 S. 2 BGB) festzustellen. Auch der bloße Wille des Arbeitgebers, sich der drohenden oder bestehenden Tarifgebundenheit zu entledigen, kann dementsprechend nicht genügen. Wenn die Annahme der Unzumutbarkeit der weiteren Mitgliedschaft im Verband bis zum Ablauf der satzungsmäßigen Kündigungsfrist aber an strengere Anforderungen geknüpft wird, ist auch eine tariflich begründete Unzumutbarkeit (wie z.B. die wirtschaftliche Last eines drohenden Tarifabschlusses) als wichtiger Grund für die außerordentliche Kündigung der Verbandsmitgliedschaft grundsätzlich anzuerkennen. Sofern die Kündigung vor dem Wirksamwerden eines unzumutbaren Tarifvertrages erfolgt, führt dies dazu, dass eine Tarifgebundenheit des ausgetretenen Arbeitgebers nach § 3 Abs. 1 TVG überhaupt nicht begründet wird. Zwar ist dies für Dritte, nämlich die tarifgebundenen Arbeitnehmer, jedenfalls dann nachteilig, wenn sie mit einer Geltung des neuen Tarifvertrages gerechnet haben. Für das Vereinsrecht spielt die Betroffenheit Dritter und damit auch der Arbeitnehmer aber keine Rolle.[145] Die durch § 3 Abs. 1 TVG geschaffene Verknüpfung zwischen Vereins- und Tarifvertragsrecht ist durch § 3 Abs. 3 TVG einer insoweit abschließenden Lösung bei Beendigung der Mitgliedschaft (gleich aus welchem Grund) zugeführt worden. Das Gesetz bietet keine über § 3 Abs. 3 TVG hinausgehende Handhabe gegen die vereinsrechtlich ordnungsgemäße Beendigung der Mitgliedschaft im Arbeitgeberverband vor dem Neuabschluss eines Tarifvertrags zwecks Vermeidung der Tarifgebundenheit.[146] Erfolgt die außerordentliche Kündigung der Verbandsmitgliedschaft aber erst nach dem Wirksamwerden eines Tarifvertrages, ist die Eignung einer tariflichen Begründung des wichtigen Grundes deswegen fraglich, da nach bisherigem Verständnis selbst die Wirksamkeit des sofortigen Verbandsaustritts wegen der Regelung in § 3 Abs. 3 TVG die Geltung des Tarifvertrages unberührt lässt. Auf die diejenigen Ansichten, die dem einzelnen Arbeitgeber eine solche tarifrechtliche Begründung der außerordentlichen Kündigung der Verbandsmitgliedschaft eingestehen und eine überschießende Wirkung dieser Kündigung in Form eines Wegfalls der Tarifgebundenheit nach § 3 Abs. 3 TVG begründen wollen, wird im Verlaufe dieser Abhandlung noch gesondert in Zusammenhang mit der Frage nach etwaigen zeitlichen Grenzen der fortbestehenden Tarifgebundenheit nach § 3 Abs. 3 TVG eingegangen.[147]

---

145 Vgl. BAG AP Nr. 162 zu Art. 9 GG Arbeitskampf unter B.I.3.b)bb) der Gründe; LAG Berlin-Brandenburg v. 16. Januar 2007, 7 Sa 1766/06, juris (Nr. JURE070103359), unter 2.1.2.3 der Gründe.

146 So auch *Bauer/Rolf* Anm. zu ArbG Berlin DB 2003, 1518, 1519 f.; *Löwisch/Rieble* TVG § 3 Rn. 60. Vgl. hierzu auch ArbG Berlin NJOZ 2006, 2552, 2557; LAG Berlin-Brandenburg v. 16. Januar 2007, 7 Sa 1766/06, juris (Nr. JURE070103359).

147 Siehe unten unter § 4 B.II.1.d)aa) und cc) auf S. 107 ff. und unter § 4 B.II.2.c)aa) und cc) auf S. 117 f.

III. Einvernehmliche Beendigung der Mitgliedschaft (Aufhebungsvertrag)

1. Zulässigkeit

Das Vereinsrecht des BGB enthält keine Regeln über die einvernehmliche Beendigung der Vereinsmitgliedschaft. Gleichwohl kann sie auch einvernehmlich beendet werden.[148] Das Recht zur einvernehmlichen Beendigung ist Ausdruck der durch Art. 2 Abs. 1 GG abgesicherten Vertrags(beendigungs)freiheit.[149] Vereinsrechtlich bestehen keine Bedenken, wie bereits § 39 Abs. 1 BGB zeigt, wonach ein sofortiger Austritt der gesetzliche Regelfall ist.[150] Auch Art. 9 Abs. 3 GG steht dem nicht entgegen; die Funktionsfähigkeit des Tarif-/Arbeitskampfsystems sowie das gewerkschaftliche Streikrecht werden dadurch nicht beeinträchtigt.[151]

2. Satzung

Aussagen in den Satzungen der Arbeitgeberverbände zur einvernehmlichen Beendigung der Mitgliedschaft sind eher selten.[152]

a) Keine Grundlage in der Satzung erforderlich

Aber auch wenn die Satzung insofern keine Aussagen trifft, ist vor dem Hintergrund, dass sich die einvernehmliche Beendigung der Mitgliedschaft aus dem Grundsatz der Privatautonomie ergibt und sie deswegen keiner Rechtsgrundlage in der Satzung bedarf, eine einvernehmliche Beendigung grundsätzlich möglich.[153] Das Vereinsrecht gleicht insoweit dem allgemeinen Vertragsrecht und dem Personengesellschaftsrecht.[154] Bei ihnen ist das Recht zur einvernehmlichen Beendigung trotz fehlender Regelungen gleichwohl anerkannt. Im Gegensatz zu

---

148 AnwK-ArbR/*Friedrich* § 3 TVG Rn. 26; *Buchner* RdA 1997, 259, 260; Däubler/*Lorenz* TVG § 3 Rn. 52; *Löwisch/Rieble* TVG § 3 Rn. 59; MünchHbArbR/*Löwisch/Rieble* § 251 Rn. 6; *Oetker* ZfA 1998, 41, 46 f. m.w.N., 52: „Aufhebungsvertrag"; Soergel/*Hadding* BGB § 39 Rn. 1. Insoweit wohl nicht anders ArbG Leipzig AiB 1996, 685, 686, wenn es eine solche Beendigung an dem Fehlen einer ausdrücklichen Satzungsbestimmung scheitern lässt. Die einvernehmliche Beendigung im Fall des Bestehens einer entsprechenden Satzungsbestimmung ausdrücklich als zulässig erachtend *Plander* NZA 2005, 897, 899 ff. Zur Zuständigkeit des Vorstands auf Seiten des Vereins *Oetker* ZfA 1998, 41, 51 f.

149 *Oetker* ZfA 1998, 41, 46 f. m.w.N.

150 *Plander* NZA 2005, 897, 900.

151 Vgl. hierzu *Plander* NZA 2005, 897, 900 ff.

152 *Oetker* ZfA 1998, 41, 47; *Plander* NZA 2005, 897, 898.

153 *Oetker* ZfA 1998, 41, 49.

154 Zum Folgenden *Oetker* ZfA 1998, 41, 46 f.: „actus contrarius zum Vertragsschluss".

der konfliktträchtigeren einseitigen Lossagung von (vertraglichen) Verpflichtungen (§§ 39, 626, 723 BGB, 132 HGB) ist die Fallgestaltung der einvernehmlichen Beendigung vom Normgeber nicht als regelungsbedürftig angesehen worden.

Der Gegenansicht, dass eine einvernehmliche Beendigung ohne ausdrückliche Grundlage in der Satzung nicht zulässig sein soll,[155] ist nicht zu folgen. Die meisten Vertreter dieser Ansicht setzen das Erfordernis einer entsprechenden Satzungsregelung ohne Begründung schlicht voraus.[156] Zudem drängt sich der Eindruck auf, dass hier das Vereinsrecht zur Lösung tarifpolitisch gewünschter Ergebnisse nutzbar gemacht werden soll.[157] Überzeugende vereinsrechtliche Argumente lassen sich kaum finden:

Zu Unrecht wird etwa angeführt, dass das Satzungsrecht nicht mit dem allgemeinen Vertragsrecht und Personengesellschaftsrecht vergleichbar ist, weil nicht erkennbar sei, dass sich der jeweilige Satzungsgeber die Regelungstechnik des BGB zu Eigen machen wolle[158]. Wenn kein erkennbarer abweichender Wille des Satzungsgebers in der Satzung zum Ausdruck kommt, müssen im Zweifel die Grundsätze des Rechts gelten, welches der Satzung zugrunde liegt, nämlich die des Vereinsrechts des BGB. Ein Vergleich ist also durchaus möglich.

Das weitere Argument, der Satzungsgeber bringe zum Ausdruck, dass ihm an einer fristlosen Beendigung nicht gelegen sei, indem er in Abweichung zum § 39 Abs. 1 BGB gemäß § 39 Abs. 2 BGB Kündigungsfristen statuiert,[159] überzeugt ebenfalls nicht. Dieses Argument ist schon deshalb zweifelhaft, weil nicht anzunehmen ist, dass sich der Verband durch die Regelung der Kündigungsfristen so weitgehend einschränken will. Auch wird dies durch den bereits erwähnten Vergleich zum allgemeinen Vertragsrecht und Personengesellschaftsrecht widerlegt. Zudem betrifft § 39 BGB nur den Austritt und damit lediglich die einseitige Beendigung der Mitgliedschaft durch das Mitglied und nicht die Beendigung der

155 ArbG Leipzig AiB 1996, 685, 686 mit zustimmender Anmerkung *Heilmann/Peter; Plander* NZA 2005, 897, 898 ff. Der vom ArbG Leipzig entschiedene Fall betraf eine Schadensersatzforderung des von der beklagten Gewerkschaft bestreikten Unternehmens nach dessen Austritt und Eintritt in einen anderen Verband. Das ArbG verweigerte dem Unternehmen die Zuerkennung der Wirksamkeit des Austritts mit der Begründung, dass die Satzung nur einen Austritt unter Einhaltung einer Kündigungsfrist vorsehe. Ein sofortiger Austritt (hier als Aufhebungsvertrag) sei in der Satzung nicht vorgesehen. Siehe auch ArbG Freiburg AuR 1996, 232 (vgl. auch Nachweis bei *Oetker* ZfA 1998, 41, 44) und LAG Hamm AP 53 Nr. 117.

156 Einzige Ausnahme *Plander* NZA 2005, 897, 898 ff.

157 Vgl. insoweit *Heilmann/Peter* Anm. zu ArbG Leipzig AiB 1996, 685, 686 f.

158 *Plander* NZA 2005, 897, 899.

159 *Plander* NZA 2005, 897, 899.

Mitgliedschaft unter Mitwirkung des Verbandes, so dass keine zwingenden Rückschlüsse aus § 39 BGB für die einvernehmliche Beendigung der Mitgliedschaft gezogen werden können. Vor diesem Hintergrund und als bloße Sollvorschrift kann auch § 58 Nr. 1 Var. 2 BGB, wonach die Satzung Bestimmungen über den Austritt der Mitglieder enthalten soll, nicht zur Begründung der Erforderlichkeit einer solchen Satzungsregelung angeführt werden.

Auch der Einwand, dass gerade auch bei der einvernehmlichen Beendigung ein Konfliktpotential vorhanden sei, da die Interessen der im Verband verbleibenden Mitglieder tangiert seien[160], überzeugt nicht. Der Gesetzgeber hat dies gerade nicht als regelungsbedürftig angesehen. Der Verband würde eine einvernehmliche Beendigung zudem wohl auch nicht mittragen, wenn dadurch im Einzelfall ein verbandsinterner Konflikt verursacht würde.[161]

Gegen das Erfordernis einer Satzungsbestimmung für die einvernehmliche Beendigung spricht auch, dass die Satzung nur dann als „Rechtsgrundlage" dienen kann und muss, wenn der Verein gegenüber seinen Mitgliedern Rechte geltend machen will, die über das Vereinsrecht des BGB hinausgehen[162]. Im Fall der einvernehmlichen Beendigung erfolgt per definitionem keine einseitige Geltendmachung eines Rechts, so dass es einer „Rechtsgrundlage" nicht bedarf. Zwar kann die einvernehmliche Beendigung der Mitgliedschaft eines Unternehmens im Arbeitgeberverband gegebenenfalls auch Dritte, nämlich die tarifgebundenen Arbeitnehmer betreffen. Es wurde aber bereits dargelegt[163], dass die Betroffenheit Dritter und damit auch der Arbeitnehmer für das Vereinsrecht keine Rolle spielt und dass die Ausnahme für die Tarifgebundenheit in § 3 Abs. 3 TVG einer abschließenden Lösung zugeführt worden ist.

b) Grundsätzlich kein Ausschluss durch Satzung

Auch wenn somit grundsätzlich eine ausdrückliche Satzungsregelung nicht erforderlich ist, stellt sich die Frage, ob sich aus der Satzung ein durch Auslegung zu ermittelnder Ausschluss der einvernehmlichen Beendigung ergeben kann. Da dem Mitglied zumindest der Austritt möglich ist, bestehen gegen die Zulässigkeit eines solchen Ausschlusses keine grundsätzlichen Bedenken.[164] Sieht die

160 *Plander* NZA 2005, 897, 899 f.

161 Die von *Plander* NZA 2005, 897, 899 f. vorgebrachten Argumente nennen nur mögliche, nicht zwingende Konflikte, die keinen Schluss darauf zulassen, dass eine einvernehmliche Beendigung der Mitgliedschaft ohne Satzungsregelung nicht möglich sein soll. Solche potentiellen Konflikte können dadurch ausgeglichen werden, indem der Satzungsgeber hierfür Regelungen trifft. Er muss diese Konflikte aber nicht ausgleichen.

162 Vgl. Palandt/*Heinrichs*/*Ellenberger* BGB § 25 Rn. 2 m.w.N.

163 Siehe oben unter § 2 C.II.2.b) auf S. 34.

164 Zum Folgenden *Oetker* ZfA 1998, 41, 47 ff.

Satzung unter Verzicht auf eine Aufzählung von Beendigungstatbeständen lediglich detaillierte Bestimmungen zum Austritt und zum Ausschluss des Mitglieds vor, ist ein Ausschluss der einvernehmlichen Beendigung zu verneinen. Schwieriger liegt der Fall, wenn eine Aufzählung von Beendigungstatbeständen vorliegt, die als abschließend aufgefasst werden könnte. Dann könnte man den Umkehrschluss ziehen, dass die nicht erwähnte Möglichkeit der einvernehmlichen Beendigung eben ausgeschlossen sein soll.[165] Gegen diese Annahme spricht aber die Interessenlage des Vereins, der in der Regel nur die Problemfälle (der einseitigen Beendigung) regeln will.[166] Deswegen ist für den Ausschluss der einvernehmlichen Beendigung der Mitgliedschaft ein eindeutiger Anhaltspunkt in der Satzung zu fordern; die bloße Aufzählung von Beendigungstatbeständen reicht insofern nicht aus.

c) Keine Anwendung der satzungsgemäßen Kündigungsfristen

Die in der Satzung vorgesehenen Kündigungsfristen gelten für den Aufhebungsvertrag nicht, weil sie die Koalition nur vor dem von ihr ungewollten Ende der Mitgliedschaft schützen.[167]

Auch der tarifliche Gegenspieler hat keinen Anspruch darauf, dass der Aufhebungsvertrag nur mit der satzungsgemäßen Kündigungsfrist geschlossen wird.[168] Er muss den Mitgliederbestand seines Gegenspielers so nehmen, wie er jeweils ist. Das interne Verbandsverhalten kann selbst dann nicht „gegnernützig" gesteuert werden, wenn das ausdrücklich erwünscht ist. Eine Satzungsbestimmung zu Gunsten des Gegners, in der sich eine Koalition verpflichtet, in dessen Interesse Mitglieder nicht vorzeitig zu entlassen, ist genauso wenig möglich wie gar ein Koalitionsvertrag mit einer solchen Verpflichtung. Eine Koalition kann sich schon nicht verpflichten, überhaupt Kündigungsfristen vorzusehen: das BGB geht in § 39 Abs. 1 vom jederzeitigen Austritt ohne Fristbindung aus. Das Mitgliedschaftsverhältnis ist eine notwendig ausschließlich interne Angelegenheit zwischen Verband und Mitglied, gedeckt von der individuellen und kollektiven Koalitionsfreiheit. So wenig eine Gewerkschaft darüber entscheiden darf, wer Mitglied des Arbeitgeberverbandes sein darf, so wenig darf sie entscheiden, wie lange die Mitgliedschaft währt und welcher Gestalt sie ist. Dem Tarifbindungs- und Tariftreueinteresse des sozialen Gegenspielers trägt das TVG dadurch Rechnung, dass § 3 Abs. 3 TVG Mitgliedschaft und Tarifgeltung voneinander abkoppelt. Damit ist zugleich gesagt, dass jede Flucht vor Inkrafttreten eines Tarifver-

165 In diese Richtung tendierend *Plander* NZA 2005, 897, 899.

166 *Oetker* ZfA 1998, 41, 47 ff. Kritisch hierzu *Plander* NZA 2005, 897, 899.

167 *Löwisch/Rieble* TVG § 3 Rn. 59.

168 Zum Folgenden *Löwisch/Rieble* TVG § 3 Rn. 60. A.A. *Berg/Platow/Schoof/Unterhinninghofen* § 3 TVG Rn. 19.

trages hinzunehmen ist. Eine solche Verpflichtung ist mithin unwirksam. Wird sie gleichwohl „gelebt", ist der Koalitionsstatus der Vereinigung in Zweifel zu ziehen, weil sie gegnerabhängig ist.

3. Zeitpunkt der Beendigung

Grundsätzlich endet die Mitgliedschaft bei der einvernehmlichen Beendigung in dem Augenblick, in dem die übereinstimmenden Willenserklärungen rechtswirksam werden; die Beendigungswirkung kann aber auch hinausgeschoben werden.[169] Problematisch ist hingegen, ob die Parteien die Mitgliedschaft einvernehmlich rückwirkend aufheben können.

Dies wird teilweise bejaht: ein Mitglied und ein Verband könnten sich einvernehmlich auf eine rückwirkende Beendigung der Mitgliedschaft verständigen.[170] Maßgeblich für die Zulässigkeit eines rückwirkenden Austritts seien die Vorschriften der Satzung.

Abweichend hiervon hat das Arbeitsgericht Freiburg einen nach dem Wirksamwerden einer Tariflohnerhöhung erfolgten Austritt aus dem Verband, dessen Rückwirkung auf die Zeit vor dem Wirksamwerden des Tarifabschlusses einvernehmlich vereinbart wurde, für unwirksam erklärt, weil die Mitgliedschaft nicht durch eine andere Vereinbarung beendet werden könne, wenn die Satzung die Beendigung der Mitgliedschaft durch Kündigung vorsehe.[171]

Teilweise wird differenziert: die Vertragsfreiheit könne nicht als Rechtfertigung für die Rückwirkung dienen, da sich die Mitgliedschaft in einem Verein nicht ausschließlich auf ein zwischen Verein und Mitglied bestehendes Schuldverhältnis beschränke, sondern ein Organisationsverhältnis darstelle, dass in der Vergangenheit vollzogen worden sei und insoweit nicht beseitigt werden könne.[172] Allerdings sei es möglich, dass einvernehmlich verabredet wird, das Rechtsverhältnis für einen in der Vergangenheit liegenden Zeitraum so zu behandeln, als ob die Mitgliedschaft nicht bestanden hätte.[173] Insbesondere könne dies die in diesem Zeitraum entstandenen Ansprüche betreffen. Weitergehende Begrenzungen könnten erforderlich sein, wenn durch die von den Parteien gewollte Rückwirkung Drittinteressen berührt oder die Rechtsfolgen solcher Normen unterlaufen würden, die nicht zur Disposition der Beteiligten stünden. So könne die fort-

169 *Löwisch/Rieble* TVG § 3 Rn. 61; *Oetker* ZfA 1998, 41, 50.

170 *Krauss* DB 1995, 1562.

171 ArbG Freiburg AuR 1996, 232, vgl. auch Nachweis bei *Oetker* ZfA 1998, 41, 44.

172 Zum Folgenden *Oetker* ZfA 1998, 41, 50 f.

173 Ebenso im Ergebnis *Löwisch/Rieble* TVG § 3 Rn. 61, wonach eine rückwirkende Aufhebung nicht erfolgen könne, aber eine Rückbeziehung von Rechtsfolgen (vergleichbar § 159 BGB) möglich sei.

bestehende Tarifgebundenheit nach § 3 Abs. 3 TVG nicht dadurch umgangen werden, dass nach Abschluss des Tarifvertrages die Mitgliedschaft einvernehmlich zu einem Zeitpunkt vor dem Abschluss aufgehoben werde.[174] Eine solche Vereinbarung sei wegen Gesetzesumgehung gemäß § 134 BGB nichtig.[175]

Der zuletzt genannten Ansicht ist zuzustimmen. Es ist den Parteien unbenommen, eine Vereinbarung dahingehend zu treffen, wonach die Mitgliedschaft für einen in der Vergangenheit liegenden Zeitraum als nicht bestehend angesehen werden soll. Eine Rückabwicklung ist aber insofern faktisch unmöglich, als in dieser Zeit etwa Einrichtungen oder Dienste des Verbandes in Anspruch genommen worden sind. Zudem ist streng zwischen der vereinsrechtlichen und der tarifrechtlichen Wirkung einer solchen Vereinbarung zu unterscheiden. Eine vereinsrechtlich zulässig vereinbarte Rückwirkung muss noch lange nicht tarifrechtlich Wirkung zeigen. Dies ist für den Beitritt zu einer Koalition anerkannt.[176] Für den vorliegenden Fall kann nichts anderes gelten. Die Tarifgebundenheit steht – wie noch aufgezeigt werden wird – nicht zur Disposition der Beteiligten. Die Rückwirkung des Austritts zur Vermeidung der Tarifgebundenheit gilt somit zwar vereinsrechtlich, aber nicht tarifrechtlich, so dass der Arbeitgeber trotz Rückwirkung zunächst gemäß § 3 Abs. 1 TVG und danach gemäß § 3 Abs. 3 TVG tarifgebunden ist.

IV. Einvernehmliche Abkürzung der Kündigungsfrist

Zwischen der einseitigen Beendigung der Mitgliedschaft durch Austritt und der einvernehmlichen Beendigung der Mitgliedschaft ist die einvernehmliche Abkürzung der Kündigungsfrist anzusiedeln. Eine solche liegt vor, wenn sich der Verband und das Mitglied nach zugegangener Austrittserklärung einvernehmlich über die Abkürzung der in der Satzung vorgesehenen Kündigungsfrist einigen, um die Wirkung des Austritts früher eintreten zu lassen.

1. Dogmatische Stellung

Trotz eines Einigungselements ist eine solche Abkürzung dogmatisch als Vereinbarung im Rahmen des Austritts und nicht als einvernehmliche Beendigung der Mitgliedschaft anzusehen, die den Austritt gegenstandslos macht. Der Beendigungstatbestand bei der Verkürzung der Kündigungsfrist ist weiterhin der Aus-

---

174 So auch *Däubler* NZA 1996, 225, 226; Däubler/*Lorenz* TVG § 3 Rn. 52; *Löwisch/Rieble* TVG § 3 Rn. 61; *Plander* NZA 2005, 897, 902.

175 *Oetker* ZfA 1998, 41, 51 m.w.N.

176 Vgl. etwa für Gewerkschaftsbeitritt BAG NZA 2001, 980, 981 f. Siehe auch oben unter § 2 B.II. auf S. 9.

tritt und nicht die einvernehmliche Beendigung.[177] Lediglich die Rechtsfolgenseite des Austritts wird durch die Beteiligten einvernehmlich modifiziert.

Eine Auslegung der Austrittserklärung als ein Angebot auf Aufhebung und die Bestätigung durch den Verein als Annahme dürfte in der Regel wegen des eindeutig erklärten Willens, die Mitgliedschaft einseitig zu beenden, und der mit der Erklärung unmittelbar bewirkten Rechtsfolgen ausscheiden.[178] Auch eine entsprechende Umdeutung der Austrittserklärung gemäß § 140 BGB kommt nicht in Betracht, da die Austrittserklärung in der Regel nicht nichtig, sondern wirksam ist.[179] Eine einvernehmliche Beendigung trotz vorheriger Austrittserklärung und nicht nur eine einvernehmliche Verkürzung der Kündigungsfrist kann aber vorliegen, wenn den Erklärungen gerade dieser Bedeutungsgehalt zu entnehmen ist.[180]

2. Zulässigkeit

Die vereinbarte Abkürzung der Kündigungsfrist ist nach überwiegender Ansicht zulässig, wenn die Satzung selbst dies vorsieht.[181] Die Zulässigkeit der einvernehmlichen Abkürzung der Kündigungsfrist ist aber auch dann zu bejahen, wenn die Satzung keine entsprechende Aussage trifft.[182] Die Zulässigkeit folgt zum einen aus der Satzungsautonomie.[183] Dafür spricht auch ein Umkehrschluss zum Genossenschaftsrecht[184]: in § 65 Abs. 1 bis 3 GenG ist unter anderem eine Mindestkündigungsfrist (§ 65 Abs. 2 S. 1 GenG) sowie die Möglichkeit, diese zu verlängern (§ 65 Abs. 2 S. 2 GenG), geregelt. § 65 Abs. 5 GenG verbietet hier-

---

177 Insofern unscharf etwa ArbG Leipzig AiB 1996, 685, 686, dass eine einvernehmliche Abkürzung der Kündigungsfrist „auf Null" nach einem Austritt als Aufhebungsvertrag angesehen hat.

178 *Oetker* ZfA 1998, 41, 53 f. m.w.N.

179 Ebenso selbst für den Fall der Unwirksamkeit *Oetker* ZfA 1998, 41, 54.

180 Vgl. *Oetker* ZfA 1998, 41, 54.

181 Vgl. zu solchen Satzungsbestimmungen ArbG Berlin NJOZ 2006, 2552, 2555; LAG Berlin-Brandenburg v. 16. Januar 2007, 7 Sa 1766/06, juris (Nr. JURE070103359); *Krauss* DB 1995, 1562 Fn. 10; *Löwisch/Rieble* TVG § 3 Rn. 64 sowie *Stumpfe* NZA-Beil. 2000, 2 f.. Im Ergebnis ebenso *Bauer/Rolf* Anm. zu ArbG Berlin DB 2003, 1518, 1519 f.; *Buchner* RdA 1997, 259, 260; *Plander* NZA 2005, 897, 900 ff. Kritisch ArbG Berlin DB 2003, 1518.

182 *Krauss* DB 1995, 1562; *Oetker* ZfA 1998, 41, 77 f. Anders aber *Plander* NZA 2005, 897, 899 f.; ArbG Berlin DB 2003, 1518 und wohl LAG Hamm AP 53 Nr. 117. Offen gelassen von LAG Berlin-Brandenburg v. 16. Januar 2007, 7 Sa 1766/06, juris (Nr. JURE070103359). Vgl. hierzu bereits die Ausführungen oben unter § 2 C.III.2.a) auf S. 35 ff. zur einvernehmlichen Beendigung.

183 *Krauss* DB 1995, 1562.

184 Zum Folgenden *Oetker* ZfA 1998, 41, 77 f. m.w.N. Vgl. auch LAG Berlin-Brandenburg v. 16. Januar 2007, 7 Sa 1766/06, juris (Nr. JURE070103359).

von abweichende Vereinbarungen. Eine Verkürzungsmöglichkeit ist nicht vorgesehen und damit wegen § 65 Abs. 5 GenG unzulässig. Das Vereinsrecht enthält ein solches Verbot nicht. Im Gegenteil geht § 39 BGB grundsätzlich von dem jederzeit möglichen Vereinsaustritt aus.[185] Zudem folgt die Zulässigkeit bereits aus einem *argumentum a maiore ad minus*. Wenn schon die einvernehmliche und sofort wirksame Beendigung der Mitgliedschaft unabhängig von einer statuarischen Grundlage und neben dem an Fristen gebundenen Austritt aus dem Verein möglich ist,[186] dann gilt dies erst recht für die einvernehmliche Abkürzung der Kündigungsfrist. Sie berührt die Bestandsinteressen weitaus geringer als die sofortige einvernehmliche Beendigung der Mitgliedschaft. Auch § 3 Abs. 3 TVG steht einer einvernehmlichen Abkürzung der Kündigungsfrist selbst dann nicht entgegen, wenn das austrittswillige Mitglied ohne die Abkürzung der Kündigungsfrist von den Rechtswirkungen eines neuen Tarifvertrages gemäß § 3 Abs. 1 TVG erfasst worden wäre. Auch insoweit ist *per argumentum a maiore ad minus* auf die Möglichkeit einer sofort wirksam werdenden einvernehmlichen Beendigung der Mitgliedschaft zu verweisen. Solange diese nicht wegen Umgehung des § 3 Abs. 3 TVG ausgeschlossen ist, kann die einvernehmliche Abkürzung einer Kündigungsfrist nicht im Widerspruch zu § 3 Abs. 3 TVG stehen.

Abzulehnen ist die vereinzelt vertretene Auffassung, wonach die Abkürzung wegen der über Art. 9 Abs. 3 GG betroffenen Drittinteressen (bevorstehender Tarifabschluss) nur bei Vorliegen eines wichtigen Grundes zulässig ist[187]. § 39 Abs. 1 BGB sieht als Normalfall ein sofortiges Austrittsrecht vor, das die Verbände gemäß § 39 Abs. 2 BGB einschränken können, aber nicht müssen. Den Verbänden steht es also frei, eine Kündigungsfrist zu statuieren. Dann aber muss es dem Verband auch möglich sein, zwar grundsätzlich eine Kündigungsfrist zu statuieren, hiervon aber Ausnahmen zuzulassen.[188] Der Logik der Gegenansicht folgend bestünde (im Widerspruch zu § 39 BGB) eine Pflicht des Arbeitgeberverbandes zur Statuierung von Kündigungsfristen.[189] Es wurde zudem bereits dargelegt[190], dass die Betroffenheit Dritter für das Vereinsrecht keine Rolle spielt und dass die Ausnahme für die Tarifgebundenheit in § 3 Abs. 3 TVG einer abschließenden Lösung zugeführt worden ist. Das Gesetz verbietet oder erschwert die vereinsrechtlich ordnungsgemäße Beendigung der Mitgliedschaft im Arbeitgeberver-

---

185 Hierauf insbesondere auch abstellend LAG Berlin-Brandenburg v. 16. Januar 2007, 7 Sa 1766/06, juris (Nr. JURE070103359).

186 Siehe oben unter § 2 C.III. auf S. 35 ff.

187 ArbG Berlin DB 2003, 1518; *Berg/Platow/Schoof/Unterhinninghofen* § 3 TVG Rn. 19. Wie hier ArbG Berlin NJOZ 2006, 2552, 2555 ff.; LAG Berlin-Brandenburg v. 16. Januar 2007, 7 Sa 1766/06, juris (Nr. JURE070103359).

188 Vgl. auch *Bauer/Rolf* Anm. zu ArbG Berlin DB 2003, 1518, 1519.

189 Zu Recht dagegen *Oetker* ZfA 1998, 41, 74 ff.

190 Siehe oben unter § 2 C.II.2.b) auf S. 34.

band vor dem Neuabschluss eines Tarifvertrags zwecks Vermeidung der Tarifgebundenheit also nicht.[191]

V. Folgen des Verbandsaustritts

Mit dem Wirksamwerden des Verbandsaustritts erlöschen sämtliche Rechte und Pflichten des Arbeitgebers aus der Mitgliedschaft[192]. Dies gilt naturgemäß nicht für einmal begründete und noch während der Mitgliedschaft fällig gewordene Pflichten[193]. So kann das Mitglied etwa seine Pflicht zur Zahlung ausstehender Beiträge aus der Mitgliedschaftszeit nicht durch Verbandsaustritt abwenden.

Die Auswirkungen der vereinsrechtlich wirksamen Beendigung der Verbandsmitgliedschaft auf die tarifrechtliche Rechtslage werden durch § 3 Abs. 3 TVG begrenzt. Dies ist die Schnittstelle zu der tarifrechtlichen Fragestellung der vorliegenden Abhandlung.

D. Ergebnis zum Verbandsaustritt des Arbeitgebers

Dem Arbeitgeber steht grundsätzlich ein unabdingbares jederzeitiges Austrittsrecht aus dem Arbeitgeberverband zu. Dieses kann der Arbeitgeberverband nur durch in der Satzung geregelte Kündigungsfristen und Kündigungstermine beschränken. Die höchstzulässige Kündigungsfrist, die ein Arbeitgeberverband in der Satzung vorsehen kann, beträgt in Abweichung zu § 39 Abs. 2 Hs. 2 BGB sechs Monate. Diese Höchstgrenze gilt auch dann, wenn eine Kombination von Kündigungsfrist und Kündigungstermin statuiert ist; ob die Höchstgrenze einer zulässigen Kündigungsfrist eingehalten worden ist, beurteilt sich in diesem Fall nach der potentiell längsten vom Mitglied beim Austritt einzuhaltenden Zeitspanne. Eine hiernach unzulässig lange Kündigungsfrist ist auch dann unwirksam, wenn der austretende Arbeitgeber dies nicht im Wege eines Vorbehalts beim Austritt rügt; bei widersprüchlichem Verhalten kann sich der Arbeitgeber allerdings nicht auf die Unwirksamkeit berufen. Ist die Höchstgrenze einer zulässigen Kündigungsfrist vom Arbeitgeberverband überschritten worden und die satzungsgemäße Kündigungsfrist daher unwirksam, gilt die maximal zulässige Kündigungsfrist von sechs Monaten.

Eine vom Arbeitgeber für den Austritt einzuhaltende Kündigungsfrist können Arbeitgeberverband und Arbeitgeber einvernehmlich abkürzen. Genauso können Arbeitgeberverband und Arbeitgeber einvernehmlich die Beendigung der Mit-

---

191 Ebenso *Bauer/Rolf* Anm. zu ArbG Berlin DB 2003, 1518, 1519 f.; *Löwisch/Rieble* TVG § 3 Rn. 60.

192 *Bauer/Diller* DB 1993, 1085; *Bauer* FS Schaub S. 19, 20; *Dahlbender* Austritt S. 5; Palandt/*Heinrichs/Ellenberger* BGB § 39 Rn. 4; Soergel/*Hadding* BGB § 39 Rn. 8.

193 BGHZ 48, 207, 209; Wiedemann/*Oetker* TVG § 3 Rn. 15.

gliedschaft vereinbaren. Einzige Ausnahme hierfür ist, wenn der Satzung eindeutig entnommen werden kann, dass eine solche Vereinbarung unzulässig ist. Tarifrechtliche Wirkungen solcher Vereinbarungen und deren vereinsrechtliche Zulässigkeit sind zu trennen und mit Ausnahme von Umgehungstatbeständen (Rückwirkungsvereinbarungen) zu respektieren. Insbesondere die bewusst angestrebte Flucht aus der Tarifgebundenheit anlässlich eines bevorstehenden Tarifvertragsabschlusses ändert nichts an der Zulässigkeit solcher Vereinbarungen.

§ 3 Tarifgebundenheit nach § 3 Abs. 1 TVG

A. Allgemeines

Nach § 3 Abs. 1 TVG sind die Mitglieder der Tarifvertragsparteien und der Arbeitgeber, der selbst Tarifvertragspartei ist, tarifgebunden.

I. Vorfrage für Normwirkung

Die Tarifgebundenheit von Arbeitnehmer und Arbeitgeber ist Voraussetzung für die unmittelbare und zwingende Geltung eines Tarifvertrages gemäß § 4 Abs. 1 TVG.

Unmittelbare Geltung bedeutet, dass die Tarifnormen ohne weiteres, insbesondere ohne eine vertragliche Einbeziehung auf das Arbeitsverhältnis Anwendung finden.[194] Zwingende Geltung bedeutet, dass die Arbeitsvertragsparteien den Inhalt der Tarifnormen beachten müssen und (mit Ausnahme von § 4 Abs. 3 TVG) nicht von ihnen abweichen dürfen.[195]

Die unmittelbare und zwingende Geltung von Tarifverträgen wird als Normwirkung bezeichnet. Dabei ist nur die unmittelbare Geltung ein notwendiges Element der Normwirkung. Normen behalten ihren Charakter auch dann, wenn sie nicht (mehr) zwingend gelten, wie z.B. nach § 4 Abs. 5 TVG nachwirkende Tarifnormen.[196] Insoweit kann man eine Parallele zum dispositiven Gesetzesrecht ziehen.[197] Soweit im Folgenden von Normwirkung die Rede ist, ist aber die unmittelbare und zwingende Geltung i.S.d. § 4 Abs. 1 TVG gemeint. Die Normwirkung von Tarifverträgen aufgrund von Tarifgebundenheit ist der gesetzliche Regelfall (§§ 3, 4 Abs. 1 TVG).

II. Begriff der Tarifgebundenheit

Der Begriff der Tarifgebundenheit wird im Gesetz nicht definiert. Er wird aber durch § 3 TVG ausgefüllt.[198]

Begriffsbestimmungen in der Literatur sind nur vereinzelt zu finden: mit Tarifgebundenheit bezeichne der Gesetzgeber die Bindung der Mitglieder der Tarif-

---

194 Vgl. etwa *Bauer/Diller* DB 1993, 1085; *Hromadka/Maschmann* ArbR § 13 Rn. 8; Jacobs/Krause/Oetker/*Jacobs* § 7 Rn. 2.

195 *Hromadka/Maschmann* ArbR § 13 Rn. 8; Jacobs/Krause/Oetker/*Jacobs* § 7 Rn. 5.

196 Vgl. hierzu Wiedemann/*Wank* TVG § 4 Rn. 323 m.w.N.

197 Jacobs/Krause/Oetker/*Jacobs* § 7 Rn. 4.

198 HzA/*Dörner* Gruppe 18/1 Rn. 177; Jacobs/Krause/Oetker/*Oetker* § 6 Rn. 7; Wiedemann/*Oetker* TVG § 3 Rn. 6.

vertragsparteien an die Regelungen der Tarifverträge.[199] Hinsichtlich der Normadressaten bestimme die Tarifgebundenheit den Personenkreis, für den die Tarifvertragsparteien mit gesetzesgleicher Wirkung Regelungen treffen können.[200] Der Beitritt zur Koalition schaffe die Ermächtigung für den Verband, das Mitglied durch die Setzung tariflicher Normen zu binden.[201]

1. Historie: Entstehung des Begriffs

Die Begriffe *„Tarifgebundenheit"* in § 3 TVG und *„tarifgebunden"* in § 4 Abs. 1 und 2 sowie in § 5 Abs. 4 TVG wurden anlässlich der Arbeit an Entwürfen für das spätere TVG neu belebt.[202] In § 1 Abs. 1 und 2 sowie in § 2 Abs. 1 der Tarifvertrags-Verordnung von 1918[203], in der das Tarifvertragsrechts in Deutschland erstmals kodifiziert wurde[204], war noch von *„beteiligten Personen"* und *„Beteiligten"* die Rede. Im Schrifttum und in der Rechtsprechung der damaligen Zeit wurden die Ausdrücke *„Tarifangehörigkeit"* und *„Tarifunterworfenheit"* synonym zu dem Begriff Tarifbeteiligung verwendet.[205] Der Begriff Tarifgebundenheit tauchte zunächst in den Entwürfen eines Tarifvertragsgesetzes der Gewerkschaften und der Begründung der endgültigen Fassung des Entwurfs des Gewerkschaftsrats der Vereinigten Zonen (April bis September 1948) auf.[206] Ab diesem Zeitpunkt wurde in den darauf folgenden Entwürfen[207] nur noch der Begriff Tarifgebundenheit verwendet.

---

199 *Bauer/Diller* DB 1993, 1085; *Bauer* FS Schaub S. 19, 20.

200 *Bulla* DB 1951, 818; ErfK/*Franzen* § 3 TVG Rn. 1; *Giesen* BeckOK ArbR § 3 TVG Rn. 2; Jacobs/Krause/Oetker/*Oetker* § 6 Rn. 7; Kempen/Zachert/*Kempen* TVG § 3 Rn. 3; Staudinger/*Richardi* BGB Vorb. zu §§ 611 ff. Rn. 623; Wiedemann/*Oetker* TVG § 3 Rn. 7.

201 *Zöllner/Loritz/Hergenröder* ArbR § 38 I.1. Vgl. auch *Löwisch/Rieble* TVG § 3 Rn. 83.

202 Von Tarifgebundenheit war schon in RAGE 1, 167 zu lesen.

203 Verordnung über Tarifverträge, Arbeiter- und Angestelltenausschüsse und Schlichtung von Arbeitsstreitigkeiten vom 23.12.1918, RGBl. 1918, S. 1456; abgedruckt bei Wiedemann/*Oetker* TVG Geschichte Rn. 8. Siehe dort auch zu ihrer Entstehungsgeschichte.

204 Vgl. dazu MünchHbArbR/*Löwisch/Rieble* § 252 Rn. 10 ff.; Wiedemann/*Oetker* TVG Geschichte Rn. 7 f.

205 *Nipperdey* RdA 1949, 81, 84; Wiedemann/*Oetker* TVG § 3 Rn. 1. Vgl. auch §§ 11 ff. des Referentenentwurfs des Reichsarbeitsministeriums für ein Tarifvertragsrecht aus dem Jahr 1931, abgedruckt bei Wiedemann/*Oetker* TVG Geschichte Rn. 14. Ebenso auch noch § 3 des Lemgoer Entwurfes für eine Tarifvertragsordnung vom Anfang des Jahres 1948, abgedruckt bei Wiedemann/*Oetker* TVG Geschichte Rn. 22 und die Entwürfe des Länderrates aus den Jahren 1947 und 1948, abgedruckt bei Wiedemann/*Oetker* TVG Geschichte Rn. 25 ff. Vgl. aus neuer Zeit aber auch *Wilhelm/Dannhorn* NZA 2006, 466.

206 Wiedemann/*Oetker* TVG Geschichte Rn. 29 ff. und § 3 Rn. 1.

207 Vgl. Wiedemann/*Oetker* TVG Geschichte Rn. 24, 34 ff. und § 3 Rn. 1.

Nach dem Erinnerungsbericht *Herschels* über die Entstehung des TVG wurde der Begriff Tarifgebundenheit *„neu geprägt, weil man in der damaligen Übergangszeit allergisch gegen alles war, was an Herrschaft, Unterworfenheit usw. auch nur von fern erinnerte“*.[208] Die früher verwendeten Begriffe *„Tarifangehörigkeit“* und *„Tarifbeteiligung“* hätten keinen Beifall gefunden. Ob die Begriffe *„Tarifgebundenheit“* oder *„Tarifbindung“* besser seien, sei dahingestellt. Sie seien jedenfalls politisch unbeanstandet geblieben.

2. Abgrenzung zur Normwirkung

Die Wahl des Begriffs Tarifgebundenheit (bzw. Tarifbindung) kann als etwas unglücklich bezeichnet werden. Dies ist deswegen der Fall, weil mit dem Begriff Tarifgebundenheit vielfach fälschlicherweise schon die Normwirkung i.S.v. § 4 Abs. 1 TVG assoziiert wird.[209]

a) TVG unterscheidet

Das TVG unterscheidet zwischen der Tarifgebundenheit und der Normwirkung.

Dies ist schon daraus ersichtlich, dass die Tarifgebundenheit und Normwirkung in verschiedenen Vorschriften geregelt sind (Tarifgebundenheit in § 3 Abs. 1 TVG und Normwirkung in § 4 Abs. 1 TVG).[210]

Zudem wird der Unterschied durch einen Blick in § 4 Abs. 1 TVG belegt, in dem das Unterfallen unter den Geltungsbereich des Tarifvertrages als neben der Tarifgebundenheit erforderliche Voraussetzung für das Eingreifen der Normwirkung genannt wird.[211] Wären Normwirkung und Tarifgebundenheit identisch, wäre die Voraussetzung „Unterfallen unter den Geltungsbereich des Tarifvertrages“ überflüssig. Auch zeigt der Wortlaut des § 4 Abs. 1 S. 1 TVG, dass die Normwirkung nur für die „beiderseits Tarifgebundenen“ eintritt, d.h. dass eine

---

208 Zum Folgenden *Herschel* ZfA 1973, 183, 190. Vgl. auch Begründung zum Entwurf des Gewerkschaftsrats der Vereinigten Zonen für ein TVG vom 7. September 1948 unter Nr. 11, abgedruckt bei Wiedemann/*Oetker* TVG Geschichte Rn. 33.

209 Vgl. nur Formulierungen bei *Bauer/Diller* DB 1993, 1085; *Bauer* FS Schaub S. 19, 20; *Berg/Platow/Schoof/Unterhinninghofen* § 3 TVG Rn. 11; *Bieback* DB 1989, 477. Vgl. auch *Nikisch* ArbR II § 71 IV.1., S. 268. In diesem Sinne auch RAGE 1, 167, 169 f. Unklar BAG AP Nr. 19 zu § 2 TVG Tarifzuständigkeit unter B.II.2.a)ee)(3)(c)(bb) der Gründe. *Gamillscheg*, KollArbR § 17 I.1,b), S. 712, zufolge ist der Begriff Tarifgebundenheit verzichtbar.

210 Vgl. auch BAG AP Nr. 19 zu § 2 TVG Tarifzuständigkeit, wonach in §§ 3, 4 Abs. 1 TVG „die Voraussetzungen und die Folgen der Tarifgebundenheit“ geregelt sind. Siehe auch BAG AP Nr. 38 zu § 4 TVG Nachwirkung; *Giesen* BeckOK ArbR § 3 TVG Rn. 2.

211 So auch *Hueck/Nipperdey* ArbR Bd. II Hb. 1 § 23 A., S. 478; Kempen/Zachert/*Kempen* TVG § 3 Rn. 6. Vgl. auch *Winzer* Beeinflussung S. 69.

nur einseitige Tarifgebundenheit möglich ist, aber (mit Ausnahme des § 3 Abs. 2 TVG) nicht zur Normwirkung führt.

Etwas anderes folgt auch nicht aus § 5 Abs. 4 TVG, wonach mit der Allgemeinverbindlicherklärung die Rechtsnormen des Tarifvertrages in seinem Geltungsbereich auch die bisher nicht tarifgebundenen Arbeitgeber und Arbeitnehmer erfassen. Die Wendung „bisher nicht tarifgebundenen" deutet nicht auf die Normwirkung hin. Vielmehr ist der Wortlaut vor dem Hintergrund zu sehen, dass die Allgemeinverbindlicherklärung die Tarifgebundenheit ersetzt[212].

b) Tarifgebundenheit unabhängig von bestimmtem Tarifvertrag?

Wenn danach Tarifgebundenheit und Normwirkung nicht identisch sind, stellt sich die Frage, ob die Tarifgebundenheit den Bezug zu einem oder mehreren bestimmten Tarifverträgen umfasst. Hierbei ist zwischen der Tarifgebundenheit aufgrund von Mitgliedschaft in den Tarifvertragsparteien einerseits und der Tarifgebundenheit des einzelnen Arbeitgebers, der selbst Tarifvertragspartei ist, andererseits zu unterscheiden:

aa) Tarifgebundenheit aufgrund von Verbandsmitgliedschaft

Die Tarifgebundenheit der Mitglieder der Tarifvertragsparteien im Sinne des § 3 Abs. 1 Var. 1 TVG bedeutet nach dem soeben unter a) Ausgeführten gerade nicht die Bindung an einen bestimmten Tarifvertrag im Sinne einer Verpflichtung zur Einhaltung von dessen Normen.[213] Daraus folgt, dass die Tarifgebundenheit unabhängig davon beurteilt werden kann und muss, ob ein konkreter Tarifvertrag besteht oder nicht.[214]

Eine Arbeitsvertragspartei ist also schon dann nach § 3 Abs. 1 Var. 1 TVG tarifgebunden, wenn sie Mitglied in einem tariffähigen Verband ist, unabhängig davon, ob die andere Arbeitsvertragspartei ihrerseits tarifgebunden ist, ob die Arbeitsvertragsparteien in den Geltungsbereich eines zwischen ihren Verbänden geschlossenen Tarifvertrages fallen oder ob die Verbände der beiden Arbeitsvertragsparteien überhaupt bereits Tarifverträge miteinander geschlossen haben.[215] Die Tarifgebundenheit der Mitglieder der Tarifvertragsparteien nach § 3 Abs. 1

---

212 Vgl. etwa *Löwisch/Rieble* TVG § 5 Rn. 15; Wiedemann/*Wank* TVG § 5 Rn. 127 m.w.N.

213 Vgl. *Giesen* BeckOK ArbR § 3 TVG Rn. 2. Insoweit unklar BAG AP Nr. 19 zu § 2 TVG Tarifzuständigkeit unter B.II.2.a)bb) der Gründe einerseits und unter B.II.2.a)ee)(3)(c)(bb) der Gründe andererseits.

214 So auch *Gamillscheg*, KollArbR § 17 I.1,b), S. 712; *Nikisch* ArbR II § 71 IV.1., S. 268; anders wohl BAG NZA 2007, 1011, 1012, unter B.I.2.b)bb) der Gründe; *Löwisch/Rieble* TVG § 3 Rn. 2, 74.

215 Vgl. auch *Nikisch* ArbR II § 71 IV.1., S. 268; Wiedemann/*Oetker* TVG § 3 Rn. 24.

Var. 1 TVG kann damit als (passive) Kehrseite der Tariffähigkeit der Arbeitgeberverbände und Gewerkschaften nach § 2 Abs. 1 Var. 1 und Var. 3 TVG begriffen werden.[216] Die Tariffähigkeit verleiht diesen das Recht, Partei eines Tarifvertrages zu sein und im eigenen Namen insbesondere Rechtsnormen zu schaffen.[217]

Praktische Bedeutung erhält die Tarifgebundenheit naturgemäß erst durch die Existenz eines oder mehrer einschlägiger Tarifverträge.[218] Nichtsdestotrotz ist sie nicht von dieser Existenz abhängig.

bb) Tarifgebundenheit des Arbeitgebers als Tarifvertragspartei

Etwas anderes gilt nach dem Wortlaut des § 3 Abs. 1 Var. 2 TVG hingegen für die Tarifgebundenheit des einzelnen Arbeitgebers.

Tarifgebunden ist danach „der Arbeitgeber, der selbst Partei des Tarifvertrages ist". Anders als bei der Tarifgebundenheit nach § 3 Abs. 1 Var. 1 TVG stellt das Gesetz hier darauf ab, dass der einzelne Arbeitgeber tatsächlich Tarifvertragspartei durch Abschluss zumindest eines konkreten Tarifvertrages ist.[219] Die Tarifgebundenheit des einzelnen Arbeitgebers nach § 3 Abs. 1 Var. 2 TVG hat also einen anderen Anknüpfungspunkt als die der Mitglieder der Tarifvertragsparteien nach § 3 Abs. 1 Var. 1 TVG.[220] Ein einheitlicher Inhalt des Begriffs Tarifgebundenheit ist auch nicht erforderlich, da der einzelne Arbeitgeber als Tarifvertragspartei zugleich Normgeber und Normunterworfener ist, so dass sich hier die bei der Tarifgebundenheit nach § 3 Abs. 1 Var. 1 TVG aufkommenden Fragen zum Verhältnis zwischen Normgeber und Normunterworfenen nicht stellen.[221]

§ 3 Abs. 1 Var. 2 TVG dient vor diesem Hintergrund nur als eigentlich nicht erforderliches, gesetzestechnisches Bindeglied zwischen der Tariffähigkeit des einzelnen Arbeitgebers nach § 2 Abs. 1 TVG und der Anordnung der Normwirkung zwischen den Tarifgebundenen in § 4 Abs. 1 TVG. Die Nennung des einzelnen Arbeitgebers als Tarifvertragspartei könnte unter Verzicht auf § 3 Abs. 1 Var. 2 TVG auch erst in § 4 Abs. 1 TVG erfolgen, ohne dass sich inhaltlich etwas ändern würde.

---

216 Siehe hierzu *Westecker* Rechtsnatur S. 165 ff.

217 Vgl. BAG AP Nr. 36, 55 zu § 2 TVG; Wiedemann/*Oetker* TVG § 2 Rn. 8 m.w.N.

218 HzA/*Dörner* Gruppe 18/1 Rn. 177.

219 *Nikisch* ArbR II § 71 IV.1., S. 268.

220 Vgl. *Nikisch* ArbR II § 71 IV.1., S. 268.

221 Vgl. hierzu Wiedemann/*Oetker* TVG § 3 Rn. 16.

c) Potentielle und aktuelle Tarifgebundenheit?

Zuweilen wird zwischen potentieller und aktueller Tarifgebundenheit unterschieden.[222] Dies ist missverständlich und beruht auf der bereits erläuterten Vermengung der Begriffe Tarifgebundenheit und Normwirkung.[223] Gemeint ist hier wohl die potentielle bzw. die aktuelle Normwirkung bei der Tarifgebundenheit nach § 3 Abs. 1 Var. 1 TVG. Sind die Arbeitsvertragsparteien Mitglied in der jeweiligen Tarifvertragspartei, ohne dass es bisher einen einschlägigen Tarifvertrag gibt, kann man von einer potentiellen Normwirkung sprechen. Schließen die Tarifvertragsparteien einen Tarifvertrag ab, kann man von einer aktuellen Normwirkung sprechen. Knüpft man hieran an, könnte man die Tarifgebundenheit nach § 3 Abs. 1 Var. 1 TVG als Voraussetzung für die potentielle Normwirkung umschreiben.

3. Abgrenzung zum persönlichen Geltungsbereich

Es ist anerkannt, dass die Tarifgebundenheit nicht mit dem persönlichen Geltungsbereich eines Tarifvertrages zu verwechseln oder gar gleichzusetzen ist.[224]

Der Unterschied zwischen der Tarifgebundenheit und dem Geltungsbereich zeigt sich zunächst darin, dass beide von unterschiedlichen Normgebern geregelt werden. Die Tarifgebundenheit ist durch den Gesetzgeber festgelegt worden. Der Geltungsbereich eines Tarifvertrages und damit auch der persönliche Geltungsbereich wird hingegen durch die Tarifvertragsparteien bestimmt.[225] Die Tarifgebundenheit beschränkt die Regelungskompetenz der Tarifvertragsparteien auf einen bestimmten Personenkreis.[226] Die Tarifgebundenheit kann von den Tarifvertragsparteien nicht erweitert oder eingeschränkt werden.[227] Einzig der Gesetzgeber kann die gesetzliche Ausgestaltung der Tarifgebundenheit ändern.[228]

---

222 Kempen/Zachert/*Kempen* TVG § 3 Rn. 7, 13, 14; *Nikisch* ArbR II § 71 IV.1., S. 268 f.; Staudinger/*Richardi* BGB Vorb. zu §§ 611 ff. Rn. 627.

223 Vgl. auch *Gamillscheg*, KollArbR § 17 I.1,b), S. 712; Wiedemann/*Oetker* TVG § 3 Rn. 24.

224 AnwK-ArbR/*Friedrich* § 3 TVG Rn. 8; Däubler/*Lorenz* TVR § 3 Rn. 2; *Hueck/Nipperdey* ArbR Bd. II Hb. 1 § 23 A., S. 477 f.; *Nikisch* ArbR II § 71 I.3., S. 263; Staudinger/*Richardi* BGB Vorb. zu §§ 611 ff. Rn. 623; Wiedemann/*Oetker* TVG § 3 Rn. 8.

225 Vgl. BAG AP Nr. 1 zu § 3 TVG Verbandszugehörigkeit; Kempen/Zachert/*Kempen* TVG § 3 Rn. 6.

226 Kempen/Zachert/*Kempen* TVG § 3 Rn. 3; Wiedemann/*Oetker* TVG § 3 Rn. 7.

227 *Bulla* DB 1951, 818; HzA/*Dörner* Gruppe 18/1 Rn. 182; *Hueck/Nipperdey* ArbR Bd. II Hb. 1 § 23 A., S. 478; Kempen/Zachert/*Kempen* TVG § 3 Rn. 6; Staudinger/*Richardi* BGB Vorb. zu §§ 611 ff. Rn. 623; *Tophoven* Anm. zu BAG AP Nr. 1 zu § 3 TVG Verbandszugehörigkeit; Wiedemann/*Oetker* TVG § 3 Rn. 22 m.w.N.

228 *Hueck/Nipperdey* ArbR Bd. II Hb. 1 § 23 A., S. 478; Wiedemann/*Oetker* TVG § 3 Rn. 9.

Der Geltungsbereich unterdessen kann (und muss) durch die Tarifvertragsparteien bestimmt werden.[229]

Mit Ausnahme der Tarifgebundenheit des einzelnen Arbeitgebers als Tarifvertragspartei nach § 3 Abs. 1 Var. 2 TVG ist die Tarifgebundenheit (nach § 3 Abs. 1 Var. 1 TVG) abstrakt, da sie unabhängig vom Vorliegen und der konkreten Ausgestaltung eines oder mehrerer Tarifverträge geregelt ist (§ 3 Abs. 1 TVG).[230] Die Tarifgebundenheit bestimmt, wen die Normwirkung des § 4 Abs. 1 TVG treffen kann, ohne dass feststeht, dass denjenigen die Normwirkung auch tatsächlich trifft bzw. treffen wird.[231] Der persönliche Geltungsbereich eines Tarifvertrages ist demgegenüber konkret, da er bestimmt, wer tatsächlich von der Normwirkung des Tarifvertrages erfasst wird. Diese Konkretisierung des von der Normwirkung erfassten Personenkreises erfolgt durch die Festlegung des Geltungsbereichs im Tarifvertrag.

4. Ergebnis zum Begriff der Tarifgebundenheit

Im Ergebnis kann der Begriff Tarifgebundenheit unter Berücksichtigung der Abgrenzung zu Normwirkung einerseits und Geltungsbereich andererseits wie folgt definiert werden, wobei zwischen der Tarifgebundenheit aufgrund von Mitgliedschaft in den Tarifvertragsparteien einerseits und der Tarifgebundenheit des einzelnen Arbeitgebers, der selbst Tarifvertragspartei ist, zu unterscheiden ist:

Tarifgebundenheit aufgrund von Mitgliedschaft in den Tarifvertragsparteien (§ 3 Abs. 1 Var. 1 TVG) ist die durch Gesetz erfolgte abstrakte Bestimmung des Personenkreises, für den die Tarifvertragsparteien Rechtsnormen i.S.d. § 1 Abs. 1 TVG schaffen können, ohne dass eine Normwirkung i.S.d. des § 4 Abs. 1 TVG bereits gegeben sein muss. Kürzer gefasst ist Tarifgebundenheit die gesetzliche Bestimmung der potentiellen Adressaten der tariflichen Normsetzung. Tarifgebunden ist also derjenige, der aufgrund der Mitgliedschaft in seiner Tarifvertragspartei der Normsetzung dieser Tarifvertragspartei unterliegen kann.

Die Tarifgebundenheit des einzelnen Arbeitgebers (§ 3 Abs. 1 Var. 2 TVG) liegt hingegen schon vor, wenn der Arbeitgeber selbst Tarifvertragspartei ist.

229 Vgl. BAG AP Nr. 1, 17 zu § 3 TVG Verbandszugehörigkeit mit zustimmender Anm. *Tophoven* (zu Nr. 1); *Hromadka/Maschmann* ArbR § 13 Rn. 210.

230 Anders wohl *Berg/Platow/Schoof/Unterhinninghofen* § 3 TVG Rn. 3; *Löwisch/Rieble* TVG § 3 Rn. 2, 74.

231 Wiedemann/*Oetker* TVG § 3 Rn. 24.

B. Voraussetzungen der Tarifgebundenheit

Gemäß § 3 Abs. 1 TVG sind die Mitglieder der Tarifvertragsparteien sowie der Arbeitgeber, der selbst Tarifvertragspartei ist, tarifgebunden.

I. Tarifgebundenheit aufgrund von Verbandsmitgliedschaft

§ 3 Abs. 1 TVG knüpft die Tarifgebundenheit in seiner ersten Variante allein an die Mitgliedschaft der Arbeitsvertragsparteien in den für sie zuständigen Tarifvertragsparteien.

1. Legitimationsgrundlage für Normsetzungsbefugnis?

Unabhängig von der umstrittenen dogmatischen Erklärung der Normwirkung von Tarifverträgen und insbesondere dem Verhältnis von staatlicher und tariflicher Rechtssetzungsmacht zueinander[232] bedarf nach überwiegender Ansicht jede Normsetzung einer Legitimation des Normgebers gegenüber den Normadressaten (Demokratieprinzip).[233] Die Normsetzung der Tarifvertragsparteien wird vor allem durch die Mitgliedschaft der Normunterworfenen in den Tarifvertragsparteien legitimiert[234]; die Mitgliedschaft als Legitimationsgrundlage ist aber nicht stets erforderlich:

Das Bundesverfassungsgericht hat anlässlich seiner Entscheidung zur Verfassungsmäßigkeit der Allgemeinverbindlicherklärung nach § 5 TVG betont, dass sich die durch Art. 9 Abs. 3 GG gewährleistete Normsetzungsbefugnis der Koalitionen grundsätzlich nur auf ihre Mitglieder erstreckt.[235] Die Begrenzung der Tarifmacht auf die Mitglieder der tarifvertragsschließenden Parteien in § 3 Abs. 1 Var. 1 TVG trage dem Grundsatz Rechnung, dass der Staat seine Normsetzungsbefugnis nicht in beliebigem Umfang außerstaatlichen Stellen überlassen und

---

232 Vgl. ErfK/*Franzen* § 1 TVG Rn. 6; *Hromadka/Maschmann* ArbR § 13 Rn. 9 ff. m.w.N.; Staudinger/*Richardi* BGB Vorb. zu §§ 611 ff. Rn. 603 f., 624 m.w.N.; *Wilhelm/Dannhorn* NZA 2006, 466, 468 ff.

233 Vgl. etwa *Berg/Platow/Schoof/Unterhinninghofen* § 3 TVG Rn. 2; *Büdenbender* NZA 2000, 509, 515; Däubler/*Lorenz* TVG § 3 Rn. 1; ErfK/*Franzen* § 3 TVG Rn. 1; Kempen/Zachert/ *Kempen* TVG § 3 Rn. 3; *Löwisch/Rieble* TVG § 3 Rn. 1. Auf die freiwillige individuelle Entscheidung für die Mitgliedschaft abstellend auch BAG NZA 2007, 1011, 1012; BAG AP Nr. 19 zu § 2 TVG Tarifzuständigkeit; BAG AP Nr. 42 zu § 4 TVG Nachwirkung; *Wilhelm/Dannhorn* NZA 2006, 466, 469 ff. Kritisch im Hinblick auf die Arbeitgeberseite Kempen/Zachert/*Kempen* TVG Einl. Rn. 81 ff. Vgl. allgemein auch Vgl. Jacobs/Krause/Oetker/*Oetker* § 6 Rn. 1; Wiedemann/*Oetker* TVG § 3 Rn. 27 ff.

234 So BAG AP Nr. 19 zu § 2 TVG Tarifzuständigkeit. Vgl. auch ErfK/*Dieterich* GG Art. 9 Rn. 57; Jacobs/Krause/Oetker/*Krause* § 1 Rn. 34.

235 Zum Folgenden BVerfGE 44, 322, 347 f. Vgl. auch BVerfGE 64, 208, 214 f.; BVerfGE 55, 7, 24; *Dahlbender* Austritt S. 6 f.; Wiedemann/*Oetker* TVG § 3 Rn. 31.

den Bürger nicht schrankenlos der normsetzenden Gewalt autonomer Gremien ausliefern dürfe, die ihm gegenüber nicht demokratisch bzw. mitgliedschaftlich legitimiert seien. Eine Ausdehnung der Tarifgebundenheit auf Außenseiter (wie nach § 5 Abs. 4 TVG) bedürfe deswegen einer zusätzlichen Rechtfertigung. In der genannten Entscheidung zu § 5 TVG hat das Bundesverfassungsgericht diese zusätzliche Rechtfertigung in der staatlichen Mitwirkung (Voraussetzungen, Verfahren) bei der Allgemeinverbindlicherklärung gesehen; der insoweit vom Gesetzgeber gefundene Ausgleich zwischen dem Demokratieprinzip nach Art. 20 Abs. 2 GG und der durch Art. 9 Abs. 3 GG gewährleisteten Normsetzungsbefugnis der Koalitionen sei deswegen nicht zu beanstanden. In die gleiche Richtung gehen Stimmen in der Literatur, die die Erstreckung der Normsetzung auf Außenseiter als durch Art. 9 Abs. 3 GG legitimiert ansehen, wenn die Erstreckung zur Herbeiführung einer sinnvollen Ordnung des Arbeitslebens für die Koalitionsmitglieder notwendig und verhältnismäßig ist.[236]

Im Ergebnis muss die tarifliche Normsetzungsbefugnis also grundsätzlich durch die Mitgliedschaft der Normunterworfenen in den Tarifvertragsparteien legitimiert sein. Bei fehlender Mitgliedschaft der Normunterworfenen (Außenseiter) kann tarifliche Normsetzung aber auch durch staatliche Mitwirkung (z.B. durch einen normierenden Akt) legitimiert sein, wobei die Erstreckung gemessen an dem verfolgten Zweck notwendig und verhältnismäßig sein muss.

2. Ausgestaltung der Verbandsmitgliedschaft

Eine die Normwirkung legitimierende Mitgliedschaft[237] darf nicht nur auf dem Papier bestehen.[238]

In der Literatur ist die (vor allem im Zusammenhang mit der Zulässigkeit von OT-Mitgliedschaften diskutierte) Frage umstritten, ob sich das Verbandsmitglied neben der formalen Begründung der Mitgliedschaft der tariflichen Normsetzung unterwerfen muss[239] oder ob jegliche Mitgliedschaft im Verband unabhängig von einer Unterwerfung unter die tarifliche Normsetzung zu einer Tarifgebundenheit nach § 3 Abs. 1 TVG führt[240].

Nach zutreffender Ansicht des Bundesarbeitsgerichts sind die Koalitionen grundsätzlich nicht gehindert, in ihren Satzungen die Rechte und Pflichten ihrer Mit-

236 Vgl. etwa Wiedemann/*Oetker* TVG § 3 Rn. 31.

237 Zur Mitgliedschaft siehe bereits oben unter § 2 B. auf S. 7 ff.

238 *Löwisch/Rieble* TVG § 3 Rn. 21.

239 Buchner NZA 1995, 761, 768; Jacobs/Krause/Oetker/*Oetker* § 6 Rn. 14.

240 *Däubler* NZA 1996, 225, 230 f.; *Berg/Platow/Schoof/Unterhinninghofen* § 3 TVG Rn. 22; Kempen/Zachert/*Stein* TVG § 2 Rn. 118 ff.

glieder unterschiedlich auszugestalten.[241] Dies schließe die Möglichkeit ein, Mitgliedschaften vorzusehen, welche nicht die Rechtsfolgen des § 3 Abs. 1 TVG auslösen. Die Tarifgebundenheit der Mitglieder der tarifschließenden Verbände beruhe auf deren freiwilligen Eintritt in den Verband und darauf, dass der Tarifabschluss auch durch einen Beschluss der Mitgliederversammlung oder einen Willensakt des durch Satzung oder konkreten Mitgliederbeschluss dazu ermächtigten Vereinsorgans erfolgt. Tarifautonomie als kollektive Privatautonomie gründe sich entscheidend auf mitgliedschaftliche Legitimation. Die Befugnis der Koalitionen, durch kollektive Vereinbarungen mit dem sozialen Gegenspieler Tarifnormen zu vereinbaren, ergebe sich zumindest auch daraus, dass sich die Mitglieder der tariflichen Normsetzungsbefugnis unterwerfen. Allerdings bedürfe es zur Tarifgebundenheit keiner ausdrücklichen Unterwerfungserklärung der Verbandsmitglieder. Hierfür genüge regelmäßig der Verbandsbeitritt. Darin komme der Wille zum Ausdruck, sich an die vom Verband geschlossenen Tarifverträge zu binden. An der mitgliedschaftlichen Legitimation für die Tarifgebundenheit bestimmter Mitglieder fehle es aber, wenn diese grundsätzlich nicht bereit sind, die Tarifverträge gegen sich gelten zu lassen.

Verbandsmitglied im tarifrechtlichen Sinne ist danach nur, wer satzungsrechtlich an der (tariflichen) Willens- und Entscheidungsbildung des Verbandes beteiligt ist.[242] Fehlen einem Mitglied einer Tarifvertragspartei wesentliche Mitgliedschaftsrechte, dann tritt trotz der formalen Verbandsmitgliedschaft keine Tarifgebundenheit ein.[243]

Liegt die Tarifgebundenheit aufgrund der (im soeben beschriebenen Sinne ausgestalteten) Mitgliedschaft objektiv vor, so ist es für die Normwirkung nach § 4 Abs. 1 TVG somit gleichgültig, ob die Mitglieder dem Tarifabschluss zustimmen oder widersprechen oder ob sie den Tarifvertrag überhaupt kennen.[244]

---

241 Zum Folgenden BAG AP Nr. 19 zu § 2 TVG Tarifzuständigkeit m.w.N. Vgl. auch BAG AP Nr. 12 zu § 3 TVG Verbandszugehörigkeit; BAG AP Nr. 42 zu § 4 TVG Nachwirkung.

242 BAG AP Nr. 12 zu § 3 TVG Verbandszugehörigkeit; *Berg/Platow/Schoof/Unterhinninghofen* § 3 TVG Rn. 22; Kempen/Zachert/*Kempen* TVG § 3 Rn. 7; *Löwisch/Rieble* TVG § 3 Rn. 21; Wiedemann/*Oetker* TVG § 3 Rn. 20, 134, 137. Vgl. auch BAG AP Nr. 19 zu § 2 TVG Tarifzuständigkeit; BAG AP Nr. 42 zu § 4 TVG Nachwirkung, wobei hier jeweils offen gelassen worden ist, wie die Satzung gegebenenfalls ausgestaltet sein muss.

243 Vgl. BAG AP Nr. 26 zu § 1 TVG Bezugnahme auf Tarifvertrag; Jacobs/Krause/Oetker/*Oetker* § 6 Rn. 13 jeweils m.w.N.

244 Vgl. *Büdenbender* NZA 2000, 509, 515; Jacobs/Krause/Oetker/*Oetker* § 6 Rn. 15.

II. Tarifgebundenheit des Arbeitgebers als Tarifvertragspartei

Gemäß § 2 Abs. 1 Var. 2 TVG ist auch der einzelne Arbeitgeber Tarifvertragspartei. Damit ist die Tariffähigkeit des einzelnen Arbeitgebers angesprochen. Definiert wird sie als die Fähigkeit, Partei eines Tarifvertrages zu sein.[245] Dies hat zur Folge, dass Tarifverträge auch für einzelne Unternehmen oder Betriebe geschlossen werden können (Firmen- oder Haustarifverträge).[246] Die Tariffähigkeit des einzelnen Arbeitgebers ist dabei gemäß § 2 Abs. 1 Var. 2 TVG allein an seine Eigenschaft als Arbeitgeber gebunden.[247]

Gemäß § 3 Abs. 1 Var. 2 TVG ist auch der Arbeitgeber tarifgebunden, der Partei eines Tarifvertrages ist.[248] Aufgrund dessen, dass der Arbeitgeber selbst Partei der von ihm abgeschlossenen Tarifverträgc ist, stellt sich die bei der Verbandsmitgliedschaft bestehende Frage zur Legitimation nicht; eine eigentliche Normunterworfenheit liegt nicht vor.[249] Die vom Arbeitgeber abgeschlossenen Tarifverträge sind immer unmittelbar durch seine eigenen Handlungen legitimiert.

C. Beginn und Ende der Tarifgebundenheit

I. Tarifgebundenheit aufgrund von Verbandsmitgliedschaft

Unter der Überschrift Beginn und Ende der Tarifgebundenheit werden in der Literatur zuweilen Ausführungen zu Beginn und Ende der Normwirkung gemacht.[250] Insbesondere bei der Tarifgebundenheit aufgrund von Verbandsmitgliedschaft gemäß § 3 Abs. 1 Var. 1 TVG ist aber gerade hier auf die bereits erwähnte Unterscheidung zwischen Tarifgebundenheit und Normwirkung zu achten.

Grundsätzlich beginnt die Tarifgebundenheit mit der Begründung der Mitgliedschaft im Verband und endet mit der Beendigung derselben (Ausnahme: § 3 Abs. 3 TVG).[251] Nur diese Betrachtung entspricht den gesetzlichen Definitionen in §§ 2 Abs. 1, 3 Abs. 1 Var. 1 TVG und der bereits dargestellten Unterscheidung zwischen Tarifgebundenheit und Normwirkung[252].

---

245 BAG AP Nr. 36, 55 zu § 2 TVG; Wiedemann/*Oetker* TVG § 2 Rn. 8 m.w.N.

246 *Hromadka/Maschmann* ArbR § 13 Rn. 63.

247 BAG AP Nr. 14 zu § 3 TVG.

248 Siehe bereits oben unter § 3 A.II.2.b)bb) auf S. 49.

249 Vgl. Jacobs/Krause/Oetker/*Oetker* § 6 Rn. 10; *Löwisch/Rieble* TVG § 3 Rn. 10; Wiedemann/ *Oetker* TVG § 3 Rn. 16.

250 Vgl. etwa bei *Berg/Platow/Schoof/Unterhinninghofen* § 3 TVG Rn. 11; *Löwisch/Rieble* TVG § 3 Rn 74 f., 79.

251 Vgl. Kempen/Zachert/*Kempen* TVG § 3 Rn. 7, 18; Wiedemann/*Oetker* TVG § 3 Rn. 50.

252 Siehe bereits oben unter § 3 A.II.2. auf S. 47 ff.

Der Beginn der Normwirkung selbst hängt naturgemäß von dem Beginn der Tarifgebundenheit ab: die Normwirkung nach § 4 Abs. 1 S. 1 TVG setzt zu dem Zeitpunkt ein, zu dem die Tarifnormen in Kraft getreten sind, das Arbeitsverhältnis begründet ist und beiderseitige Mitgliedschaft im jeweiligen Verband besteht.[253] Besteht beiderseitige Mitgliedschaft der Arbeitsvertragsparteien in den Tarifvertragsparteien schon bei Inkrafttreten eines einschlägigen Tarifvertrages, gilt der Tarifvertrag unmittelbar mit seinem Inkrafttreten. Ist der Tarifvertrag bereits in Kraft, beginnt die Normwirkung, sobald zum ersten Mal die gleichzeitige Mitgliedschaft von Arbeitgeber und Arbeitnehmer in der jeweiligen Tarifvertragspartei besteht. Hier kann zum einen der Abschluss des Arbeitsvertrages oder der Beitritt zur Tarifvertragspartei den Beginn der Normwirkung herbeiführen. Sie beginnt mit dem Abschluss des Arbeitsvertrages, wenn dieser während der Laufzeit eines einschlägigen Tarifvertrages geschlossen wird und Arbeitgeber sowie Arbeitnehmer zu diesem Zeitpunkt schon Mitglieder der jeweiligen Tarifvertragspartei sind. Die Normwirkung beginnt mit dem Beitritt zur Tarifvertragspartei, wenn dieser während der Laufzeit eines einschlägigen Tarifvertrages und bei bestehendem Arbeitsverhältnis sowie bestehender Mitgliedschaft des Arbeitsvertragspartners in seinem Verband erfolgt. Eine Ausnahme von dem soeben Ausgeführten besteht, wenn die Tarifvertragsparteien das Inkrafttreten des Tarifvertrags hinausschieben. In diesem Fall begründet die Mitgliedschaft in den Tarifvertragsparteien (nur) bei Tarifvertragsschluss (noch) keine Normwirkung. Denn die Geltung der Tarifnormen setzt erst mit dem im Tarifvertrag genannten Zeitpunkt ein.[254] Anders verhält es sich dagegen, wenn die Tarifnormen ab Tarifschluss gelten, ihre Rechtsfolgen aber erst später eintreten (Stufentarifverträge). Hier ist die Mitgliedschaft bei Tarifvertragsschluss ausreichend.[255]

II. Tarifgebundenheit des Arbeitgebers als Tarifvertragspartei

Die Tarifgebundenheit des Arbeitgebers, der selbst Tarifvertragspartei ist, besteht allein aufgrund seiner Eigenschaft als Tarifvertragspartei.[256] Sie beginnt somit mit dem Inkrafttreten des Tarifvertrages und endet mit seinem Außerkrafttreten.

D. Mitteilung über Status der Tarifgebundenheit

Für die aufgrund der Tarifgebundenheit gemäß § 3 Abs. 1 Var. 1 TVG bestehende Normwirkung ist gleichgültig, ob sich die Arbeitsvertragsparteien ihre Orga-

---

253 Zum Folgenden vgl. *Löwisch/Rieble* TVG § 3 Rn 74 f., 79.

254 Anders wohl aber BAG AP Nr. 12 zu § 3 TVG Verbandsaustritt unter 1.a) der Gründe.

255 ErfK/*Franzen* § 3 TVG Rn. 20 m.w.N.; *Hanau/Kania* DB 1995, 1229, 1231. Vgl. auch BAG AP Nr. 8 zu § 3 TVG Verbandsaustritt.

256 Siehe bereits oben unter § 3 A.II.2.b)bb) auf S. 49.

nisationszugehörigkeit gegenseitig mitteilen.[257] Eine Benachrichtigung oder Kenntnis der anderen Partei des Arbeitsverhältnisses ist für den Beginn der Tarifgebundenheit nicht erforderlich.[258] Dies entspricht der normativen, gesetzesgleichen Wirkung von Tarifnormen. Auch die Geltung von Gesetzen hängt nicht davon ab, dass die Normadressaten von ihnen positive Kenntnis erlangen. Dadurch entsteht auch keine die Funktionsfähigkeit des Tarifsystems gefährdende Intransparenz.[259] Anders als etwa die Tarifzuständigkeit eines Verbands, die anhand der Satzung zuverlässig feststellbar sein muss, muss die Tarifgebundenheit einzelner Mitglieder nicht unmittelbar erkennbar sein, auch wenn die Gewerkschaft ein berechtigtes Interesse daran haben mag, zu wissen, welche Mitglieder des Arbeitgeberverbands an einen Tarifvertrag gebunden sind.

Es ist auch umstritten, ob der zuständigen Gewerkschaft ein Auskunftsanspruch über die Verbandszugehörigkeit des Arbeitsgebers zusteht und wen er trifft, den einzelnen Arbeitgeber oder den zuständigen Arbeitgeberverband.[260] Der einzelne Arbeitnehmer hat allerdings einen Anspruch gegen seinen Arbeitgeber, über die Verbandszugehörigkeit des Arbeitgebers Auskunft zu erhalten.[261]

E. Tarifgebundenheit in der Statistik

Die tatsächliche Bedeutung der Tarifgebundenheit zeigt sich an ihrer statistischen Häufigkeit. Zur tatsächlichen Tarifgebundenheit haben die Erhebungen für das Jahr 2006[262] unter anderem Folgendes ergeben:

---

257 Jacobs/Krause/Oetker/*Oetker* § 6 Rn. 15.

258 Zum Folgenden Wiedemann/*Oetker* TVG § 3 Rn. 40 m.w.N. Vgl. auch Däubler/*Lorenz* TVG § 3 Rn. 38; Jacobs/Krause/Oetker/*Oetker* § 6 Rn. 31 m.w.N.

259 Zum Folgenden BAG AP Nr. 19 zu § 2 TVG Tarifzuständigkeit.

260 Dafür etwa Däubler/*Lorenz* TVG § 3 Rn. 43; dagegen z.B. *Gaumann/Schafft* NZA 2001, 1125, 1129 ff. Vgl. hierzu auch BAG AP Nr. 116 zu Art. 9 GG Arbeitskampf.

261 BAG AP Nr. 33 zu § 1 TVG Bezugnahme auf Tarifvertrag; *Löwisch/Rieble* TVG § 3 Rn 154. Die Gewerkschaft wird die gewünschte Auskunft somit mittelbar durch ein für den Arbeitgeber tätiges Mitglied erlangen können.

262 Vgl. die auf die Daten des *Instituts für Arbeitsmarkt und Berufsforschung der Bundesagentur für Arbeit, Betriebspanel* (IAB-Betriebspanel) gestützten Angaben des WSI Tarifarchivs zur Tarifbindung für das Jahr 2006 (http://www.boeckler.de/cps/rde/xchg/SID-3D0AB75D710DFB57/hbs/hs.xsl/549_87240.html; Stand: 24. September 2007). Siehe auch die entsprechenden Angaben des WSI Tarifarchivs zur Tarifbindung für das Jahr 2005 (http://www.boeckler.de/pdf/tarifbindung_2005.pdf; Stand: 24. September 2007) und für das Jahr 2004 (http://www.boeckler.de/pdf/ta_tarifbindung_2004.pdf; Stand: 24. September 2007) sowie für das Jahr 2003 (http://www.boeckler.de/pdf/ta_tarifbindung_2003.pdf; Stand: 24. September 2007) als auch die Angaben des *Bundesministeriums für Wirtschaft und Arbeit*, Tarifvertragliche Arbeitsbedingungen im

In Westdeutschland arbeiteten rund 57 % der Arbeitnehmer in Betrieben mit Bindung an einen Verbandstarifvertrag und ca. 8 % in Betrieben mit Firmentarifverträgen. In Ostdeutschland arbeiteten ungefähr 41 % der Arbeitnehmer in Betrieben mit Bindung an einen Verbandstarifvertrag und ca. 13 % in Betrieben mit Firmentarifverträgen. Damit waren in Westdeutschland etwa 65 % und in Ostdeutschland etwa 54 % aller Arbeitnehmer bei tarifgebundenen Arbeitgebern beschäftigt. In Westdeutschland waren ungefähr 37 % der Betriebe an einen Verbandstarifvertrag und ca. 2 % der Betriebe an einen Firmentarifvertrag gebunden. In Ostdeutschland waren rund 20 % der Betriebe an einen Verbandstarifvertrag und ca. 4 % der Betriebe an einen Firmentarifvertrag gebunden.

Über die Daten zur Tarifgebundenheit hinaus zeigen die Erhebungen, dass sich auch nicht tarifgebundene Unternehmen in Westdeutschland mit etwa 17 % der Arbeitnehmer und in Ostdeutschland mit etwa 22 % der Arbeitnehmer am einschlägigen Tarifvertrag orientierten. Daraus ergibt sich, dass im Jahr 2006 für eine erhebliche Anzahl von Arbeitsverhältnissen in Deutschland Tarifverträge vollständig oder überwiegend maßgebend waren.[263]

Auch wenn aufgrund eines sinkenden Organisationsgrades die Zahl der an Verbandstarifverträge gebundenen Arbeitsvertragsparteien kontinuierlich abnimmt[264], ist ihre Anzahl immer noch bedeutend.

F. Ergebnis zur Tarifgebundenheit nach § 3 Abs. 1 TVG

Die Tarifgebundenheit nach § 3 Abs. 1 TVG ist – neben dem Unterfallen unter den Geltungsbereich des Tarifvertrages – Voraussetzung für die Normwirkung gemäß § 4 Abs. 1 TVG. Sie ist nicht mit der Normwirkung identisch. Die Tarifgebundenheit ist auch nicht dem Unterfallen unter den persönlichen Geltungsbereich gleichzusetzen, der im Tarifvertrag festgelegt wird.

§ 3 Abs. 1 TVG unterscheidet zwischen der Tarifgebundenheit aufgrund von Mitgliedschaft in den Tarifvertragsparteien einerseits und der Tarifgebundenheit des einzelnen Arbeitgebers, der selbst Tarifvertragspartei ist, andererseits.

Die Tarifgebundenheit gemäß § 3 Abs. 1 Var. 1 TVG ist die gesetzliche Bestimmung der potentiellen Adressaten der tariflichen Normsetzung. Die Tarifgebundenheit bedeutet nicht, dass eine Bindung an einen konkreten Tarifvertrag besteht. Für die Tarifgebundenheit genügt die Mitgliedschaft der Arbeitsvertrags-

---

Jahr 2004, S. 10 f., http://www.bmas.de/coremedia/generator/1926/property=pdf/tarifvertragliche__arbeitsbedingungen__2004.pdf (Stand: 24. September 2007).

263 Siehe auch *Dieterich/Hanau/Henssler/Oetker/Wank/Wiedemann* RdA 2004, 65, 66; ErfK/*Franzen* § 1 TVG Rn. 1.

264 Vgl. Jacobs/Krause/Oetker/*Oetker* § 6 Rn. 2.

partei in der für sie zuständigen Tarifvertragspartei. Weitere Voraussetzungen bestehen nicht. Die Tarifgebundenheit beginnt mit der Begründung der Mitgliedschaft im Verband und würde mit ihrer Beendigung enden, wenn § 3 Abs. 3 TVG nichts Abweichendes bestimmen würde. Eine Benachrichtigung oder Kenntnis der anderen Partei des Arbeitsverhältnisses ist für die Folgen der Tarifgebundenheit nicht erforderlich. Trotz sinkenden Organisationsgrades ist die Zahl der an Verbandstarifverträge gebundenen Arbeitsvertragsparteien immer noch bedeutend.

Die in § 3 Abs. 1 Var. 2 TVG genannte Tarifgebundenheit des einzelnen Arbeitgebers, der selbst Tarifvertragspartei ist, besteht allein aufgrund seiner Stellung als Tarifvertragspartei. Die Nennung des Arbeitgebers als Tarifvertragspartei hätte unter Verzicht auf § 3 Abs. 1 Var. 2 TVG auch erst in § 4 Abs. 1 TVG erfolgen können, ohne dass dies inhaltlich etwas geändert hätte.

§ 4 Fortbestehende Tarifgebundenheit (§ 3 Abs. 3 TVG)

A. Allgemeines

Die durch die Mitgliedschaft in einer Tarifvertragspartei vermittelte Tarifgebundenheit müsste dem Wortlaut des § 3 Abs. 1 TVG zufolge mit dem Beitritt zum Verband entstehen und mit dem Austritt oder der sonstigen Beendigung der Mitgliedschaft enden.[265] Hiervon weicht das Gesetz aber ab: § 3 Abs. 3 TVG bestimmt, dass die Tarifgebundenheit bestehen bleibt, bis der Tarifvertrag endet. Nach dem Wortlaut des § 3 Abs. 3 TVG ist die Tarifgebundenheit somit nur in ihrem Entstehen, nicht aber in ihrem Fortbestand von der Verbandsmitgliedschaft abhängig.[266] Die Aufrechterhaltung der Tarifgebundenheit bildet die Grundlage für die trotz Beendigung der Verbandsmitgliedschaft weiterhin bestehende Normwirkung nach § 4 Abs. 1 TVG.

Die Regelung des § 3 Abs. 3 TVG hat keine Bedeutung für den einzelnen Arbeitgeber, der selbst Tarifvertragspartei ist.[267] Es wurde im Rahmen dieser Abhandlung bereits dargelegt, dass die Tarifgebundenheit beim einzelnen Arbeitgeber, der selbst Tarifvertragspartei ist (§§ 2 Abs. 1 Var. 2, 3 Abs. 1 Var. 2 TVG), keine eigenständige Bedeutung hat, sondern nur gesetzestechnisch als Bindeglied zwischen der Anordnung seiner Tariffähigkeit in § 2 Abs. 1 Var. 2 TVG und der Normwirkung in § 4 Abs. 1 TVG dient.[268] Beim Arbeitgeber, der selbst Tarifvertragspartei ist, ist eine Regelung wie die in § 3 Abs. 3 TVG auch nicht notwendig; die Verbindlichkeit der von ihm abgeschlossenen Tarifverträge ergibt sich für ihn bereits aus seiner Stellung als Vertragspartei[269]. Als Vertragspartei steht ihm – anders als einem Verbandsmitglied bei einem Verbandstarifvertrag – auch die Möglichkeit offen, den Tarifvertrag zu kündigen, so dass die in der vorliegenden Abhandlung behandelte Fragestellung für ihn nicht relevant ist. Die nachfolgenden Ausführungen befassen sich deswegen nur noch mit der durch die Verbandsmitgliedschaft vermittelten Tarifgebundenheit nach § 3 Abs. 1 Var. 1 TVG.

265 Siehe etwa Kempen/Zachert/*Kempen* TVG § 3 Rn. 18; *Löwisch/Rieble* TVG § 3 Rn. 81; Wiedemann/*Oetker* TVG § 3 Rn. 50.

266 Vgl. Kempen/Zachert/*Kempen* TVG § 3 Rn. 47.

267 So *Büdenbender* NZA 2000, 509, 51; „rein deklaratorischer Natur" und auch *Löwisch/Rieble* TVG § 3 Rn. 81: „nicht anwendbar".

268 Siehe oben unter § 3 A.II.2.b)bb) auf S. 49.

269 Vgl. etwa *Büdenbender* NZA 2000, 509, 514.

§ 3 Abs. 3 TVG gilt nach ganz herrschender Meinung auch für den Arbeitnehmer.[270] Entsprechend der aufgeworfenen Fragestellung wird schwerpunktmäßig jedoch der Arbeitgeber in den Mittelpunkt dieser Abhandlung gestellt.

I. Terminologie

Die nach § 3 Abs. 3 TVG fortbestehende Tarifgebundenheit wird unterschiedlich bezeichnet. So wird sie z.B. fortdauernde[271], fingierte[272], erweiterte[273], atypische[274] oder verlängerte[275] Tarifgebundenheit, Fortwirkung[276], Nachbindung[277], Weitergeltung[278] oder auch Fortgeltung[279] genannt. Diejenigen Bezeichnungen, die eine Geltung implizieren, sind an sich nicht zutreffend. Es wurde bereits dargelegt, dass die Tarifgebundenheit nicht mit der Normwirkung zu verwechseln ist, sondern die Normwirkung eine Folge der Tarifgebundenheit sein kann.[280] Weitergelten, fortgelten etc. kann folglich nur der jeweilige Tarifvertrag. Nichtsdestotrotz beschreiben diese Bezeichnungen treffend den Rechtszustand, der durch § 3 Abs. 3 TVG entsteht: die einmal aufgrund der Tarifgebundenheit eingetretene Normwirkung nach § 4 Abs. 1 TVG bleibt solange bestehen, bis der Tarifvertrag i.S.d. § 3 Abs. 3 TVG endet. Insofern kann man in der Tat von Fortgeltung, Weitergeltung etc. sprechen.

Gelegentlich wird die fortbestehende Tarifgebundenheit auch als Nachwirkung bezeichnet.[281] Diese Bezeichnung ist indes irreführend. Mit Nachwirkung wird in der Regel die Nachwirkung im Sinne des § 4 Abs. 5 TVG, also die unmittelba-

---

270 BAG AP Nr. 26 zu § 4 TVG Tarifkonkurrenz; BAG EzA Nr. 23 zu § 3 TVG; *Löwisch/Rieble* TVG § 3 Rn. 85; Wiedemann/*Oetker* TVG § 3 Rn. 60. A.A. nur Jacobs Anm. zu BAG AP Nr. 26 zu § 4 TVG Tarifkonkurrenz.

271 *Beuthien/Meik* DB 1993, 1518.

272 BAG AP Nr. 15 zu § 3 TVG; *Dieterich/Hanau/Henssler/Oetker/Wank/Wiedemann* RdA 2004, 65, 75; ErfK/*Franzen* § 3 TVG Rn. 22.

273 *Wiedemann/Stumpf* TVG (1977) § 3 Rn. 28.

274 BAG AP Nr. 15 zu § 3 TVG; *Dahlbender* Austritt S. 10.

275 Wiedemann/*Oetker* TVG § 3 Rn. 58.

276 *Däubler* NZA 1996, 225, 226; *Schlachter* ZIAS 1997, 101, 111.

277 Vgl. etwa BAG AP Nr. 8, 9 zu § 3 TVG Verbandsaustritt; ErfK/*Franzen* § 3 TVG Rn. 1; *Löwisch/Rieble* TVG § 3 Rn. 13, 81 ff.

278 *Adomeit* Regelung S. 55; Däubler/*Lorenz* TVG § 3 Rn. 78 ff.; *Kania* DB 1995, 625, 629; *Lieb* NZA 1994, 337.

279 *Bauer/Diller* DB 1993, 1085; Schaub/*Schaub* ArbRHb § 206 Rn. 8.

280 Siehe oben unter § 3 A.II.2. auf S. 47 ff.

281 So etwa *Heinze* NZA 1995, 5, 7; *Sachverständigenrat zur Begutachtung der gesamtwirtschaftlichen Entwicklung*, Jahresgutachten 2001/2002, BT-Drs. 14/7569, S. 235. Vgl. auch *Kania* BB 2004, 665; *Wissenschaftlicher Beirat beim Bundesministerium für Wirtschaft und Arbeit*, Gutachten Tarifautonomie auf dem Prüfstand, S. 37.

re, aber nicht mehr zwingende Geltung von Tarifverträgen bezeichnet.[282] Die Verwendung des Begriffs Nachwirkung für die fortbestehende Tarifgebundenheit nach § 3 Abs. 3 TVG sollte deswegen vermieden werden.

II. Entstehungsgeschichte des § 3 Abs. 3 TVG

1. Vorläufer: § 1 Abs. 2 der Tarifvertrags-Verordnung von 1918

Der einzige in Kraft getretene Vorläufer des heutigen § 3 Abs. 3 TVG war § 1 Abs. 2 der Tarifvertrags-Verordnung von 1918[283]. Die Norm lautete:

> *„Beteiligte Personen im Sinne des Abs. 1 sind Arbeitgeber und Arbeitnehmer, die Vertragsparteien des Tarifvertrages oder Mitglieder der vertragsschließenden Vereinigungen sind oder bei Abschluß des Arbeitsvertrages gewesen sind oder die den Arbeitsvertrag unter Berufung auf den Tarifvertrag abgeschlossen haben."*

Danach reichte es aus, dass die Mitgliedschaft der Arbeitsvertragsparteien in den Tarifvertragsparteien bei Abschluss des Arbeitsvertrages vorlag. Eine spätere Beendigung der Mitgliedschaft war für die Geltung des Tarifvertrages unerheblich. Allerdings war es dem Arbeitgeber möglich, sich der Geltung des Tarifvertrages nach Verbandsaustritt durch Kündigung und Wiedereinstellung des Arbeitnehmers zu entziehen.[284] Eine Gesetzesumgehung[285] hatte das Reichsarbeitsgericht darin aber bereits dann nicht gesehen, wenn der Arbeitgeber aus berechtigten wirtschaftlichen Erwägungen gehandelt hatte.[286] Anders als die Tarifvertrags-Verordnung von 1918 stellt § 3 Abs. 3 TVG keinen Zusammenhang zwischen dem Zeitpunkt der Begründung des Arbeitsverhältnisses und der Tarifgebundenheit her.[287]

---

282 Vgl. ErfK/*Franzen* § 4 TVG Rn. 50 m.w.N.

283 Vgl. bereits oben unter § 3 A.II.1. auf S. 46.

284 RAGE 1, 167, 169 f.; RAGE 8, 275, 276 f.; *Büdenbender* NZA 2000, 509, 512; *Dahlbender* Austritt S. 8; *Hueck* Tarifvertrag S. 102; *Hueck/Nipperdey* ArbR Bd. II Hb. 1 § 23 B.V.3.a), S. 490; Kempen/Zachert/*Kempen* TVG § 3 Rn. 37; *Nikisch* § 71 IV.3., S. 271; *Schaub* BB 1994, 2005, 2006; *ders.* BB 1995, 2003; *Stein* TVR Rn. 170; Wiedemann/*Oetker* TVG § 3 Rn. 58 m.w.N. Vgl. auch *Beuthien/Meik* DB 1993, 1518 f.; *Herschel* ZfA 1973, 183, 192.

285 Vgl. hierzu *Nipperdey* Beiträge S. 15 ff.

286 RAGE 8, 275, 276 f. Vgl. dazu *Nikisch* § 71 IV.3., S. 271.

287 *Stein* TVR Rn. 170; vgl. auch *Hueck* BB 1949, 354, 356.

2. Die fortbestehende Tarifgebundenheit in den Gesetzesmaterialien

a) Weimarer Zeit

aa) Vorarbeiten in der Literatur

In der Literatur der Weimarer Zeit wurden einige Entwürfe für eine Kodifizierung des Tarifvertragsrechts vorgeschlagen und diskutiert.[288] So forderte etwa *Sinzheimer*, dass der Ausschluss und Austritt aus dem tarifschließenden Verband grundsätzlich keinen Einfluss auf die weitere unmittelbare und zwingende Geltung des Tarifvertrages haben dürfe.[289] Andernfalls sei der Wert eines jeden Tarifvertrages in Frage gestellt. Denn der beim Tarifvertragsabschluss vorausgesetzte und festgelegte Geltungsumfang sei so dem Belieben des Einzelnen anheim gestellt. Teilweise wurde auch die Unzulänglichkeit des § 1 Abs. 2 der Tarifvertrags-Verordnung von 1918 diskutiert.[290]

Sinzheimer etwa schlug folgende Normierung vor :[291]

> *„§1*
>
> *Beteiligte sind außer den Vertragsparteien die Vertragsmitglieder.*
>
> *(...)*
>
> *§ 11*
>
> *Die Vertragsmitglieder nehmen an den Rechten und Pflichten eines Tarifvertrages teil, ohne Vertragsparteien zu sein.*
>
> *§ 12*
>
> *Mitglieder* des Tarif*vertrages sind alle, die den Vertragsorganisationen angehören oder ihnen während der Geltungsdauer des Tarifvertrages angehört haben.*

---

288 Vgl. Nachweise bei Wiedemann/*Oetker* TVG Geschichte Rn. 12 f.

289 Vgl. *Sinzheimer* Arbeitstarifgesetz S. 90, 91 f. m.w.N.; *ders.* Rechtsfragen S. 15, 17; *Nipperdey* Beiträge S. 15 ff., 155 ff.

290 Siehe *Nipperdey* Beiträge S. 15 ff., 155 ff. Vgl. auch Rückblicke von *Dahlbender* Austritt S. 8; *Kania* DB 1995, 625, 630; *Konzen* ZfA 1975, 401, 411; *Schaub* BB 1994, 2005, 2006.

291 *Sinzheimer* Arbeitstarifgesetz S. 213 ff.

§ 13

Vertragsmitglieder, die einer Vertragsorganisation nicht angehören, können aus der Vertragsgemeinschaft austreten. Doch ist der Austritt nur zu demjenigen Zeitpunkte zulässig, zu dem die Vertragspartner den Tarifvertrag kündigen können.

Der Austritt erfolgt durch Erklärung der Tarifbehörde gegenüber."

Auch *Nipperdey* machte einen Vorschlag zur Regelung der Tarifangehörigkeit (§ 10 des Entwurfs):[292]

„*(I) Die Tarifangehörigkeit erlischt mit der Auflösung des TV.*

(II) Die Tarifangehörigkeit der Arbeitgeber und Arbeitnehmer, die nach dem Abschluss des TV. aus den vertragschließenden Vereinigungen ausgeschieden sind, erlischt auch mit dem Wirksamwerden einer Aenderung des TV. sowie mit dem Zeitpunkt, zu dem nach dem Ausscheiden der TV. frühestens von einer Partei gekündigt werden könnte.

(III) Das Arbeitsgericht hat auf Antrag der Arbeitgeber und Arbeitnehmer, die nach dem Abschluss des TV. aus den vertragschließenden Vereinigungen ausgeschieden sind, die Tarifangehörigkeit mit sofortiger oder nach Ablauf einer Frist eintretender Wirkung aufzuheben, wenn die weitere Tarifangehörigkeit dem Ausgeschiedenen nicht zuzumuten ist."

bb) Referentenentwurf des Reichsarbeitsministeriums von 1931

Ein nie Gesetz gewordener Referentenentwurf des Reichsarbeitsministeriums aus dem Jahr 1931 sollte das Manko des § 1 Abs. 2 der Tarifvertrags-Verordnung von 1918 vermeiden.[293] § 11 des Entwurfs sah die grundsätzliche Regelung der Tarifangehörigkeit vor; er lautete auszugsweise:

„*Tarifangehörig sind, (...) 2. Arbeitgeber und Arbeitnehmer, die zur Zeit des Abschlusses des Tarifvertrags Mitglieder einer am Vertrag beteiligten Vereinigung sind oder später werden; (...)*"

292 *Nipperdey* Beiträge S. 157 ff., 159.

293 Abgedruckt bei Wiedemann/*Oetker* TVG Geschichte Rn. 13 f. Vgl. hierzu *Dahlbender* Austritt S. 8; *Konzen* ZfA 1975, 401, 410.

§ 13 Abs. 1 S. 1 des Entwurfs sah die zeitliche Grenze der Tarifangehörigkeit ähnlich der heutigen Regelung für die Tarifgebundenheit in § 3 Abs. 3 TVG vor.[294] Er lautete:

> *„Die Tarifangehörigkeit erlischt mit der Beendigung des Tarifvertrages."*

In § 13 Abs. 1 S. 2 des Entwurfs wurde dies jedoch eingeschränkt:

> *„Als Beendigung gilt auch eine wesentliche Änderung oder Ergänzung des Tarifvertrages."*

Und § 13 Abs. 2 S. 1 des Entwurfs sah eine weitere Einschränkung vor:

> *„Scheiden tarifangehörige Arbeitgeber oder Arbeitnehmer vor Beendigung des Tarifvertrags aus einer am Tarifvertrag beteiligten Vereinigung aus, so erlischt ihre Tarifangehörigkeit mit dem Zeitpunkt, zu dem die Kündigung des Tarifvertrags bei ihrem Ausscheiden frühestens zulässig ist."*

b) Entwürfe für ein TVG nach dem Zweiten Weltkrieg

Nach dem Zweiten Weltkrieg wurden in den westlichen Besatzungszonen die Arbeiten an einem Tarifvertragsgesetz wieder aufgenommen, während derer zahlreiche Entwürfe entstanden.[295] Auch für die fortbestehende Tarifgebundenheit war in einigen, nachfolgend dargestellten Entwürfen eine Regelung vorgesehen.

aa) Zusmarshausener bzw. Stuttgarter Entwurf

So lautete § 3 Abs. 6 des so genannten Zusmarshausener bzw. Stuttgarter Entwurfs[296] wie folgt:

> *„Wer tarifunterworfen ist, bleibt tarifunterworfen, bis der Tarifvertrag endet oder geändert wird."*

bb) Entwurf der Gewerkschaften

§ 4 des Entwurfs des Gewerkschaftsrats[297] hingegen hatte bereits den Wortlaut, den § 3 Abs. 1 und 3 TVG heute noch haben:

---

294 Siehe zur Vermeidung des Mankos des § 1 Abs. 2 der TVVO von 1918 bei § 3 Abs. 3 TVG auch *Hueck* BB 1949, 354, 356.

295 Siehe hierzu Wiedemann/*Oetker* TVG Geschichte Rn. 19 ff.

296 Entwurf des Arbeitsrechtsausschusses des Länderrates vom Juli 1948, abgedruckt bei Wiedemann/*Oetker* TVG Geschichte Rn. 27.

„Tarifgebunden sind diejenigen, die Mitglieder der Tarifvertragsparteien sind, und der Arbeitgeber der selbst Partei des Tarifvertrages ist. Die Tarifgebundenheit bleibt bestehen, bis der Tarifvertrag endet."

In der Begründung zu § 4 S. 2 des Entwurfs wurde insoweit im Wesentlichen ausgeführt:

„Die Tarifgebundenheit muß solange bestehen bleiben, bis der Tarifvertrag endet (...). Eine Änderung des Tarifvertrages (...) darf die Tarifgebundenheit nicht beseitigen."[298]

cc) Weitere parlamentarische Arbeiten bis zum heutigen § 3 Abs. 3 TVG

In den nachfolgenden Gesetzgebungsarbeiten blieb es bis zum Inkrafttreten des TVG bei der Formulierung, wie sie von den Gewerkschaften vorgeschlagen worden ist.[299] Bis zum heutigen Tag ist der Wortlaut des § 3 Abs. 3 TVG unverändert.

Ein Erlöschen der Tarifgebundenheit bei einer wesentlichen Änderung bzw. Ergänzung des Tarifvertrages sowie mit dem erstmöglichen Zeitpunkt, zu dem der Tarifvertrag gekündigt werden kann, sieht der heutige Gesetzestext des TVG nicht vor. Entsprechende Ansätze aus früheren Entwürfen[300] sind nicht übernommen worden.

III. Sinn und Zweck des § 3 Abs. 3 TVG

1. Schutz der Verbände?

Nach dem Erinnerungsbericht *Herschels*, der an den Gesetzgebungsarbeiten zum TVG beteiligt gewesen ist, war § 3 Abs. 3 TVG insbesondere als Maßnahme zum Bestandschutz der Arbeitgeberverbände gedacht, die – nicht zuletzt aufgrund älterer Erfahrungen – mit der Möglichkeit rechnen mussten, dass Mitglieder, denen ein bestimmter Tarifvertrag lästig war, austreten, um sich dessen Wirkung zu entziehen.[301]

297 Entwurf des Gewerkschaftsrats der Vereinigten Zonen vom 7. September 1948, abgedruckt bei Wiedemann/*Oetker* TVG Geschichte Rn. 32.

298 Siehe Nr. 11 der Begründung, abgedruckt bei Wiedemann/*Oetker* TVG Geschichte Rn. 33.

299 Zum Folgenden Wiedemann/*Oetker* TVG Geschichte Rn. 37 ff.

300 Siehe hierzu oben unter § 4 A.II.2.a) und b)aa) auf S. 64 ff.

301 *Herschel* ZfA 1973, 183, 192. Vgl. hierzu auch *Dahlbender* Austritt S. 9.

Der Schutz der Verbände wird in Teilen der Literatur aber nur (noch) als Nebenwirkung angesehen.[302] Zum Teil wird sogar angeführt, dass der Schutz der Verbände von vornherein nicht Zweck des § 3 Abs. 3 TVG gewesen sei.[303] Dass weniger an die Organisationspolitik der Verbände als an den Schutz der Tarifunterworfenen gedacht worden sei, zeige die Entstehungsgeschichte des § 3 Abs. 3 TVG und die Diskussion in der Weimarer Zeit um das Manko des § 1 Abs. 2 der Tarifvertrags-Verordnung von 1918.[304] Dem ist zuzustimmen, da dem Bestandsschutz der Verbände bereits hinreichend Rechnung getragen wird, indem diese für den Verbandsaustritt eine Kündigungsfrist in der Satzung bestimmen können.[305]

In einer neueren Entscheidung hat das Bundesarbeitsgericht im Gegensatz hierzu aber festgestellt, dass § 3 Abs. 3 TVG den Austritt aus dem Verband erschweren und somit dessen Schutz bezwecken soll, ohne auf seine bisherige, anders lautende Rechtsprechung (dazu sogleich) einzugehen.[306] Diese nur auf einen Satz beschränkte Aussage war im entschiedenen Fall allerdings nicht tragend und erfolgte nur in Abgrenzung zu dem Zweck einer anderen Norm; eine Abkehr von seiner bisherigen Rechtsprechung zum Zweck des § 3 Abs. 3 TVG kann dem Bundesarbeitsgericht demnach nicht unterstellt werden.

2. Keine einseitige Lösung vom Tarifvertrag?

Nach der Rechtsprechung des Bundesarbeitsgerichts und der heute vorherrschenden Auffassung in der Literatur verfolgt § 3 Abs. 3 TVG den Zweck, zur Absicherung des Gestaltungsauftrages der Tarifvertragsparteien eine „Flucht aus den Tarifverträgen“ durch die Tarifgebundenen (in erster Linie die Arbeitgeber)

---

302 Vgl. *Büdenbender* NZA 2000, 509, 512; Kempen/Zachert/*Kempen* TVG § 3 Rn. 37; *Hromadka/Maschmann* ArbR § 13 Rn. 243; *Hromadka/Maschmann/Wallner* Tarifwechsel Rn. 226; *Kittner* AuR 1998, 469 f.; *Martens* Anm. zu BAG SAE 1976, 81, 85; *Melot de Beauregard* Mitgliedschaft S. 56; *Oetker* ZfA 1998, 41, 51; *Schaub* BB 1994, 2005, 2006; Wiedemann/*Oetker* TVG § 3 Rn. 60. Siehe auch BAG AP Nr. 3 zu § 3 TVG Verbandsaustritt. Vgl. aber auch *Behrendt/Gaumann/Liebermann* NZA 2006, 525, 526; Schaub/*Schaub* ArbRHb § 206 Rn. 8; *ders.* BB 1995, 2003.

303 Zum Folgenden *Konzen* ZfA 1975, 401, 409 ff.; *Däubler* TVR (1993) S. 180 Ziff. 299; *ders.* NZA 1996, 225, 226. Vgl. auch *A. Hueck* BB 1949,354, 356; *Rewolle* DB 1950, 11, die bereits früh die Verhinderung der einseitigen Lösung vom Tarifvertrag als Zweck des § 3 Abs. 3 TVG ansahen.

304 Zur Entstehungsgeschichte und zur Diskussion in der Weimarer Zeit vgl. oben unter § 4 A.II. auf S. 63 ff.

305 Vgl. hierzu oben unter § 2 C.II.1.auf S. 12 ff.

306 BAG AP Nr. 41 zu § 4 TVG Nachwirkung. Vgl. auch BAG AP Nr. 3 zu § 3 TVG Verbandsaustritt.

zu verhindern.[307] Die unmittelbare und zwingende Rechtswirkung eines Tarifvertrages soll nicht durch eine einseitige Maßnahme wie den Verbandsaustritt beseitigt werden können.[308] Das Bundesarbeitsgericht sieht § 3 Abs. 3 TVG insoweit als eine gesetzliche Ausnahmeregelung an, durch die der Missbrauch privatrechtlicher Gestaltungsmöglichkeiten verhindert werden soll.

Dem ist insoweit nicht zuzustimmen, als diese Ansicht die Frage nach dem Zweck des § 3 Abs. 3 TVG in Wahrheit nicht beantwortet, sondern den eigentlichen Zweck unausgesprochen voraussetzt. Allein die Verhinderung der einseitigen Lösung vom Tarifvertrag kann nicht als Zweck der Norm angesehen werden, da sich die Frage stellt, warum der Arbeitgeber sich nicht lösen können soll bzw. weshalb eine einseitige Lösung missbräuchlich sein soll. Die Verhinderung der einseitigen Lösung vom Tarifvertrag ist vielmehr nur ein Mittel zur Erreichung eines anderen, dahinter stehenden Zwecks, der hier mit der Formulierung „Absicherung des Gestaltungsauftrages der Tarifvertragsparteien" nur angedeutet wird.

3. Schutz des (Verbands-)Tarifvertragssystems?

Teilweise wird insoweit vertreten, dass § 3 Abs. 3 TVG der Tarif(vertrags)treue dient und es insbesondere dem Arbeitgeberverband ermöglicht, der Gewerkschaft die Einhaltung der Arbeitsbedingungen für eine bestimmte Mindestlaufzeit zuzusagen[309]; die Vorschrift bezwecke also vor allem ein funktionsfähiges Tarifvertragssystem[310]. Nur aus dem Blickwinkel des einzelnen Arbeitgebers werde daraus der Zweck, „die Flucht aus dem Tarifvertrag" zu verhindern.[311]

In die gleiche Richtung geht die Auffassung, dass die Norm das System der Verbandstarifverträge sichere, weil ohne die Garantie einer gewissen Dauer keine rechtliche Ordnung bestehen könne.[312] § 3 Abs. 3 TVG will in der Tat nicht allgemein die Flucht aus dem gesamten Tarifvertragssystem verhindern. Diese verhindert nämlich bereits § 2 Abs. 1 Var. 2 TVG, wonach auch der einzelne Arbeitgeber tariffähig ist. § 2 Abs. 1 Var. 2 TVG dient der effektiven Verwirklichung der Tarifautonomie, da die Norm verhindert, dass sich der Arbeitgeber durch Fernbleiben von oder Austritt aus einem Verband tarifunfähig macht und sich so

307 BAG AP Nr. 8 zu § 3 TVG Verbandsaustritt; BAG AP Nr. 15 zu § 3 TVG; AnwK-ArbR/*Friedrich* § 3 TVG Rn. 42; Däubler/*Lorenz* TVG § 3 Rn. 79; *Hromadka/Maschmann/Wallner* Tarifwechsel Rn. 226; Wiedemann/*Oetker* TVG § 3 Rn. 60.

308 Zum Folgenden BAG AP Nr. 3, 4 zu § 3 TVG.

309 *Löwisch/Rieble* TVG § 3 Rn. 84. Vgl. auch *Büdenbender* NZA 2000, 509, 512; MünchHbArbR/*Löwisch/Rieble* § 267 Rn. 23; *Rieble* Arbeitsmarkt Rn. 1233 ff.

310 *Dieterich/Hanau/Henssler/Oetker/Wank/Wiedemann* RdA 2004, 65, 76; *Käppler* ZfA 1995, 271, 333; *Kittner* AuR 1998, 469 f.; *Oetker* ZfA 1998, 41, 51.

311 *Löwisch/Rieble* TVG § 3 Rn. 84.

312 *Dahlbender* Austritt S. 8 f.

der Inanspruchnahme auf den Abschluss von Tarifverträgen entzieht.[313] § 3 Abs. 3 TVG kann also nur die Flucht von Arbeitgebern aus Verbandstarifverträgen verhindern und nicht aus dem Tarifvertragssystem an sich.[314]

Aber auch die Erhaltung eines funktionsfähigen (Verbands)Tarifvertragssystems ist nicht der eigentliche Zweck des § 3 Abs. 3 TVG, da ein funktionsfähiges Tarifvertragssystem kein Selbstzweck ist. Es stellt sich demnach auch hier die Frage, wozu ein funktionsfähiges (Verbands)Tarifvertragssystem dient und warum die Einhaltung der Arbeitsbedingungen für eine bestimmte Mindestlaufzeit wichtig ist. Auch diese Gesichtspunkte können nur als Mittel zur Erreichung eines anderen, dahinter stehenden Zwecks angesehen werden. Dies gilt unabhängig davon, dass die Koalitionen selbst dem Schutz der kollektiven Koalitionsfreiheit nach Art. 9 Abs. 3 GG unterfallen[315]. Das Grundrecht der Koalitionsfreiheit schützt zwar auch die Koalition selbst in ihrem Bestand, ihrer organisatorischen Ausgestaltung und ihren Betätigungen, knüpft diesen Schutz aber daran, dass sie der Förderung der Arbeits- und Wirtschaftsbedingungen dienen. Die kollektive Koalitionsfreiheit ist also zugleich Realisierung und Verstärkung der individuellen Koalitionsfreiheit.[316] Ein wesentlicher Zweck der Koalitionen und damit eines funktionsfähigen (Verbands)Tarifvertragssystems ist insoweit das Aushandeln von Tarifverträgen.[317]

4. Schutz der Arbeitnehmer maßgeblich

Damit ist im Ergebnis die Frage nach der Funktion des Tarifvertrages aufgeworfen.

Im modernen Arbeitsrecht hat der Tarifvertrag vor allem vier Funktionen, nämlich die Schutz-, die Verteilungs-, die Ordnungs- und die Friedensfunktion:[318] der Tarifvertrag soll den einzelnen Arbeitnehmer davor schützen, dass der Arbeitgeber aufgrund seiner wirtschaftlichen Überlegenheit einseitig für den Arbeitnehmer unangemessene Arbeitsvertragsbedingungen festsetzt (Schutzfunktion). Die Tarifverträge bestimmen mit ihrer Differenzierung in Lohn- und Gehaltsgruppen

---

313 BAG AP Nr. 162 zu Art. 9 GG Arbeitskampf m.w.N.

314 Für Arbeitnehmer gilt dies zwar nicht, da der einzelne Arbeitnehmer nicht tariffähig ist. Allerdings hat § 3 Abs. 3 TVG insoweit nur selten praktische Bedeutung.

315 Vgl. zum Folgenden etwa BVerfGE 116, 202, 219 m.w.N.; BVerfGE 84, 212, 224; BVerfGE 92, 365, 393.

316 So etwa ErfK/*Dieterich* Art. 9 GG Rn. 39.

317 Vgl. BVerfGE 116, 202, 219 BVerfGE 94, 268, 283; BVerfGE 92, 365, 395; BVerfGE 84, 212, 224; BVerfGE 44, 322, 340 f. m.w.N.

318 Zum Folgenden ErfK/*Franzen* § 1 TVG Rn. 2; *Hromadka/Maschmann* ArbR § 13 Rn. 43 ff.; Schaub/*Schaub* ArbRHb § 198 Rn. 4 ff.; Wiedemann/*Wiedemann* TVG Einl. Rn. 3 ff.

die Einkommensverteilung zwischen den Arbeitnehmern und stellen eine Beteiligung der Arbeitnehmer am Sozialprodukt sicher (Verteilungsfunktion). Die Tarifverträge führen darüber hinaus zu einer Typisierung der Arbeitsverträge und erleichtern damit wesentlich ihren Abschluss; Arbeitgeber und Arbeitnehmer dürfen während ihrer Laufzeit darauf vertrauen, dass die Arbeitsbedingungen unverändert bleiben (Ordnungsfunktion). Schließlich führen Tarifverträge während ihrer Laufzeit zur Verhinderung von Arbeitskämpfen (Friedensfunktion).

Die wichtigste dieser Funktionen ist die Schutzfunktion; ergänzt wird sie durch die Ordnungsfunktion.[319] Die Tarifautonomie ist – wie grundsätzlich alle arbeitsrechtlichen Normen – darauf angelegt, die strukturelle Unterlegenheit des einzelnen Arbeitnehmers beim Abschluss von Arbeitsverträgen durch kollektives Handeln auszugleichen und damit ein annähernd gleichgewichtiges Aushandeln der Löhne und Arbeitsbedingungen zu ermöglichen.[320] Diese Gewichtung kann bereits dem TVG selbst entnommen werden, da es die Schutz- und auch die Ordnungsfunktion im Gegensatz zu den andern Funktionen näher ausgestaltet: so wird die zwingende Geltung des Tarifvertrages für die Dauer seiner Laufzeit zu Gunsten der Arbeitnehmer in § 3 Abs. 3 sowie § 4 Abs. 3 und Abs. 4 TVG abgesichert.

Die anderen Funktionen treten in ihrer Bedeutung dahinter zurück. Vor diesem Hintergrund ist der Ansicht zuzustimmen, die § 3 Abs. 3 TVG vor allem (und trotz der Anwendbarkeit dieser Norm auch auf Arbeitnehmer) als arbeitnehmerschützend ansieht[321]. Dies wird auch durch eine Entscheidung des Bundesarbeitsgerichts bestätigt: aus § 3 Abs. 3 TVG werde der Wille des Gesetzgebers deutlich, dass ein einmal wirksam abgeschlossener Tarifvertrag seine normative

---

319 Vgl. etwa ErfK/*Dieterich* Art. 9 GG Rn. 60 m.w.N.; Wiedemann/*Wiedemann* TVG Einl. Rn. 4 m.w.N.

320 BVerfGE 84, 212, 229; BVerfGE 92, 365, 395; vgl. auch BVerfG AP Nr. 2 zu § 3 AEntG.

321 *Bieback* DB 1989, 477; *Buchner* Koalitionsfreiheit, S. 88; *Gerhards* BB 1995, 1290; *Hoß/Liebscher* DB 1995, 2525, 2526; *Junker* ArbR Rn. 541; *Konzen* ZfA 1975, 401, 410 f.; *Lambrich* Betriebsautonomie S. 407; *Stein* Anm. zu BAG AuR 2005, 29, 31. Vgl. auch *Beathalter* Gestaltungsmöglichkeiten S. 368; *Büdenbender* NZA 2000, 509, 512; *Feger* AiB 1995, 490, 491; Jacobs/Krause/Oetker/*Krause* § 1 Rn. 17; Kempen/Zachert/*Kempen* TVG § 3 Rn. 43; *Martens* Anm. zu BAG SAE 1976, 81, 85 sowie die Stellungnahme der Bunderregierung zum zehnten Hauptgutachten der Monopolkommission BR-Drs. 330/95, S. 54. Siehe auch *Dahlbender* Austritt S. 9 einerseits, wonach sich der Arbeitnehmerschutz, der Schutz des Verbandstarifvertrags und der Schutz der Verbände nicht voneinander trennen lassen würden, und *ders.* S. 33 andererseits, wonach sich der Arbeitnehmerschutz allein aus einem Reflex der Koalitionsmittel- und Koalitionsbestandsgarantie ergeben würde. Ausdrücklich a.A. *Behrendt/Gaumann/Liebermann* NZA 2006, 525, 529.

Wirkung möglichst für den in ihm vorgesehenen Geltungszeitraum behalten solle.[322]

5. Schutz der Austrittsfreiheit als Nebenzweck

Darüber hinaus verfolgt § 3 Abs. 3 TVG noch einen Nebenzweck[323]: die Norm erleichtert mit der Abkoppelung der Tarifgebundenheit von der Mitgliedschaft den Austritt und steht somit im Dienst der negativen Koalitionsfreiheit, indem der Austritt nur die Geltung künftiger Tarifverträge verhindert, aber den aktuellen Tarifzustand unberührt lässt[324]. Das ist das mildere Mittel gegenüber längeren Austrittsfristen, die sonst für einen effektiven Tarifvertrag mit hinreichender Vertragsbindung erforderlich wären.

6. Ergebnis zu Sinn und Zweck der Norm

§ 3 Abs. 3 TVG dient in erster Linie dem Schutz der Arbeitnehmer. Ein einmal wirksam abgeschlossener Tarifvertrag soll seine normative Wirkung möglichst für den in ihm vorgesehenen Geltungszeitraum behalten. Der Arbeitgeber soll die Arbeitsvertragsbedingungen insoweit nicht einseitig festsetzen und/oder abändern können. Die Verhinderung der einseitigen Lösung vom Tarifvertrag und die Erhaltung eines funktionsfähigen (Verbands)Tarifvertragssystems haben im Verhältnis hierzu keine eigenständige Bedeutung, sondern nur eine dienende Funktion. Der Bestandsschutz der (Arbeitgeber)Verbände ist nur eine Nebenwirkung des § 3 Abs. 3 TVG. Daneben dient § 3 Abs. 3 TVG der negativen Koalitionsfreiheit, indem der Arbeitnehmerschutz unabhängig vom Fortbestehen der Mitgliedschaft erreicht wird.

IV. § 3 Abs. 3 TVG innerhalb der Systematik des TVG

1. Anknüpfung an (zeitlichen) Geltungsbereich/Normwirkung

Der Wortlaut des § 3 Abs. 3 TVG ordnet das Fortbestehen der Tarifgebundenheit an, „bis der Tarifvertrag endet“. Damit ist der zeitliche Geltungsbereich eines Tarifvertrages angesprochen, der Anfang und Ende der Normwirkung (Laufzeit) bestimmt[325].

---

322 BAG AP Nr. 56 zu § 2 TVG.

323 Zum Folgenden *Löwisch/Rieble* TVG § 3 Rn. 84; MünchHbArbR/*Löwisch/Rieble* § 245 Rn. 64, § 267 Rn. 23; *Rieble* Arbeitmarkt Rn. 1233 ff.

324 Siehe hierzu unten unter § 4 A.V.1. und 2. auf S. 75 ff.

325 Vgl. *Hromadka/Maschmann* ArbR § 13 Rn. 210; Staudinger/*Richardi* BGB Vorb. zu §§ 611 ff. Rn. 633.

Gesetzestechnisch koppelt § 3 Abs. 3 TVG das Ende der (abstrakten) Tarifgebundenheit an den (konkreten) zeitlichen Geltungsbereich und somit an das Ende der Normwirkung.[326] § 3 Abs. 3 TVG ordnet das Fortbestehen der Normwirkung bis zum Ende des Tarifvertrages zwar nicht unmittelbar an. Die Aufrechterhaltung der Tarifgebundenheit führt aber mittelbar zum Fortbestehen der Normwirkung bis zum Ende des Tarifvertrages, es sei denn, dass die zweite Voraussetzung der Normwirkung, nämlich das Unterfallen des Arbeitsverhältnisses unter den Geltungsbereich, wegfällt.[327]

2. Ausnahme oder Bestätigung von § 3 Abs. 1 TVG?

Umstritten ist, ob an sich eine durchgängig durch die Verbandsmitgliedschaft vermittelte Legitimation für die Normsetzung der Tarifvertragsparteien[328] erforderlich ist, so dass ohne die Regelung des § 3 Abs. 3 TVG die zwingende Geltung der Tarifverträge nach § 4 Abs. 1 TVG mit Beendigung der Verbandsmitgliedschaft wegfallen würde.

a) Legitimation nur zu Beginn erforderlich (Mindermeinung)

Büdenbender ist der Ansicht, dass die zeitliche Erstreckung der Tarifgebundenheit bis zum Ende des Tarifvertrages in § 3 Abs. 3 TVG kein Fremdkörper im geltenden Tarifvertragsrecht, insbesondere im Verhältnis zu § 3 Abs. 1 TVG ist.[329] Vielmehr handele es sich um die konsequente Beachtung der Verbindlichkeit von Tarifverträgen für die Mitglieder der Tarifvertragsparteien. Bestünde § 3 Abs. 3 TVG nicht, würde sich ein vergleichbares Ergebnis mittels einer anhand von Sinn und Zweck des § 3 Abs. 1 TVG gewonnen Interpretation herleiten lassen. Dieses Ergebnis stimme mit tragenden Grundsätzen der Zivilrechtsordnung überein, wonach verbindlich abgeschlossene Verträge durch die Vertragsparteien einzuhalten seien. Auch der Vergleich des Verbandstarifvertrages zum Haustarifvertrag bestätige das obige Ergebnis; diese würden vom Gesetz gleich behandelt. Die Verbindlichkeit der vereinbarten Vertragsdauer sei beim Haustarifvertrag eine Selbstverständlichkeit. § 3 Abs. 3 TVG sei als eine der Rechtssicherheit dienende Klarstellung vor dem Hintergrund abweichender historischer Erfahrungen zu verstehen, die sich uneingeschränkt in die Vorgabe des § 3 Abs. 1 TVG einfüge.

---

326 Vgl. Kempen/Zachert/*Kempen* TVG § 3 Rn. 37; *Löwisch/Rieble* TVG § 3 Rn. 81.

327 Siehe dazu unten unter § 4 A.V.3. und VI.2.e) auf S. 77 und S. 83 f.

328 Siehe dazu oben unter § 3 B.I.1. auf S. 52 f.

329 Zum Folgenden *Büdenbender* NZA 2000, 509, 511 ff. Vgl. auch *Melot de Beauregard* S. 56 f.

§ 3 Abs. 3 TVG sei also nicht mit einem Legitimationsdefizit behaftet, da das Bestehen der Mitgliedschaft zum Zeitpunkt des Inkrafttretens des Tarifvertrages bzw. das Entstehen der Mitgliedschaft während der Geltungsdauer des Tarifvertrages eine hinreichende Legitimation sei, ohne dass es einer dauerhaften Legitimation während der Laufzeit des Tarifvertrages bedürfe.

b) Dauerhafte Legitimation erforderlich (h.M.)

Die herrschende Meinung vertritt hingegen die Auffassung, dass § 3 Abs. 3 TVG im Verhältnis zu § 3 Abs. 1 TVG eine Ausnahmeregelung ist, ohne die die Tarifgebundenheit mit dem Ausscheiden aus der Tarifvertragspartei und als Folge davon auch die Normwirkung nach § 4 Abs. 1 TVG enden würde.[330] Die herrschende Meinung geht davon aus, dass an sich eine für die gesamte Dauer der Normwirkung bestehende Legitimation durch die Mitgliedschaft in der Tarifvertragspartei erforderlich sei. § 3 Abs. 3 TVG fingiere diese Legitimation nach Wegfall der Mitgliedschaft bis zum Ende des Tarifvertrages.

Der herrschenden Meinung ist zuzustimmen. Zwar ist es richtig, dass der Grundsatz der Vertragstreue (*pacta sunt servanda*) ein tragendes Rechtsprinzip ist.[331] Zu beachten ist aber, dass der Grundsatz der Vertragstreue nicht unbegrenzt gilt.[332] So ist er bei Dauerschuldverhältnissen etwa im Interesse des Selbstbestimmungsrechts des Einzelnen zur Vermeidung einer hiermit unvereinbaren Ewigkeitsbindung durch die Möglichkeit der ordentlichen Kündbarkeit in seiner Reichweite begrenzt bzw. im Fall der Unzumutbarkeit der Vertragsfortführung durch die Möglichkeit der außerordentlichen Kündbarkeit durchbrochen. Auch vorliegend kann dem Wortlaut der §§ 3 Abs. 1 Var. 1, 4 Abs. 1 TVG eine Begrenzung des Grundsatzes der Vertragstreue entnommen werden. Danach sind nur die Mitglieder der Tarifvertragsparteien tarifgebunden und nur die Tarifgebundenen unterfallen der Normwirkung nach § 4 Abs. 1 TVG. Das Gesetz begnügt sich entgegen *Büdenbender* also nicht damit, dass allein im Zeitpunkt des Beginns der Normwirkung eine Legitimation durch die Mitgliedschaft besteht. Vielmehr fordert das Gesetz generell eine Legitimation durch die Mitgliedschaft, so dass bei Wegfall der Mitgliedschaft die Regelung des § 3 Abs. 3 TVG als Legitimationsersatz erforderlich ist.

---

330 BAG AP Nr. 4 zu § 3 TVG; *Dahlbender* Austritt S. 9 f.; *Hromadka/Maschmann* ArbR § 13 Rn. 242; Jacobs/Krause/Oetker/*Oetker* § 6 Rn. 41; Kempen/Zachert/*Kempen* TVG § 3 Rn. 18; *Löwisch/Rieble* TVG § 3 Rn. 81, 83; *Oetker* ZfA 1998, 41, 42; Wiedemann/*Oetker* TVG § 3 Rn. 58.

331 Vgl. etwa BAG AP Nr. 7 zu § 308 BGB m.w.N.; *Oetker* Dauerschuldverhältnis S. 248 m.w.N.; Palandt/*Heinrichs* BGB Einf. vor § 145 Rn. 4a.

332 Zum Folgenden *Oetker* Dauerschuldverhältnis S. 248 ff. m.w.N.

V. Wirkung des § 3 Abs. 3 TVG

1. Kein Fortbestehen der Normsetzungsbefugnis der Verbände

Wenn man die Tarifgebundenheit als abstrakte gesetzliche Bestimmung der potentiellen Adressaten der konkreten tariflichen Normsetzung, also als Bestimmung der Normunterworfenen ansieht[333] und den Wortlaut des § 3 Abs. 3 TVG ernst nehmen würde, wäre § 3 Abs. 3 TVG wie folgt zu lesen: „Die Mitglieder der Tarifvertragsparteien bleiben deren Normsetzung unterworfen, bis der Tarifvertrag endet." Dies könnte man sogar noch durch die Aussage des Bundesarbeitsgerichts untermauern, wonach das TVG die Fälle der Tarifgebundenheit nach § 3 Abs. 1 TVG von den Fällen der Tarifgebundenheit nach § 3 Abs. 3 TVG nicht unterscheide[334].

Dies ist nach allgemeiner Ansicht aber nicht der Fall.[335] § 3 Abs. 3 TVG legitimiert nur die Fortgeltung derjenigen Tarifverträge, die durch die Mitgliedschaft legitimiert worden sind; neue Tarifverträge gelten für den Ausgetretenen von vornherein nicht.[336] Jede andere Regelung und rechtliche Beurteilung erschiene schon im Hinblick auf Art. 9 Abs. 3 GG bedenklich.[337] Der Verband, dessen früheres Mitglied ihm aufgrund seines wirksamen Austritts nicht mehr angehört, hat nämlich kein Mandat des Ausgetretenen mehr für Rechtsänderungen und kann demgemäß für den Ausgetretenen weder Rechtspflichten begründen noch Rechte zu seinen Gunsten normieren. Andernfalls könnten die Tarifvertragsparteien ihre Normsetzungsbefugnis beliebig über das Ende der Mitgliedschaft der Arbeitsvertragspartei ausdehnen. Denn dann würden auch neu von den Tarifvertragsparteien im Zeitraum der nach § 3 Abs. 3 TVG fortbestehenden Tarifgebundenheit in Kraft tretende Tarifverträge gegenüber der ausgetretenen Arbeitsvertragspartei Normwirkung entfalten. Damit wäre aber die durch § 3 Abs. 1 TVG vorausgesetzte Legitimationsgrundlage für die Normsetzung der Tarifvertragsparteien[338] verlassen.[339] Der Wortlaut des § 3 Abs. 3 TVG ist folglich einzuschränken.

---

333 Vgl. oben unter § 3 A.II.4. auf S. 51.

334 BAG AP Nr. 15 zu § 3 TVG.

335 BAG AP Nr. 3 zu § 3 TVG; BAG AP Nr. 3 zu § 3 TVG Verbandsaustritt; Däubler/*Lorenz* TVG § 3 Rn. 114; *Konzen* ZfA 1975, 401, 408 f.; *Löwisch/Rieble* TVG § 3 Rn. 94; *Richardi* Kollektivgewalt S. 221 f.; Wiedemann/*Oetker* TVG § 3 Rn. 95.

336 BAG NZA 2005, 645, 646 m.w.N.; Däubler/*Lorenz* TVG § 3 Rn. 114; *Junker* ArbR Rn. 544; Kempen/Zachert/*Kempen* TVG § 3 Rn. 39; *Löwisch/Rieble* TVG § 3 Rn. 94; *Nikisch* ArbR II § 71 IV.1. und 3.c), S. 269, 272 f.

337 Zum Folgenden BAG AP Nr. 3 zu § 3 TVG.

338 Vgl. oben unter § 3 B.I.1. auf S. 52 f.

339 Wiedemann/*Oetker* TVG § 3 Rn. 96.

2. Fortbestehen der bisher bestehenden Normwirkung

Da § 3 Abs. 3 TVG somit kein Fortbestehen der Normsetzungsbefugnis der Tarifvertragsparteien für nicht mehr nach § 3 Abs. 1 TVG tarifgebundene Mitglieder begründet, müsste sich die Wirkung des § 3 Abs. 3 TVG darauf beschränken, die einmal aufgrund der Tarifgebundenheit nach § 3 Abs. 1 TVG eingetretene Normwirkung nach § 4 Abs. 1 TVG solange aufrechtzuerhalten, wie sie auch ohne Beendigung der Tarifgebundenheit nach § 3 Abs. 1 TVG fortbestanden hätte.[340] Dies ist das Ende des Tarifvertrages. Vorbehaltlich der Erwähnung des einzelnen Arbeitgebers als Tarifvertragspartei hätte das TVG anstelle der Regelung in § 3 Abs. 3 TVG danach in Zusammengang mit § 4 Abs. 1 TVG eine Regelung wie die folgende vorsehen können: *„Die unmittelbare und zwingende Geltung des Tarifvertrages zwischen den beiderseits Tarifgebundenen, die unter den Geltungsbereich des Tarifvertrages fallen, bleibt bestehen, bis der Tarifvertrag endet."* Dies hätte wohl auch vermieden, dass mit dem Begriff der Tarifgebundenheit vielfach fälschlicherweise schon die Normwirkung i.S.v. § 4 Abs. 1 TVG assoziiert wird.[341]

Das Bundesarbeitsgericht nimmt allerdings eine etwas weitergehende Wirkung der Regelung in § 3 Abs. 3 TVG an[342]: trete ein Arbeitgeber aus dem einen Tarifvertrag abschließenden Verband aus, so bleibe seine Tarifbindung bis zur Beendigung des Tarifvertrages bestehen (§ 3 Abs. 3 TVG). Trete während dieses Zeitraumes ein bei ihm beschäftigter Arbeitnehmer der den Tarifvertrag abschließenden Gewerkschaft bei oder begründet der Arbeitgeber währenddessen ein Arbeitsverhältnis mit einem Gewerkschaftsmitglied, so erwachse (erstmalig) eine beiderseitige Tarifbindung. Es möge zwar sein, dass Sinn und Zweck der gesetzlichen Vorschrift gewesen ist, die „Tarifflucht" eines Tarifgebundenen zu verhindern. Das Gesetz habe jedoch die Fortdauer der Tarifbindung nicht davon abhängig gemacht, dass im Zeitpunkt des Ausscheidens einer der Arbeitsvertragsparteien aus seinem tarifvertragsschließenden Verband beide Arbeitsvertragsparteien tarifgebunden waren. Vielmehr habe es ausnahmslos angeordnet, dass die Tarifbindung eines aus einer Tarifvertragspartei ausscheidenden Mitglieds fortdauert, bis der Tarifvertrag endet.

Die Wirkung des § 3 Abs. 3 TVG beschränkt sich auch unter Berücksichtigung dieser Rechtsprechung des Bundesarbeitsgerichts darauf, die einmal aufgrund der Tarifgebundenheit nach § 3 Abs. 1 TVG eingetretene Normwirkung nach § 4 Abs. 1 TVG solange aufrechtzuerhalten, solange sie auch ohne Beendigung der Tarifgebundenheit nach § 3 Abs. 1 TVG fortbestanden hätte. Jedoch wird hierbei

340 BAG AP Nr. 3 zu § 3 TVG; *Konzen* ZfA 1975, 401, 408 f.

341 Siehe hierzu oben unter § 3 A.II.2. auf S. 47.

342 BAG AP Nr. 15 zu § 3 TVG; BAG AP Nr. 11 zu § 3 TVG Verbandsaustritt.

nur auf den Arbeitgeber abgestellt, ohne dass im konkreten Arbeitsverhältnis eine Normwirkung nach §§ 3 Abs. 1, 4 Abs. 1 TVG bestanden haben muss. Dies erscheint vom Wortlaut her konsequent, ist jedoch kein zwingendes Auslegungsergebnis. Vor dem Hintergrund, dass der Regelung in § 3 Abs. 3 TVG in erster Linie eine arbeitnehmerschützende Wirkung zukommt und dass ein einmal wirksam abgeschlossener Tarifvertrag seine normative Wirkung möglichst für den in ihm vorgesehenen Geltungszeitraum behalten soll,[343] wäre ebenso wie die bereits erörterte Einschränkung, wonach § 3 Abs. 3 TVG entgegen dem Wortlaut kein Fortbestehen der Normsetzungsbefugnis der Verbände begründet[344], eine einschränkende Auslegung dahingehend vertretbar, dass § 3 Abs. 3 TVG die im konkreten Arbeitsverhältnis nach §§ 3 Abs. 1, 4 Abs. 1 TVG eingetretene Normwirkung aufrechterhalten soll.[345]

3. Nur innerhalb des Geltungsbereiches

Die Aufrechterhaltung der Tarifgebundenheit nach § 3 Abs. 3 TVG führt aber dann nicht zum Fortbestehen der Normwirkung bis zum Ende des Tarifvertrages, wenn die zweite Voraussetzung der Normwirkung, das Unterfallen des Arbeitsverhältnisses unter den Geltungsbereich, wegfällt.[346] In der Person des Arbeitgebers oder Arbeitnehmers können sich die Umstände für die Zuordnung zum Geltungsbereich und damit für die Tarifgeltung verändern.[347] § 3 Abs. 3 TVG ersetzt nur das Merkmal der Tarifgebundenheit, nicht aber die übrigen Voraussetzungen für die Anwendbarkeit eines Tarifvertrages.[348]

VI. Ende des Tarifvertrages i.S.v. § 3 Abs. 3 TVG

Die aufgrund von § 3 Abs. 3 TVG fortbestehende Normwirkung endet mit dem Ende des Tarifvertrages. Mit der Beendigung des Tarifvertrages verlieren dessen Rechtsnormen ihre zwingende Wirkung und können nach § 4 Abs. 5 TVG durch andere Abmachungen ersetzt werden.[349]

---

343 Siehe oben unter § 4 A.III.4. auf S. 70 ff.

344 Siehe oben unter § 4 A.V.1. auf S. 75.

345 Vgl. hierzu auch *Rieble* Anm. zu BAG SAE 1994, 157, 159. Dagegen *Dahlbender* Austritt S. 40 Fn.4.

346 BAG AP Nr. 17 zu § 613a BGB; BAG AP Nr. 2 zu § 3 TVG Verbandsaustritt; BAG AP Nr. 20 zu § 3 TVG m.w.N.; BAG AP Nr. 19 zu § 2 TVG Tarifzuständigkeit; Kempen/Zachert/*Kempen* TVG § 3 Rn. 44; *Löwisch/Rieble* TVG § 4 Rn. 110; a.A. Däubler/*Lorenz* TVG § 3 Rn. 88; Däubler/*Deinert* TVG § 4 Rn 219, 289 ff.

347 Vgl. im Einzelnen *Löwisch/Rieble* TVG § 4 Rn. 109.

348 BAG AP Nr. 20, 21 zu § 3 TVG. Siehe hierzu auch unten unter § 4 A.VI.2.e) auf S. 83.

349 ErfK/*Franzen* § 1 TVG Rn. 37.

1. Beendigungsgründe

Das Ende eines Tarifvertrages bestimmt sich nach dem Vertragsrecht.[350] Das bedeutet zum einen, dass ein befristeter Tarifvertrag spätestens mit dem Ablauf der Zeit, für die er abgeschlossen wurde, endet. Zum anderen enden ein unbefristeter Tarifvertrag sowie auch ein befristeter Tarifvertrag, in dem eine ordentliche Kündigungsmöglichkeit vorgesehen ist, bei Ausspruch der Kündigung durch eine der Tarifvertragsparteien mit Ablauf der Kündigungsfrist. Daneben ist grundsätzlich auch die außerordentliche Kündigung von Tarifverträgen möglich, an die jedoch hohe Anforderungen gestellt werden. Tarifverträge können darüber hinaus auflösend bedingt abgeschlossen werden; Rechtssicherheit und Vertrauensschutz verlangen insoweit aber, dass der Bedingungseintritt leicht festgestellt werden kann. Die Tarifvertragsparteien können den Tarifvertrag auch einvernehmlich aufheben. Umstritten ist dagegen, ob neben dem Recht zur außerordentlichen Kündigung die Grundsätze über die Störung und den Wegfall der Geschäftsgrundlage Anwendung finden.[351]

2. Weitere Anwendungsfälle?

Über die vorstehend genannten Beendigungsgründe hinaus wird die (analoge) Anwendung des § 3 Abs. 3 TVG auch auf andere Fallgestaltungen diskutiert, die nachfolgend kurz vorgestellt werden.

a) Verlust der Tariffähigkeit, Auflösung oder Insolvenz des Verbandes

Umstritten ist, ob der Tarifvertrag auch mit dem Verlust der Tariffähigkeit einer der Tarifvertragsparteien, etwa durch Auflösung bzw. Insolvenz des Arbeitgeberverbandes endet, so dass § 3 Abs. 3 TVG im Ergebnis keine Anwendung findet.

Der Vierte Senat des *Bundesarbeitsgerichts* hat die Frage für den Fall der Auflösung des Arbeitgeberverbandes ursprünglich bejaht.[352] Der Gesetzgeber habe die Rechtsfolgen der Auflösung einer Tarifvertragspartei im Hinblick auf den Fortbestand der von ihr abgeschlossenen Tarifverträge nicht geregelt.[353] Die Ausfül-

---

350 Zum Folgenden ErfK/*Franzen* § 1 TVG Rn. 30, 32 ff., § 3 Rn. 21; *Löwisch/Rieble* TVG § 1 Rn. 496 ff.

351 Vgl. hierzu ErfK/*Franzen* § 1 TVG Rn. 36 m.w.N.; *Löwisch/Rieble* TVG § 1 Rn. 522 ff.

352 BAG AP Nr. 4 zu § 3 TVG; BAG AP Nr. 26 zu § 4 TVG Nachwirkung. Vgl. auch ErfK/*Franzen* § 1 TVG Rn. 31; *Löwisch/Rieble* TVG § 1 Rn. 506, § 2 Rn. 69, § 3 Rn. 90; *Richardi* Kollektivgewalt S. 218 ff.; *Schaub* BB 1995, 2003, 2004. Für den obligatorischen Teil des Tarifvertrages bereits BAG AP Nr. 28 zu § 2 TVG, wo dies für den normativen Teil jedoch noch offen gelassen worden ist. Bereits vorsichtiger: BAG AP Nr. 8 zu § 9 TVG.

353 Zum Folgenden BAG AP Nr. 4 zu § 3 TVG; BAG AP Nr. 26 zu § 4 TVG Nachwirkung.

lung dieser Gesetzeslücke sei Sache des Gesetzgebers. Auszugehen sei deshalb grundsätzlich davon, dass mit dem Wegfall der Tarifvertragspartei auch der Tarifvertrag einem Ende zugeführt werden müsse, solange eine gesetzliche Regelung einer gegebenenfalls beschränkten Fortgeltung nicht bestehe und auf andere Weise eine Aufhebung des Tarifvertrages nach Fortfall einer Tarifvertragspartei nicht mehr herbeigeführt werden könne.

In der Literatur wurde diese Rechtsprechung kritisiert. Danach sei § 3 Abs. 3 TVG (analog) auf die Auflösung des Arbeitgeberverbandes anzuwenden.[354] Die Formulierung der Vorschrift umfasse auch den Fall der Verbandsauflösung bzw. Aufgabe der Tariffähigkeit.[355] § 3 Abs. 3 TVG enthalte insoweit keine Gesetzeslücke.[356] Die Auflösung des Verbandes stelle einen mindestens mehrheitlichen Willensakt seiner Mitglieder dar und sei daher dem Verbandsaustritt der daran beteiligten Arbeitgeber gleichzusetzen. Eine zweckgerichtete Auslegung des § 3 Abs. 3 TVG ergebe also, dass die normative Wirkung der Verbandstarifverträge im Liquidationsfall, währenddessen der Verein mit geänderter Zweckrichtung fortbestehe (vgl. §§ 48, 49 BGB)[357], nicht beendet werde. Es bedürfe einer Willenserklärung (Kündigung) des Arbeitgeberverbandes, bis zu deren Wirksamwerden der normative Teil der Verbandstarifverträge bestehen bleibe. Die Befürchtung, dass der Tarifvertrag für alle Zukunft unabdingbar aufrechterhalten bleiben müsste, wenn der Arbeitgeberverband ihn vor seiner Auflösung nicht mehr ordnungsgemäß beende, sei unbegründet. In einem solchen Fall gehöre es nämlich zu den Liquidationsgeschäften des Verbandes, dessen Tarifverträge in der vertraglich vorgesehen Weise außer Kraft zu setzen.

In einer späteren Entscheidung hat der Erste Senat des *Bundesarbeitsgerichts* für den Fall der Insolvenz des Arbeitgeberverbandes abweichend von der vorgenannten Entscheidung des Vierten Senat entschieden. Die Eröffnung des Insolvenzverfahrens (damals: Konkursverfahrens) über das Vermögen des Arbeitgeberverbandes führe nicht ohne weiteres zu einem Ende des Tarifvertrages und damit zur Nichtanwendbarkeit des § 3 Abs. 3 TVG; vielmehr sei eine Kündigung

---

354 *Berg/Platow/Schoof/Unterhinninghofen* § 3 TVG Rn. 48; *Buchner* RdA 1997, 259, 261 ff.; Däubler/*Lorenz* TVG § 3 Rn. 98; Kempen/Zachert/*Kempen* TVG § 3 Rn. 71, 73; *Otto* NZA 1996, 624, 626; *Wiedemann* Anm. zu BAG AP Nr. 4 zu § 3 TVG. Differenzierter Wiedemann/*Oetker* TVG § 3 Rn. 72 f., § 2 Rn. 38 ff., wonach es eines Rückgriffs auf § 3 Abs. 3 TVG gar nicht bedarf.

355 *Otto* NZA 1996, 624, 626.

356 Zum Folgenden Kempen/Zachert/*Kempen* TVG § 3 Rn. 73. Insoweit anders *Wiedemann* Anm. zu BAG AP Nr. 4 zu § 3 TVG.

357 *Buchner* RdA 1997, 259, 261 ff.; *Wiedemann* Anm. zu BAG AP Nr. 4 zu § 3 TVG; Wiedemann/*Oetker* TVG § 3 Rn. 72 f., § 2 Rn. 38 ff., 46.

oder der Ablauf der Befristung erforderlich.[358] Dabei hat das Bundesarbeitsgericht unter Hervorhebung der im wesentlichen gleichen Folgen im Verhältnis zur Verbandsauflösung darauf abgestellt, das der Arbeitgeberverband nicht aufhöre zu existieren, sondern zunächst bis zum Abschluss der Insolvenz und gegebenenfalls der sich anschließenden Liquidation fortbestehe. Mit dem Fortbestand bestehe auch die Mitgliedschaft der Mitglieder fort. Da der Insolvenzverwalter die Tarifverträge kündigen könne, bestehe insoweit auch die Gefahr einer unbegrenzten Weitergeltung der Tarifverträge nicht. Aus § 3 Abs. 3 TVG werde zudem der Wille des Gesetzgebers deutlich, dass ein einmal wirksam abgeschlossener Tarifvertrag möglichst seine normative Wirkung für den in ihm vorgesehenen Geltungszeitraum behalten solle.

b) Tod des Arbeitgebers

Auf den Tod des Arbeitgebers ist § 3 Abs. 3 TVG aufgrund Personenwechsels nicht anwendbar.[359] Der Erbe des Arbeitgebers ist entweder tarifgebunden, weil die Mitgliedschaft vererblich ist und fortdauert oder aber nicht mehr tarifgebunden; der Tarifvertrag wirkt dann nur noch nach (§ 4 Abs. 5 TVG)[360].

c) Umwandlung, Verschmelzung, Betriebsnachfolge

§ 3 Abs. 3 TVG ist nach h.M. bei Umwandlung (Verschmelzung und Spaltung) sowie der Betriebsnachfolge mangels Personenidentität nicht anwendbar.[361] Anstelle von § 3 Abs. 3 TVG gilt die Regelung des § 613a Abs. 1 BGB (i.V.m. § 324 UmwG). Nach anderer Ansicht soll § 3 Abs. 3 TVG im Fall der Umwandlung aber Anwendung finden, wenn der neue Rechtsträger unternehmerisch-wirtschaftlich identisch ist.[362]

d) Änderung des Tarifvertrages

Nach allgemeiner Auffassung entfalten nach Verbandsaustritt vereinbarte Änderungen und Ergänzungen des Tarifvertrages für das ausgeschiedene Verbands-

---

358 Zum Folgenden BAG AP Nr. 56 zu § 2 TVG mit zust. Anm. Buchner. A.A. ErfK/*Franzen* § 1 TVG Rn. 31; *Löwisch/Rieble* TVG § 1 Rn. 506, § 2 Rn. 70.

359 Zum Folgenden ErfK/*Franzen* § 3 TVG Rn. 24; *Löwisch/Rieble* TVG § 3 Rn. 87.

360 Für eine analoge Anwendung des § 3 Abs. 3 TVG *Gamillscheg* KollArbR § 17 I.4.b) (3), S. 724; Kempen/Zachert/*Kempen* TVG § 3 Rn. 48.

361 Zum Folgenden ErfK/*Franzen* § 3 TVG Rn. 24; *Löwisch/Rieble* TVG § 3 Rn. 88 f.; Wiedemann/*Oetker* TVG § 3 Rn. 75 jeweils m.w.N.

362 Vgl. hierzu *Berg/Platow/Schoof/Unterhinninghofen* § 3 TVG Rn. 85; Kempen/Zachert/*Kempen* TVG § 3 Rn. 49 ff., 92, 133 ff. m.w.N.

mitglied keine Rechtswirkungen.[363] Zwar wäre die gegenteilige Auslegung mit dem Wortlaut des § 3 Abs. 3 TVG vereinbar, da der Tarifvertrag bei formaler Betrachtung nicht endet.[364] Jedoch widerspreche eine solche Auslegung dem Normzweck, weil die ausgeschiedenen Verbandsmitglieder ohne Legitimation[365] der Normsetzungsmacht der Tarifvertragsparteien unterworfen würden.

Umstritten ist aber, inwiefern die Änderung des Tarifvertrages zu seinem Ende i.S.d. § 3 Abs. 3 TVG auch hinsichtlich der unveränderten Bestimmungen führt.

Nach einer in der Literatur vertretenen Auffassung endet der Tarifvertrag hinsichtlich der unveränderten Normen grundsätzlich nicht.[366] Der Tarifvertrag gelte weiter, wenn er noch eine sinnvolle Regelung darstellt und die Auslegung ergibt, dass die Tarifvertragsparteien den Rest aufrechterhalten wollen. Klarstellungen, Ergänzungen, Zusätze, Protokollnotizen und authentische Interpretationen seien keine „Beendigung" i.S.d. § 3 Abs. 3 TVG. Unabhängig von der Änderung des Tarifvertrages wird für den Fall der zulässigen Teilkündigung des Tarifvertrages teilweise ebenfalls vertreten, dass der nicht gekündigte Teil des Tarifvertrages nicht i.S.d. § 3 Abs. 3 TVG endet.[367] Wenn die Tarifvertragsparteien für bestimmte Materien eigene Laufzeiten oder gesonderte Kündigungsmöglichkeiten vorsähen, würden sie damit zu erkennen geben, dass der ungekündigte Rest voll wirksam weiter gelten soll.

Die h.M. vertritt hingegen die Ansicht, dass jede Änderung des normativen Teils des Tarifvertrages insgesamt zu seinem Ende i.S.d. § 3 Abs. 3 TVG führt.[368] Der

---

363 BAG AP Nr. 3 zu § 3 TVG; Däubler/*Lorenz* TVG § 3 Rn. 122; Kempen/Zachert/*Kempen* TVG § 3 Rn. 60; *Löwisch/Rieble* TVG § 3 Rn. 94; Wiedemann/*Oetker* TVG § 3 Rn. 70. Siehe hierzu bereits oben unter § 4 A.V.1. auf S. 75.

364 Zum Folgenden Wiedemann/*Oetker* TVG § 3 Rn. 96.

365 Siehe oben unter § 3 B.I.1. auf S. 52 f.

366 Zum Folgenden *Berg/Platow/Schoof/Unterhinninghofen* § 3 TVG Rn. 55; Däubler/*Lorenz* TVG § 3 Rn. 122; *Gamillscheg* KollArbR § 17 I.5.d) (2) S. 728; Kempen/Zachert/*Kempen* TVG § 3 Rn. 60 ff. Vgl. auch *Stein* Anm. zu BAG AuR 2005, 29, 32.

367 AnwK-ArbR/*Friedrich* § 3 TVG Rn. 59; *Berg/Platow/Schoof/Unterhinninghofen* § 3 TVG Rn. 55; ErfK/*Franzen* § 3 TVG Rn. 26; *Kittner* AuR 1998, 469, 470. Dagegen *Behrendt/Gaumann/Liebermann* NZA 2006, 525, 526 f.

368 BAG AP Nr. 8, 9 und 11 zu § 3 TVG Verbandsaustritt; BAG AP Nr. 40 zu § 4 TVG Nachwirkung; als obiter dictum bereits BAG AP Nr. 13 zu § 3 TVG. Zustimmend *Behrendt/Gaumann/Liebermann* NZA 2006, 525, 526 f.; ErfK/*Franzen* § 3 TVG Rn. 26; *Hromadka/Maschmann/Wallner* Tarifwechsel Rn. 241; *Löwisch/Rieble* TVG § 3 Rn. 94; Wiedemann/*Oetker* TVG § 3 Rn. 101 ff., 102 m.w.N. In diese Richtung bereits *Hueck* BB 1949, 354, 356; *Hueck/Nipperdey* ArbR Bd. II Hb. 1 § 23 B.V.3.c), S. 492 Fn. 50 und die Vorschläge von *Nipperdey* Beiträge S. 158, 159 sowie in § 13 Abs. 1 S. 2 des Referentenentwurfs des Reichsarbeitsministeriums aus dem Jahr 1931; siehe dazu oben unter § 4 A.II.2.a)bb) auf S. 66. Vgl. zwischenzeitlich aber *Nipperdey* RdA 1949, 81, 84.

von § 3 Abs. 3 TVG verfolgte Zweck, zur Absicherung des Gestaltungsauftrages der Tarifvertragsparteien eine Flucht aus den Tarifverträgen zu verhindern, rechtfertige sich inhaltlich insbesondere dadurch, dass die Fortgeltung der Tarifgebundenheit noch durch die frühere Mitgliedschaft legitimiert ist.[369] Die Legitimation für die weiter geltende Tarifgebundenheit ende aber nicht nur dann, wenn entsprechend dem Wortlaut der gesetzlichen Regelung der Tarifvertrag selbst endet. Sie ende auch dann, wenn eine Änderung des Tarifvertrages eintritt, auf dessen Inhalt der ausgetretene Arbeitgeber schon auf Grund dessen keinen Einfluss nehmen konnte, weil er dem tarifschließenden Verband nicht mehr angehört. Für die Frage des Fortbestehens der Tarifgebundenheit mache es keinen Unterschied, ob die Tarifvertragsparteien eine Änderung des Tarifvertrages beschließen oder nach der Kündigung des Tarifvertrages einen inhaltlich teilweise geänderten, neuen Tarifvertrag abschließen. Auch das Erfordernis der Rechtsklarheit spreche für ein Ende der Tarifgebundenheit in beiden Fällen. Eine Bindung des ausgetretenen Arbeitgebers an den geänderten Tarifvertrag komme allenfalls hinsichtlich der unveränderten Bestimmungen des Tarifvertrages in Betracht. Das führe aber nicht nur zu der Fragestellung, wann die unveränderten Bestimmungen noch eine sinnvolle Gesamtregelung darstellen, sondern habe darüber hinaus zur Konsequenz, dass nebeneinander zum einen eine Tarifgebundenheit nach § 3 Abs. 3 TVG für den unveränderten Teil des Tarifvertrages bestehen würde und zum anderen eine Nachwirkung gemäß § 4 Abs. 5 TVG für den von der Änderung erfassten Teil des Tarifvertrages. Die Tarifvertragsparteien würden durch die Änderung zum Ausdruck bringen, dass sie den mitgliedschaftlich legitimierten Tarifvertrag in der alten Fassung nicht mehr für angemessen im Sinne einer konzeptionellen Geschlossenheit[370] halten; für den Tarifvertrag in seiner alten Fassung bestehe kein Geltungswille der Tarifvertragsparteien mehr.[371] Es mache auch keinen Unterschied, ob der abzuändernde Tarifvertrag formal in das bestehende Tarifwerk eingreift oder ob er als Zusatztarifvertrag den bisher bestehenden Tarifvertrag überspielt und dort auch ohne Ablösungswillen den bisherigen Tarifvertrag materiell ändert. Eine Änderung der Tarifnormen, die zum Ende des Tarifvertrages i.S.d. § 3 Abs. 3 TVG führt, sei auch dann gegeben, wenn die Tarifvertragsparteien eine Auslegungsfrage im Wege einer authentischen Interpretation, also im Wege eines klarstellenden Tarifvertrages, lösen.[372]

---

369 Zum Folgenden BAG AP Nr. 8 zu § 3 TVG Verbandsaustritt.

370 Wiedemann/*Oetker* TVG § 3 Rn. 103. Vgl. auch *Behrendt/Gaumann/Liebermann* NZA 2006, 525, 526 f.: „Gesamtgleichgewicht".

371 Zum Folgenden *Löwisch/Rieble* TVG § 3 Rn. 94.

372 *Löwisch/Rieble* TVG § 3 Rn. 97, § 1 Rn. 589 f. A.A. Wiedemann/*Oetker* TVG § 3 Rn. 97.

Auf den Fall der zulässigen Teilkündigung des Tarifvertrages sei diese Argumentation übertragbar.[373]

Soweit der Tarifvertrag dagegen selbst seine spätere Änderung der Arbeitsbedingungen konkret und materiell verbindlich festlegt, tritt diese Änderung auch dann ein, wenn einer der Beteiligten vor dem betreffenden Stichzeitpunkt aus dem Verband ausgetreten ist; der Ausgetretene ist dann nach § 3 Abs. 3 TVG tarifgebunden.[374] Deshalb gelten auch so genannte „Stufentarifverträge", die nach festen Kalenderdaten beispielsweise künftige Entgelterhöhungen vorsehen, in vollem Umfang auch für diejenigen Tarifgebundenen, die vor dem Übergang zu einer weiteren Stufe den Verband verlassen haben.

c) Herausfallen aus dem Geltungsbereich

Nach einer vereinzelten Ansicht in der Literatur ist § 3 Abs. 3 TVG (analog) auf den Fall anzuwenden, dass ein Betrieb aus dem Geltungsbereich des Tarifvertrages herauswächst.[375] § 3 Abs. 3 TVG verlange keine bestimmte Absicht, sich dem Tarifvertrag zu entziehen. Die tatsächlichen Folgen für die Arbeitnehmer seien gleichwohl identisch mit denen beim Verbandsaustritt.

Nach zutreffender h.M. ist § 3 Abs. 3 TVG auf diesen Fall hingegen nicht anwendbar.[376] Ist ein Betrieb aus dem Geltungsbereich des Tarifvertrages herausgewachsen, wirke der alte Tarifvertrag nicht gemäß § 3 Abs. 3 TVG i.V.m. § 4 Abs. 1 TVG fort. Für die Anwendbarkeit des § 3 Abs. 3 TVG sei erforderlich, dass die Arbeitsvertragsparteien unter den fachlichen Geltungsbereich des Tarifvertrages fallen. § 3 Abs. 3 TVG solle die fehlende Verbandsmitgliedschaft ersetzen. Dem Arbeitgeber solle der Anreiz genommen werden, aus dem Arbeitgeberverband auszutreten und damit missliebigen Tarifverträgen zu entgehen. Es solle aber keine Bindung geschaffen werden, die bei Mitgliedschaft im Arbeitgeberverband nicht gegeben wäre, weil der Tarifvertrag fachlich beschränkt ist. § 3 Abs. 3 TVG ersetze nur das Merkmal der Tarifgebundenheit, nicht aber die übrigen Voraussetzungen für die Anwendbarkeit eines Tarifvertrages.[377] Unterfällt

---

373 *Behrendt/Gaumann/Liebermann* NZA 2006, 525, 526 f.

374 Zum Folgenden *Giesen* BeckOK ArbR § 3 TVG Rn. 22; *Hanau/Kania* DB 1995, 1229 ff.; Kempen/Zachert/*Kempen* TVG § 3 Rn. 63 m.w.N.

375 Zum Folgenden *Däubler* TVR (1993) S. 167, 169 f. Rn. 264, 271; Däubler/*Lorenz* TVG § 3 Rn. 88; Däubler/*Deinert* TVG § 4 Rn. 219, 289 ff.

376 Zum Folgenden BAG AP Nr. 20, 21 zu § 3 TVG m.w.N.; BAG AP Nr. 19 zu § 2 TVG Tarifzuständigkeit. Zustimmend Kempen/Zachert/*Kempen* TVG § 3 Rn. 44, § 4 Rn. 544; *Löwisch/Rieble* TVG § 4 Rn. 110; Wiedemann/*Oetker* TVG § 3 Rn. 70; Wiedemann/*Wank* TVG § 4 Rn. 337. Siehe bereits oben unter § 4 A.V.3. auf S. 77.

377 Zum Folgenden BAG AP Nr. 20, 21 zu § 3 TVG. Vgl. hierzu bereits oben unter § 3 A.II.2.a) auf S. 47 sowie unter § 4 A.V.3. auf S. 77.

ein Betrieb nicht dem Geltungsbereich eines Tarifvertrages, entfaltet der Tarifvertrag keine Wirkung. Mangels Wirkung kann § 3 Abs. 3 TVG auch keine Fortwirkung anordnen. Tarifverträge verlieren demnach auch dann ihre Wirkung auf das Arbeitsverhältnis, wenn der Arbeitgeber durch Änderung des Betriebszwecks aus dem fachlichen Geltungsbereich des Tarifvertrages herauswächst. Dies gilt auch dann, wenn zugleich ein Verbandsaustritt erfolgt. Trotz des Verbandsaustritts des Arbeitgebers ist § 3 Abs. 3 TVG bei Herauswachsen aus dem Geltungsbereich des Tarifvertrages, das vor oder mit Beendigung der Mitgliedschaft im Arbeitgeberverband erfolgt sein kann, nicht anwendbar.

VII. Zwischenergebnis zur fortbestehenden Tarifgebundenheit (§ 3 Abs. 3 TVG)

Die fortbestehende Tarifgebundenheit nach § 3 Abs. 3 TVG geht auf die – aus Arbeitnehmersicht – negativen Erfahrungen mit der Vorgängerregelung des § 1 Abs. 2 der Tarifvertrags-Verordnung von 1918 zurück, die es zuließ, dass sich der Arbeitgeber der Geltung des Tarifvertrages nach Verbandsaustritt durch Kündigung und Wiedereinstellung des Arbeitnehmers entziehen konnte. § 3 Abs. 3 TVG dient in erster Linie dem Schutz der Arbeitnehmer. Ein einmal wirksam abgeschlossener Tarifvertrag soll seine normative Wirkung möglichst für den in ihm vorgesehenen Geltungszeitraum behalten. Der Arbeitgeber soll die Arbeitsvertragsbedingungen insoweit nicht einseitig festsetzen und/oder abändern können.

Die Aufrechterhaltung der Tarifgebundenheit durch § 3 Abs. 3 TVG führt im Ergebnis lediglich dazu, dass die Normwirkung nach § 4 Abs. 1 TVG trotz Wegfalls der Mitgliedschaft im Verband als Legitimationsgrundlage für die Normwirkung aufrechterhalten bleibt. § 3 Abs. 3 TVG legitimiert nur die Fortgeltung derjenigen Tarifverträge, die während der Mitgliedschaft im Verband abgeschlossen worden sind; danach abgeschlossene Tarifverträge gelten für den ausgetretenen Arbeitgeber nicht. Vorbehaltlich der Erwähnung des einzelnen Arbeitgebers als Tarifvertragspartei hätte das TVG anstelle der Regelung in § 3 Abs. 3 TVG auch in Zusammengang mit § 4 Abs. 1 TVG eine Regelung wie die folgende vorsehen können: *„Die unmittelbare und zwingende Geltung des Tarifvertrages zwischen den beiderseits Tarifgebundenen, die unter den Geltungsbereich des Tarifvertrages fallen, bleibt bestehen, bis der Tarifvertrag endet."*

§ 3 Abs. 3 TVG ersetzt nur das Merkmal der Tarifgebundenheit, nicht aber die übrigen Voraussetzungen für die Anwendbarkeit eines Tarifvertrages. Unterfällt ein Betrieb etwa dem Geltungsbereich eines Tarifvertrages nicht (mehr), entfaltet der Tarifvertrag keine Wirkung (mehr).

Die aufgrund von § 3 Abs. 3 TVG aufrechterhaltene Normwirkung endet mit dem Ende des Tarifvertrages. Neben den sich nach dem Vertragsrecht richtenden Beendigungsgründen (Kündigung etc.) endet der Tarifvertrag i.S.d. § 3 Abs. 3 TVG und damit die fortbestehende Tarifgebundenheit insbesondere auch bei jeder Änderung des normativen Teils des Tarifvertrages.

B. Zeitliche Grenzen der fortbestehenden Tarifgebundenheit

Nach den bisherigen Ausführungen endet die aufgrund von § 3 Abs. 3 TVG aufrechterhaltene Normwirkung nur bei einer Kündigung bzw. sonstigen Beendigung des Tarifvertrages oder mit jeder Änderung des normativen Teils des Tarifvertrages. Dies führt zu einer erheblich langen Bindung des aus dem Arbeitgeberverband ausgetretenen Arbeitgebers, wenn es sich dabei um unbefristete, jahrelang nicht geänderte und nicht endende Tarifverträge – zumeist Manteltarifverträge – handelt. Es ist deshalb umstritten, ob die aufgrund der fortbestehenden Tarifgebundenheit nach § 3 Abs. 3 TVG aufrechterhaltene Normwirkung zeitlich begrenzt bzw. zu begrenzen ist und gegebenenfalls auf welche Weise die Begrenzung zu begründen ist.

Eine Ansicht in der Literatur lehnt eine zeitliche Begrenzung der aufgrund der fortbestehenden Tarifgebundenheit nach § 3 Abs. 3 TVG aufrechterhaltenen Normwirkung ab und geht davon aus, dass der aus dem Arbeitgeberverband ausgetretene Arbeitgeber bei einem nicht tatsächlich endenden Tarifvertrag auf unbestimmte Zeit an diesen gebunden bleibt.[378] Die Vertreter der (jedenfalls zahlenmäßig) herrschenden Lehre [379] sind sich hingegen einig, dass ein Bedürfnis

---

378 AnwK-ArbR/*Friedrich* § 3 TVG Rn. 57; *Berg/Platow/Schoof/Unterhinninghofen* § 3 TVG Rn. 57; *Bieback* DB 1989, 477, 478; *Brunssen* Arbeitgeberverbandswechsel S. 86, 88; *Buchner* Koalitionsfreiheit, S. 86 ff.; *ders.* RdA 1997, 259, 260; *Feger* AiB 1995, 490, 493; *Gaul* NZA 1995, 717, 719; *Gerhards* BB 1995, 1290, 1291; *Henssler* ZfA 1994, 487, 514 f.; *Hoß/Liebscher* DB 1995, 2525, 2526; Kempen/Zachert/*Kempen* TVG § 3 Rn. 43, 65; *Nikisch* § 71 IV 3 b, S. 272; Schaub/*Schaub* ArbR-Hb § 206 Rn. 9; *ders.* BB 1994, 2005, 2006; *ders.* BB 1995, 2003; *Scholz* Koalitionsfreiheit S. 270; *ders.* FS Müller S. 509, 534; *Zachert* Anm. zu BAG AP Nr. 8 zu § 3 TVG Verbandsaustritt. Vgl. auch *Schlachter* ZIAS 1997, 101, 111 f. Früher auch *Däubler* ZTR 1994, 448, 450; *Stein* TVR Rn. 173.

379 *Adomeit* Regelung S. 56, 70; *Bauer/Diller* DB 1993, 1085; *Bauer* FS Schaub S. 19, 24; *Behrendt/Gaumann/Liebermann* NZA 2006, 525, 527 ff.; *Belling/Hartmann* ZfA 1997, 87, 140 ff.; *dies.* NZA 1998, 57 ff.; *Benedikt* Kürzung S. 264 f., 319; *Beuthien/Meik* DB 1993, 1518; 1519 f.; *Biedenkopf* Grenzen S. 232 f.; *Däubler* NZA 1996, 225, 227; Däubler/*Lorenz* TVG § 3 Rn. 115; *Dahlbender* Austritt S. 57ff.; *Dieterich/Hanau/Henssler/Oetker/Wank/Wiedemann* RdA 2004, 65, 75 f.; *Dietz* RdA 1957, 178, 179; ErfK/*Franzen* § 3 TVG Rn. 27; *Frieges* DB 1996, 1281; *ders.* NZA 1998, 630, 633; *Giesen* Anm. zu BAG BB 2002, 1050, 1051; *ders.* BeckOK TVG § 3 Rn. 24; *Gorissen* Arbeitgeberverbandswechsel S. 34, 42; *Hanau* RdA 1998, 65, 69; *Hanau/Kania*

für die Begrenzung der Wirkung des § 3 Abs. 3 TVG besteht, wobei innerhalb der herrschenden Lehre die unterschiedlichsten Ansichten vertreten werden, ob die Begrenzung schon *de lege lata* oder erst *de lege ferenda* und auf welche Art und Weise sie zu erfolgen hat.[380]

I. Fehlen eindeutiger Rechtsprechung

Das Bundesarbeitsgericht beschränkt sich insoweit bisher auf allgemein gehaltene Formulierungen, dass der Tarifvertrag weitergelte, „solange (er) in seiner bisherigen Fassung weiter besteht" bzw. „bis zum Ablauf" oder „bis zur Beendigung des Tarifvertrages".[381] Daraus wird teilweise gefolgert, dass das Bundesarbeitsgericht der Ansicht folgt, die kein Bedürfnis für eine zeitliche Begrenzung des § 3 Abs. 3 TVG sieht.[382]

Ausdrücklich hat sich das Bundesarbeitsgericht mit den für eine zeitliche Begrenzung der aufgrund der fortbestehenden Tarifgebundenheit aufrechterhaltenen Normwirkung angeführten Gründen und Begrenzungsvorschlägen bisher allerdings nicht befasst.[383] Als einzige Ausnahme kann die Rechtsprechung des Bun-

---

DB 1995, 1229, 1232 f.; *Heinze* NZA 1995, 5, 7; *Heinze/Ricken* ZfA 2001, 159, 161 f.; *Kittner* AuR 1998, 469, 471; *Knoppik* Tarifgeltung S. 77; *Lambrich* Betriebsautonomie S. 423 ff.; *Lesch* DB 2000, 322, 326; *Lieb* NZA 1994, 337, 342; *Löwisch* NJW 1997, 905 ff.; MünchHbArbR/*Löwisch/Rieble* § 267 Rn. 24 f.; *dies.* TVG § 3 Rn. 91 ff.; *Moll* Tarifausstieg S. 95 ff.; *Reuter* ZfA 1995, 1, 40 f.; *ders.* FS Schaub S. 605, 620 f.; *Rieble* Anm. zu BAG SAE 1994, 157, 159; *ders.* RdA 1996, 151, 155; *ders.* Arbeitsmarkt Rn. 1555; *ders.* ZfA 2004, 1, 37 f.; *Schleusener* NJ 1998, 561, 563 f.; *Schwab* BB 1994, 781; *Stein* Anm. zu LAG Sachsen-Anhalt AuR 2000, 147, 150 f.; *Walker* ZfA 1996, 353, 380 f.; Wiedemann/*Oetker* TVG § 3 Rn. 61 ff., 92 ff; *Wiedemann* RdA 1997, 297, 298; *Winzer* Beeinflussung S. 71 f.. Vorsichtig auch *Büdenbender* NZA 2000, 509, 513; *Käppler* ZfA 1995, 271, 334; *Karakatsanis* Gestaltung S. 61 f.; *Konzen* NZA 1995, 913, 920; *Maschmann* Zugriff S. 192 ff.; *Melot de Beauregard* S. 61 ff.; *Richardi* Kollektivgewalt S. 223 f.

380 Vgl. auch Art. 1 Ziff. 1 des Entwurfs eines Gesetzes zur Entlastung von Kleinunternehmen, BR-Drs. 701/03; *Sachverständigenrat zur Begutachtung der gesamtwirtschaftlichen Entwicklung* Jahresgutachten 2001/2002, BT-Drs. 14/7569, S. 235 unter Ziff. 418 (dort nur die Nachwirkung nach § 4 Abs. 5 TVG benannt); Jahresgutachten 2002/2003, BT-Drucks. 15/100, S. 262 Ziff. 466; zuletzt Jahresgutachten 2003/2004, BT-Drucks. 15/2000, S. 381 Ziff. 674; *Monopolkommission*, Zehntes Hauptgutachten 1992/1993, BT-Drs. 12/8323, S. 379 unter Ziff. 947; *Wissenschaftlicher Beirat beim Bundesministerium für Wirtschaft und Arbeit* Gutachten Tarifautonomie auf dem Prüfstand 2004, S. 37 ff.

381 Vgl. etwa BAG AP Nr. 3, 15 zu § 3 TVG; BAG AP Nr. 26 zu § 4 TVG Tarifkonkurrenz.

382 So *Däubler* NZA 1996, 225, 226.

383 So auch *Behrendt/Gaumann/Liebermann* NZA 2006, 525, 527; *Giesen* BeckOK ArbR § 3 TVG Rn. 24.

desarbeitsgerichts angesehen werden, wonach bei jeder Änderung des normativen Teils des Tarifvertrages dessen Ende i.S.d. § 3 Abs. 3 TVG vorliegt.[384]

Allgemeine Bedenken gegen die Verfassungsmäßigkeit des § 3 Abs. 3 TVG hat das Bundesarbeitsgericht aber für unbegründet erachtet.[385] Ebenso wie der Gesetzgeber einen Tarifvertrag für allgemeinverbindlich erklären könne, ohne damit gegen die Verfassung zu verstoßen[386], könne er die Fortdauer der einmal wirksam durch Verbandsmitgliedschaft begründeten Tarifbindung über das Ende der Mitgliedschaft hinaus bis zum Ablauf des Tarifvertrages anordnen. Hieran wird kritisiert, dass das Institut der Allgemeinverbindlicherklärung insoweit nicht vergleichbar sei.[387] Die individuelle Legitimation der Normsetzungsbefugnis der Tarifpartner beruhe auf der Mitgliedschaft mit ihren verbandsrechtlichen Einwirkungsmöglichkeiten, diese Legitimation gehe nach dem Austritt verloren.

II. Begrenzung erforderlich (h.L.)

Die herrschende Lehre bejaht das Bedürfnis für die Begrenzung der Wirkung des § 3 Abs. 3 TVG, wenngleich insoweit verschiedene Begründungen und Begrenzungsvorschläge vertreten werden.

1. Begrenzungsvorschläge de lege lata

Einige Vertreter innerhalb der herrschenden Lehre sind der Meinung, dass eine Begrenzung bereits *de lege lata* möglich und notwendig ist:

a) Ende mit erster Kündigungsmöglichkeit

Verbreitet ist insbesondere die von *Löwisch/Rieble* begründete Ansicht, wonach ein unbefristeter, aber kündbarer Tarifvertrag i.S.d. § 3 Abs. 3 TVG und damit die fortbestehende Tarifgebundenheit für den ausgetretenen Arbeitgeber mit der ersten (vom Arbeitgeberverband nicht wahrgenommenen) Kündigungsmöglichkeit (zum Kündigungstermin) endet.[388] Ergänzend hierzu vertreten *Löwisch/*

384 Vgl. hierzu oben unter § 4 A.VI.2.d) auf S. 81 f.

385 Zum Folgenden BAG AP Nr. 15 zu § 3 TVG. In anderem Zusammenhang nicht beanstandet von BVerfG AP Nr. 36 zu § 4 TVG Nachwirkung.

386 Vgl. hierzu BVerfGE 44, 322, 338 ff.; BAG AP Nr. 14 zu § 5 TVG.

387 Zum Folgenden *Käppler* ZfA 1995, 271, 334.

388 MünchHbArbR/*Löwisch/Rieble* § 267 Rn. 24; *dies.* TVG § 3 Rn. 91. So auch *Bauer/Diller* DB 1993, 1085, 1086; *Bauer* FS Schaub S. 19, 24; *Dahlbender* Austritt S. 57 ff.; ErfK/*Franzen* § 3 TVG Rn. 27; *Frieges* DB 1996, 1281; *Gorissen* Arbeitgeberverbandswechsel S. 29 ff., 34; *Hanau* RdA 1998, 65, 69; *Heinze/Ricken* ZfA 2001, 159, 161 f.; *Kleinebrink* ArbRB 2004, 22, 23; *Lambrich* Betriebsautonomie S. 423; *Lieb* NZA 1994, 337; *Pogge* FS Stege S. 112, 118 f.; *Rieble* Arbeitsmarkt Rn. 1555; *Schwab*

Rieble die Ansicht, dass jeder Tarifvertrag schließlich analog § 624 BGB (bzw. § 15 Abs. 4 TzBfG) nach spätestens fünf Jahren kündbar sein muss.[389]

aa) Begründung des Vorschlags

(1) Abstellen auf ersten Kündigungstermin

(a) Unverhältnismäßige Beschränkung

Zur Begründung dieses Begrenzungsvorschlags wird vor allem auf die Unverhältnismäßigkeit der Wirkung des § 3 Abs. 3 TVG verwiesen:

Dabei wird teilweise die negative Koalitionsfreiheit des ausgetretenen Arbeitgebers als Abwägungsgut angeführt. In der Verlängerung der Bindung durch § 3 Abs. 3 TVG liege ein Eingriff in die von Art. 9 Abs. 3 S. 1 GG geschützte negative Koalitionsfreiheit.[390] In den Schutzbereich der negativen Koalitionsfreiheit falle nicht nur das formelle Recht zum Austritt aus der Koalition, sondern auch die Freiheit von der Bindung an deren Tarifnormen, weil die wichtigste Rechtsfolge der Mitgliedschaft in einer Koalition die Bindung an deren Tarifverträge sei. Die negative Koalitionsfreiheit sei aber nur dann gewahrt, wenn sich ein Arbeitgeber unter zumutbaren Bedingungen von tariflichen Bindungen wieder lösen könne.[391] Praktisch verhindere die Vorschrift den von der negativen Koalitionsfreiheit geschützten Akt des Austritts aus dem Verband.[392] Durch die Abkoppelung von Tarifgeltung und legitimierender Mitgliedschaft werde der Austritt aus Arbeitgebersicht sinnlos. Wer trete schon aus, wenn einem maßgeblichen Austrittsmotiv – nämlich der Unzufriedenheit mit der Tarifsituation – mit dem Austritt gar nicht gedient werden könne. Zum Teil wird statt der negativen Koalitionsfreiheit die Vertragsfreiheit des ausgetretenen Arbeitgebers als maßgebliches Abwägungsgut angeführt. Verbandsmitglieder müssten durch Austritt ihrem Verband das Mandat, für sie tätig zu werden, wieder entziehen können mit der Folge, dass sie von der Tarifbindung frei würden.[393] Ihnen müsse eine vernünfti-

---

BB 1994, 781; *Walker* ZfA 1996, 353, 380 f.; *Winzer* Beeinflussung S. 71 f. Siehe auch LAG Düsseldorf DB 1953, 108. Dies für möglich hält auch *Büdenbender* NZA 2000, 509, 513. Anders noch *Hanau/Kania* DB 1995, 1229, 1232. Vgl. bereits *Nipperdey* Beiträge S. 157, 159 und *Rewolle* DB 1950, 11.

389 *Löwisch/Rieble* TVG § 1 Rn. 175.

390 Zum Folgenden *Dahlbender* Austritt S. 19 ff.; *Gorissen* Arbeitgeberverbandswechsel S. 31 ff. Vgl. auch *Beathalter* Gestaltungsmöglichkeiten S. 368 f.

391 *Bauer/Diller* DB 1993, 1085, 1088; *Bauer* FS Schaub S. 19, 30; *Hanau* RdA 1998, 65, 69.

392 Zum Folgenden *Rieble* Anm. zu BAG SAE 1994, 157, 159 f.

393 Zum Folgenden *Rieble* RdA 1996, 151, 155.

ge Alternative zur kollektiven Regelung offen stehen. Das könne nur der Arbeitsvertrag und auf Arbeitgeberseite daneben noch der Haustarifvertrag sein. Hier gehe es um die Regelung von Arbeitsbedingungen, insbesondere um ihre Anpassung an veränderte Verhältnisse, die der ausgetretene Arbeitgeber nicht mehr den Tarifparteien überlassen, sondern in die eigene Hand nehmen will.[394] Demgegenüber werde der anhand des Schutzes eines funktionsfähigen Verbandstarifvertragssystems in § 3 Abs. 3 TVG vermittelte Arbeitnehmerschutz gestellt.[395]

Dass § 3 Abs. 3 TVG die Ausgetretenen verpflichtet, die bereits abgeschlossenen Tarifverträge weiter einzuhalten, sei zunächst nur Ausdruck des allgemeinen Grundsatzes *pacta sunt servanda*.[396] Auch treffe es zu, dass Austrittsfreiheit nicht bedeuten könne, dass mit dem Austritt tarifvertragliche Verpflichtungen des Mitglieds einfach abgestreift werden könnten.[397] Die Mitgliedschaft sei wie jede andere privatautonome Unterwerfung erforderlich, um eine rechtsgeschäftliche Bindung zu begründen. Das heiße nicht, dass mit dem Austritt als *actus contrarius* jede Bindung enden müsse.[398] Das zeige der Vertrag zugunsten Dritter, dessen Vertragsschluss bei entsprechender Regelung ohne den Dritten nicht mehr rückgängig gemacht werden kann. Ebenso würden die vom Stellvertreter geschlossenen Verträge nach Widerruf der Vollmacht weitergelten.[399] Zudem wäre ohne eine Möglichkeit zur rechtlichen Bindung für eine bestimmte Zeitdauer kein Arbeitgeberverband in der Lage, der Gewerkschaft ernstzunehmende Verträge über eine längere Zeitdauer als die Höchstaustrittsfrist aus dem Verband abzuschließen. Entscheidend sei, dass der Gesetzgeber die Unabdingbarkeit des Verbandstarifes gewährleisten und vor einer Flucht durch die Hintertür schützen wolle.[400] Die Unabdingbarkeit sei ein bedeutendes Element der bestehenden Tarifvertragsordnung. § 3 Abs. 3 TVG stelle demnach eine Beschränkung der negativen Koalitionsfreiheit des ausgeschiedenen Mitglieds zum Schutze der positiven Koalitionsfreiheit der Verbände dar.[401] Ohne eine solche Wirkung könne ein effektiver Schutz der Unabdingbarkeit des Verbandstarifes nicht sichergestellt werden. Es handele sich um eine gesetzliche Ausformung des Grundsatzes der praktischen Konkordanz. Die vom Gesetzgeber getroffene Gewichtung sei nicht

394 *Rieble* Arbeitsmarkt Rn. 1556.

395 So *Löwisch/Rieble* TVG § 3 Rn. 91. Vgl. auch *Gorissen* Arbeitgeberverbandswechsel S. 31; *Schwab* BB 1994, 781; *Walker* ZfA 1996, 353, 380 f.; *Winzer* Beeinflussung S. 71 f. Siehe zum Zweck des § 3 Abs. 3 TVG bereits oben unter § 4 A.III. auf S. 67 ff.

396 *Rieble* RdA 1996, 151, 155.

397 Zum Folgenden *Rieble* Arbeitsmarkt Rn. 1233 f., 1554.

398 Vgl. auch *Beathalter* Gestaltungsmöglichkeiten S. 370 f.

399 Vgl. auch *Bayreuther* Tarifautonomie S. 728.

400 Zum Folgenden *Beathalter* Gestaltungsmöglichkeiten S. 370.

401 Zum Folgenden siehe auch *Dahlbender* Austritt S. 28 ff., 34.

zu beanstanden, sofern man die Wirkung des § 3 Abs. 3 TVG wie vorgeschlagen angemessen beschränke.[402]

Der Wechsel des Arbeitgebers weg von den tariflichen hin zu arbeitsvertraglichen Arbeitsbedingungen werde durch die fehlende Befristung des § 3 Abs. 3 TVG zumindest im Hinblick auf Manteltarifverträge unverhältnismäßig erschwert.[403] Die Norm gehe insofern zu weit, als der Ausgetretene auch an ganz langfristige, insbesondere Manteltarifverträge gebunden bleibt.[404] Das führe zu dem praktisch wenig sinnvollen Ergebnis, dass der Ausgetretene nach Auslaufen der kurzfristigen Entgelttarife nur noch an ein unvollständiges Flickwerk von tariflichen Rahmenregelungen gebunden ist. Der tarifliche Arbeitnehmerschutz wie die von § 3 Abs. 3 TVG geschützte Tariftreueerwartung seien von vornherein durch die Kündbarkeit des Tarifvertrages begrenzt.[405] Auch wenn die Kündigungsmöglichkeit nur vom Verband wahrgenommen werden könne, bestehe trotzdem die Möglichkeit, dass sie wahrgenommen werde. Wüssten die Arbeitnehmer und auch die Gewerkschaft somit, dass die zwingende Wirkung der verbandstariflichen Ordnung nur bis zu dem ersten Kündigungstermin garantiert sei, sei ihr Vertrauen auf die unabdingbare Maßgeblichkeit dieser Ordnung auch nur bis zu diesem Zeitpunkt schutzbedürftig. Mit einer längeren Laufzeit könnten Arbeitnehmer und Gewerkschaft nicht verbindlich rechnen. Da § 3 Abs. 3 TVG das Vertrauen der Arbeitnehmer und der Gewerkschaft in die Kontinuität der tariflichen Ordnung schützen soll, bestehe somit ab der ersten Kündigungsmöglichkeit im Hinblick auf den Arbeitnehmerschutz kein Anlass für eine Bindung an den alten Tarifvertrag. Etwas anderes ergebe sich auch nicht aus dem von § 3 Abs. 3 TVG bezweckten Schutz der verbandstariflichen Ordnung und des Bestandes der Tarifverbände, da die Tarifverbände den Bestand ihrer verbandstariflichen Ordnung eben nur bis zur ersten Kündigungsmöglichkeit garantiert hätten. Folglich werde die ursprüngliche vertragliche Bindung durch ein vorzeitiges Ende der Fortgeltung nicht unterlaufen und damit die Tarifvertragsordnung nicht beeinträchtigt. Das spätere Verhalten des Verbandes mag zwar die Vertragsbindung verlängern, doch könne hieraus kein Vertrauen mehr gegen den ausgeschiedenen Arbeitgeber abgeleitet werden. Dieser habe durch den Austritt bereits vorher seinem Verband jede Legitimation entzogen. Daraus folge, dass dieser Zweck eine Verlängerung der Tarifbindung nur bis zu dem auf den Austritt fol-

---

402 So auch *Dahlbender* Austritt S. 28 ff., 36 f.

403 *Rieble* Arbeitsmarkt Rn. 1554.

404 Zum Folgenden *Rieble* RdA 1996, 151, 155.

405 Zum Folgenden *Löwisch/Rieble* TVG § 3 Rn. 91, *Beathalter* Gestaltungsmöglichkeiten S. 368 f. und *Gorissen* Arbeitgeberverbandswechsel S. 31 ff. Vgl. auch *Dahlbender* Austritt S. 34 ff., 58 f.; *Kleinebrink* ArbRB 2004, 22, 23; *Schleusener* NJ 1998, 561, 563; *Schwab* BB 1994, 781; *Walker* ZfA 1996, 353, 380 f.; *Winzer* Beeinflussung S. 71 f. In diese Richtung auch *Heinze/Ricken* ZfA 2001, 159, 162.

genden nächsten Kündigungstermin rechtfertigen könne. Über ihren Zweck schieße die Regelung insoweit hinaus, als sie auch bei unbefristeten, aber kündbaren Tarifverträgen die Tarifbindung über den nächsten Kündigungszeitpunkt hinaus fortbestehen lasse, sofern keine Kündigung erfolgt. Die weitergehende Wirkung des § 3 Abs. 3 TVG sei für seine Zwecksetzung entbehrlich.

§ 3 Abs. 3 TVG müsse daher verfassungskonform entgegen dem Wortlaut dahingehend einschränkend ausgelegt werden, dass die fortbestehende Tarifgebundenheit mit der ersten Kündigungsmöglichkeit ende.[406] Allein der Wortsinn sei für die Auslegung des Tatbestandsmerkmals „Ende des Tarifvertrages" nicht maßgebend.[407] Bei der Auslegung müssten vielmehr auch Sinn und Zweck des § 3 Abs. 3 TVG berücksichtigt werden. Die Gewerkschaftsinteressen selbst würden durch die vorgeschlagene Begrenzung nicht unverhältnismäßig beeinträchtigt, da es der Gewerkschaft unbenommen bleibe, vom ausgetretenen Arbeitgeber einen Haustarif zu fordern und notfalls hierfür zu streiken.[408]

(b) Fehlende Legitimation

Für diesen Begrenzungsvorschlag wird auch das Argument angeführt, dass die Entscheidung des Arbeitgeberverbandes, den Tarifvertrag durch Verstreichenlassen des Kündigungstermins aufrechtzuerhalten, vom ausgetretenen Arbeitgeber nicht mehr legitimiert sei[409]:

§ 3 Abs. 3 TVG erhalte lediglich Vereinbarungen, zu deren Abschluss der Verband durch den freiwilligen Beitritt seiner Mitglieder legitimiert war. Mithin würden diese noch auf der Legitimation durch Mitgliedschaft beruhen. Dies allein könne die Weitergeltung allerdings nicht rechtfertigen, weil sie über die Verbandsmitgliedschaft hinaus dauere. Die Regelungsmacht des Verbandes ende mit dem Austritt des Mitglieds.

Die Legitimation erfasse auch die Festlegung der Laufzeit des Tarifvertrages durch die Tarifparteien. Bei Verträgen, die nur durch Kündigung beendet werden können, werde die kollektive Regelungsgewalt aber gerade hinsichtlich der Laufzeit – abgesehen von der Mindestlaufzeit bis zum ersten Kündigungstermin

---

406 *Beathalter* Gestaltungsmöglichkeiten S. 370 f., 374 ff.; *Gorissen* Arbeitgeberverbandswechsel S. 31 ff. So auch *Heinze/Ricken* ZfA 2001, 159, 161 f.

407 *Gorissen* Arbeitgeberverbandswechsel S. 30.

408 *Rieble* Arbeitsmarkt Rn. 1558.

409 Zum Folgenden *Löwisch/Rieble* TVG § 3 Rn. 91, *Beathalter* Gestaltungsmöglichkeiten S. 368 f. und *Schwab* BB 1994, 781. Vgl. dazu auch *Rieble* Arbeitsmarkt Rn. 1555. So auch *Gorissen* Arbeitgeberverbandswechsel S. 34; *Hanau* RdA 1998, 65, 69; *Heinze/Ricken* ZfA 2001, 159, 161; *Schleusener* NJ 1998, 561, 563; *Winzer* Beeinflussung S. 71 f.

– noch nicht bei Vertragsschluss ausgeübt. Es werde einem späteren kollektivautonomen Akt, nämlich der Entscheidung der Tarifparteien vorbehalten, ob das Kündigungsrecht ausgeübt werden soll. Ein Arbeitgeber, der dann nicht mehr Verbandsmitglied ist, legitimiere diese Entscheidung nicht mehr.

Insofern bestehe aus legitimatorischer Sicht kein Unterschied zu einem befristeten Tarifvertrag, dessen Verlängerung den Ausgetretenen nicht mehr treffen kann. Auch die Nichtkündigung beruhe auf einer Entscheidung des Verbandes, ob er eine unveränderte Weitergeltung will. Sie erzeuge die gleiche Regelungswirkung wie der Neuabschluss mit gleichem Inhalt. Daher sei es angezeigt, den Ausgetretenen so zu stellen, wie wenn der Arbeitgeberverband nach Ablauf eines Tarifvertrages seine Weitergeltung ausdrücklich vereinbart hätte. Schließlich dürfe es nicht den Tarifparteien durch förmliche Ausgestaltung der Tarifbeendigung und –fortführung überlassen werden, ob sie nach Austritt von Mitgliedern für diese noch weitere Entscheidungen mit treffen. Das Verstreichenlassen einer Kündigungsmöglichkeit sehe schon das BGB gelegentlich als Legitimationsdefizit (etwa: § 566 Abs. 2 Satz 2 BGB). Vor der gesetzlichen Nachhaftungsbegrenzung nach § 160 HGB habe der Bundesgerichtshof auf diesen Gedanken seine Kündigungstheorie zur Begrenzung der Nachhaftung ausgeschiedener Gesellschafter gestützt.[410]

(c) Fehlende Einflussmöglichkeit

Als ein weiteres Argument wird die fehlende Einflussmöglichkeit des Arbeitgebers auf die Entscheidung über eine Kündigung des Tarifvertrages angeführt.

Ein Abstellen auf die erste Kündigungsmöglichkeit sei vor allem deshalb gerechtfertigt, weil der ausgetretene Arbeitgeber mangels Verbandszugehörigkeit nicht mehr auf die Entscheidung des Verbands über Kündigung oder Fortsetzung des Tarifvertrages einwirken könne.[411] Wenn das Bundesarbeitsgericht für den Fall der Änderung eines fortgeltenden Tarifvertrages darauf abstellt, dass das aus dem Verband ausgeschiedene Unternehmen keine Einwirkungsmöglichkeit auf die Änderung mehr hat[412], dann könne für die Entscheidung über eine Kündigung oder stillschweigende Fortsetzung des Tarifvertrages nichts anderes gelten. Die Tarifvertragsparteien hätten es in der Hand, einen Tarifvertrag sehr lange gelten zu lassen, indem sie ihn nicht kündigen.

---

410 Siehe BGHZ 70, 132, 136; BGH NJW 1985, 1899. Vgl. aber für Ansprüche von Arbeitnehmern BAG AP Nr. 1 zu § 128 HGB und im Anschluss hieran BGHZ 87, 286, 292.

411 Zum Folgenden *Bauer/Diller* DB 1993, 1085, 1086; *Bauer* FS Schaub S. 19, 24; *Dahlbender* Austritt S. 59; *Frieges* DB 1996, 1281; *Heinze/Ricken* ZfA 2001, 159, 161; *Kleinebrink* ArbRB 2004, 22, 23. Vgl. bereits *Sinzheimer* Arbeitstarifgesetz S. 92.

412 Siehe dazu oben unter § 4 A.VI.2.d) auf S. 82.

(d) Kritik am Begrenzungsvorschlag

Dieser Begrenzungsvorschlag wird indes auch kritisiert:

Der Wortlaut des § 3 Abs. 3 TVG werfe insoweit keine Zweifel auf.[413] Es wäre eine Interpretation gegen den Wortlaut des Gesetzes, von einer Beendigung des Tarifvertrages bereits dann zu sprechen, wenn eine Beendigungsmöglichkeit bestand, von der die Tarifvertragsparteien jedoch keinen Gebrauch gemacht haben.[414]

Eine Reduktion („beendbar ist" statt „endet") sei verfassungsrechtlich nicht geboten.[415] Dies gelte insbesondere im Hinblick auf die von einigen Autoren als verletzt angeführte negative Koalitionsfreiheit. Diese gewährleiste nur das Recht der Nichtmitgliedschaft, im vorliegenden Zusammenhang also das Recht, aus der Koalition auszuscheiden; vor der (weiteren) Unterwerfung unter Vereinbarungen der Tarifvertragsparteien solle sie nicht schützen. Durch die Auslegung des § 3 Abs. 3 TVG, wonach die ausgetretenen Verbandsmitglieder bei einem nicht tatsächlich endenden Tarifvertrag auf unbestimmte Zeit an diesen gebunden blieben, werde kein wesentlicher Druck ausgeübt, Mitglied des Verbandes zu bleiben.[416] Die Tatsache, dass das Verbleiben eine Chance biete, auf die Kündigung des Tarifvertrages hinzuwirken, möge gelegentlich und allenfalls ein Anreiz sein, Mitglied des Verbandes zu bleiben.

Gegen den Begrenzungsvorschlag würden zudem verbandsrechtliche Überlegungen sprechen.[417] Der Tarifvertrag werde vom Arbeitgeberverband mit der Gewerkschaft geschlossen. Als Parteien des Tarifvertrags könnten nur sie die Kündigung aussprechen. Das Mitglied sei an die Entscheidung seines Verbandes über die Erklärung der Kündigung gebunden. Dieser Rechtslage widerspreche es, würde man den ausgetretenen Arbeitgeber ab dem ersten Kündigungstermin aus der Tarifgebundenheit entlassen wollen, da es dann in seiner Hand läge, die Wirkung des Tarifvertrages durch seinen Austritt vorzeitig faktisch zu beenden. Der Verband, der ausschließlich die erste Kündigungsmöglichkeit wahrnehmen könne, verträte zudem die sozialpolitische Linie seiner Mitglieder – in der Regel mehrerer Arbeitgeber –, was für den Arbeitnehmer möglicherweise – im Gegensatz zur arbeitspolitischen Entscheidung eines einzelnen Arbeitgebers – einen qualitativen Unterschied mache.[418]

---

413 *Stein* TVR Rn. 173. Vgl. auch *Hoß/Liebscher* DB 1995, 2525, 2526.

414 *Kittner* AuR 1998, 469, 471.

415 Zum Folgenden *Stein* TVR Rn. 173. Vgl. auch *Hoß/Liebscher* DB 1995, 2525, 2526.

416 Vgl. zur Vereinbarkeit mit Art. 9 Abs. 3 GG auch Wiedemann/*Oetker* TVG § 3 Rn. 61, 89.

417 Zum Folgenden *Moll* Tarifausstieg S. 94 f.

418 *Hoß/Liebscher* DB 1995, 2525, 2526.

Die Kündigungsfristen würden keine Rolle spielen, wenn die Kündigung nicht ausgesprochen wurde.[419] Die entgegenstehende Meinung trage dem Schutzzweck der Norm, die Tarifbindung über den Austritt zu erhalten, nicht Rechnung. Mit dem Beitritt zu einer Tarifvertragspartei habe sich das Mitglied der kollektiven Rechtssetzungsbefugnis unterworfen; dieser Gedanke des Kollektivvertrages wäre durch eine auf den nächstmöglichen Kündigungszeitpunkt beschränkte Weitergeltung aufgehoben.

Im übrigen bleibe die Argumentationsfigur der fehlenden mitgliedschaftlichen Legitimation einen Beweis schuldig:[420] mit der Mitgliedschaft verbunden könne auch eine über den Austritt aus der Vereinigung hinauswirkende Belastung sein. Es dürfe nicht außer acht gelassen werden, dass der Arbeitgeber den gesamten Tarifvertrag durch die zur Zeit des Tarifabschlusses bestehende Mitgliedschaft legitimiert habe.[421] Er habe den Tarifvertrag auch hinsichtlich der Laufzeit und der Kündigungsregelung mitgetragen. Die Frage, wie ein konkreter Tarifvertrag beendet werden kann, sei also noch in der aktiven Mitgliedschaftszeit des ausgetretenen Arbeitgebers tarifpolitisch so und nicht anders entschieden worden.[422] Die Tarifvertragsparteien hätten statt einer Kündigungsmöglichkeit auch eine automatische Beendigung mit Zeitablauf vereinbaren können. Dass sie dies – aus welchen Gründen auch immer – tarifpolitisch nicht gewollt hätten, sei dem jetzt ausgetretenen Arbeitgeber als tarifpolitisches Produkt aus seiner Aktiv-Mitgliedschaftszeit zuzurechnen. Anders als bei einer Verlängerung eines nur auf bestimmte Zeit befristeten Tarifvertrages sei bei einem unbefristeten Tarifvertrag die Möglichkeit, dass eine Kündigung unterbleibe und dass der Arbeitgeber im Rahmen der verbandsinternen Willensbildung insoweit in der Minderheit bleibe, von vornherein im „Normprogramm" mitenthalten.[423] Nehme man an, dass die Tarifbindung durch die Mitgliedschaft im Zeitpunkt des Vertragsabschlusses begründet werde, könne eine unterschiedliche Behandlung von Mitgliedern und ehemaligen Mitgliedern in der Folgezeit nicht mit § 3 Abs. 3 TVG in Einklang gebracht werden.[424] Sie liefe dem Zweck, dem Tarifpartner Verlässlichkeit und Sicherheit zu gewähren, zuwider.

Auch das Argument, mit der Einschränkung der Arbeitsvertragsfreiheit durch eine bis zur Beendigung aufgrund Kündigung fortdauernde Tarifbindung sei das Gesetz über seinen Zweck hinausgeschossen, könne den Begrenzungsvorschlag

419 Zum Folgenden Däubler/*Lorenz* TVG § 3 Rn. 113.

420 Zum Folgenden *Stein* TVR Rn. 173.

421 Zum Folgenden *Moll* Tarifausstieg S. 95.; *Hanau/Kania* DB 1995, 1229, 1232 f. Vgl. aber *Hanau* RdA 1998, 65, 69, wo die Ansicht aufgegeben wird.

422 Zum Folgenden *Kittner* AuR 1998, 469, 471.

423 *Däubler* NZA 1996, 225, 226; *Moll* Tarifausstieg S. 95.

424 Zum Folgenden *Melot de Beauregard* S. 56 ff., 58.

nicht tragen.[425] Ziel des § 3 Abs. 3 TVG sei es, die Flucht des Arbeitgebers aus dem Tarifvertrag zu verhindern. Dieses Ziel scheine formal erreicht, wenn man den Tarifvertrag nur während der Zeit gemäß § 3 Abs. 3 TVG gelten ließe, in der er nicht kündbar ist. Soweit er Arbeitgeber oder Arbeitnehmer verglichen mit sonstigen Regelungen günstiger stelle, solle das Vertrauen auf den Fortbestand auch nur für diesen Zeitraum geschützt sein – was nicht ganz zutreffe, da zumindest eine einverständliche Aufhebung möglich bleibe. Entscheidend gegen eine solche Zielverfehlung spreche aber, dass das Gesetz nur in der dort gewählten Formulierung effektiv sei. Die grundlegenden (Mantel- oder Rahmen-)Tarife würden, wenn sie nicht zufällig kurz vor dem Austritt vereinbart wurden, in aller Regel bereits kündbar sein, so dass es lediglich noch um das Abwarten der Kündigungsfrist ginge.[426] Auf der anderen Seite würden Tarifverträge, die nur begrenzte Wirkungsdauer haben sollen, etwa Lohntarife, ohnedies meist zum erstmöglichen Termin gekündigt. Selbst bei Einräumung eines nur geringen gesetzgeberischen Ermessens könne daher keine Zweckverfehlung angenommen werden.

Wegen der völlig unterschiedlichen Wertungsgrundlagen lasse sich der Gedanke aus der zivilrechtlichen Rechtsprechung zur Nachhaftungsbegrenzung nicht für eine Begrenzung der fingierten Tarifgebundenheit heranziehen.[427] Er laufe dem Zweck des § 3 Abs. 3 TVG zuwider, der gerade dazu diene, die Tarifgebundenheit bis zum Ende des Tarifvertrages aufrechtzuerhalten.

Auch die historische Auslegung des § 3 Abs. 3 TVG spreche gegen diesen Ansatz. Die Entscheidung des Gesetzgebers, für die Tarifgebundenheit gemäß § 3 Abs. 3 TVG auf die tatsächliche Beendigung des Tarifvertrages und nicht auf die Beendigungsmöglichkeit abzustellen, sei bewusst gewählt worden.[428] Die Diskussion um diese Frage sei alt, denn bereits in der Weimarer Zeit sei in Tarifvertragsgesetzentwürfen vorgeschlagen worden, das Ende der Tarifgebundenheit an die Kündigungsmöglichkeit des Tarifvertrages zu koppeln. § 13 Abs. 2 des Referentenentwurfs des Reichsarbeitsministeriums vom Mai 1931[429] stellte für das Ende der fingierten Tarifgebundenheit ausdrücklich auf den frühesten Kündigungstermin nach dem Ausscheiden ab.[430] Diese Regelung habe der Gesetzgeber des Tarifvertragsgesetzes jedoch nicht aufgegriffen, sondern sich bewusst für das Ende des Tarifvertrags als zeitliche Grenze entschieden.

---

425 Zum Folgenden *Stein* TVR Rn. 173.

426 In diese Richtung auch *Behrendt/Gaumann/Liebermann* NZA 2006, 525, 529.

427 Zum Folgenden Wiedemann/*Oetker* TVG § 3 Rn. 89.

428 Zum Folgenden *Hanau/Kania* DB 1995, 1229, 1232 f. Vgl. aber *Hanau* RdA 1998, 65, 69, wo die Ansicht aufgegeben wird.

429 Siehe oben unter § 4 A.II.2.a)bb) auf S. 66.

430 Zum Folgenden *Behrendt/Gaumann/Liebermann* NZA 2006, 525, 529; Wiedemann/*Oetker* TVG § 3 Rn. 89.

Schließlich sei zu berücksichtigen, dass Tarifverträge Teilkündigungsmöglichkeiten mit unterschiedlich langen Kündigungsfristen vorsehen können.[431] Aus Gründen der Rechtssicherheit könne ein Tarifvertrag nur einheitlich nachbindend weiter gelten. Lasse man die Nachbindung nach § 3 Abs. 3 TVG zum nächstmöglichen Kündigungstermin entfallen, entstehe bei einem Tarifvertrag mit mehreren Teilkündigungsmöglichkeiten und unterschiedlich langen Kündigungsfristen das Problem, auf welche Kündigungsfrist für den Wegfall der Nachbindung des gesamten Tarifvertrags abzustellen ist. Eine derartige Rechtsunsicherheit sei nicht hinnehmbar.

(2) Tarifverträge spätestens nach fünf Jahren kündbar

Die Beschränkung, wonach ein Tarifvertrag i.S.d. § 3 Abs. 3 TVG und damit die fortbestehende Tarifgebundenheit für den ausgetretenen Arbeitgeber mit der ersten (von den Verbänden nicht wahrgenommenen) Kündigungsmöglichkeit (zum Kündigungstermin) enden soll, genüge dann nicht, wenn ein Tarifvertrag auf längere Zeit unkündbar abgeschlossen worden sei.[432] Immerhin habe sich der Gesetzgeber bei der Nachhaftungsbegrenzung ausgeschiedener Personengesellschafter für die Fünf-Jahresgrenze entschieden (§§ 159, 160 HGB).[433]

Verantwortliche Wahrnehmung der Rechtsetzungsmacht bedeute vor allem, dass die Tarifvertragsparteien sich nicht überlang binden dürfen.[434] Angemessene Arbeitsbedingungen könnten tariflich nur erzeugt werden, wenn in angemessenen Zeitabschnitten neu verhandelt werde. Das Bundesarbeitsgericht habe das für die Verweisung in einem Tarifvertrag auf einen anderen Tarifvertrag in seiner jeweils geltenden Fassung ausgesprochen. Eine solche dynamische Verweisung stelle zwar regelmäßig keine Preisgabe der Tarifmacht dar, weil die Tarifvertragsparteien die Verweisungsbestimmungen jederzeit aufheben, modifizieren oder durch andere Tarifnormen ersetzen könnten und somit Herr der von ihnen gesetzten Verweisungsbestimmungen und damit dessen blieben, was als Tarifrecht gelten soll. Etwas anderes gelte aber dann, wenn die Tarifvertragsparteien die Unkündbarkeit der Verweisung vereinbarten oder eine zeitlich lange Bindung eingingen, sei es durch eine besonders lange Laufdauer der Verweisungsnorm oder durch die Vereinbarung einer langen Kündigungsfrist. Auch dann könnten sie zwar noch einvernehmlich die Verweisung aufheben. Jedoch führe die dann gegebene Möglichkeit des durch die Entwicklung der in Bezug genommenen Tarifnorm begünstigten Teiles, den anderen auf längere Dauer an einer möglicherweise nicht vorhersehbaren Regelung festzuhalten, zu einer nicht mehr hin-

431 Zum Folgenden *Behrendt/Gaumann/Liebermann* NZA 2006, 525, 529.

432 *Rieble* Arbeitsmarkt Rn. 1556.

433 Vgl. bereits BAG AP Nr. 1 zu § 128 HGB und BGHZ 87, 286, 292 f.

434 Zum Folgenden *Löwisch/Rieble* TVG § 1 Rn. 174 f. m.w.N.

nehmbaren Einschränkung von dessen Normsetzungsbefugnis.[435] Dieser Gedanke gelte allgemein. Langfristig unkündbare Tarifverträge würden die erforderlichen Neuverhandlungen zur Anpassung an veränderte Verhältnisse ausschließen. Das Kündigungsrecht aus wichtigem Grund genüge nicht, weil es nicht schon dann greife, wenn die tarifliche Regelung unangemessen geworden, sondern erst, wenn eine schwerwiegende Störung der Geschäftsgrundlage eingetreten sei. An sich müsste das Maß der unzulässigen Bindung unterschiedlich für verschiedene Regelungsgegenstände (Lohn- und Gehaltstarifverträge einerseits, Manteltarifverträge andererseits) bestimmt werden. Die Folge wäre aber eine unerträgliche Rechtsunsicherheit. Deshalb biete es sich an, analog § 624 BGB (bzw. § 15 Abs. 4 TzBfG) die ordentliche Kündigung eines jeden Tarifvertrages nach fünf Jahren mit einer Frist von sechs Monaten zuzulassen.[436]

Auch dieser weitere Begrenzungsvorschlag wird kritisiert: die hinsichtlich der maximalen Dauer von Tarifverträgen analog § 624 BGB herangezogene Rechtsprechung sei auf die vorliegende Problemstellung nicht übertragbar, weil sie eine dynamische Verweisung eines Tarifvertrages auf ein anderes Tarifwerk betraf.[437] Die darin liegende Übertragung tariflicher Normsetzung sei bei überlanger Dauer unzulässig. Würden die Tarifpartner in ihrem Tarifvertrag alle Regelungen aber selbst treffen, ohne auf Normen anderer zu verweisen, so komme eine unzulässige Übertragung tariflicher Normsetzung auf Dritte nicht in Betracht. Die Gefahr einer unvorhersehbaren Entwicklung des Normeninhalts bestehe nicht. Keine noch so lange Vertragsbindung bedeute somit eine Aufgabe der Normsetzungsbefugnis. Darüber hinaus sei ein Vergleich zu § 624 BGB nicht angebracht. Die Ausnahmevorschrift wolle Situationen verhindern, durch die der Dienstverpflichtete wegen des persönlichen Charakters seiner Verpflichtung zum Quasiuntertan eines Dritten gemacht werde, also die persönliche Freiheit schützen. Tarifverträge seien reine Wirtschaftsverträge, auf die diese Zwecksetzung in keiner Weise passe. Schließlich würden Tarifverträge auf der Ebene der kräftemäßigen Gleichstellung abgeschlossen, so dass der Schutz einer Vertragsseite vor ihrer privatautonomen Entscheidung nicht geboten sei.

bb) Abwandlung: Erklärungsobliegenheit des Arbeitgebers

Teilweise wird der Begrenzungsvorschlag von *Löwisch/Rieble* insoweit eingeschränkt, dass der Arbeitgeber die Kündigungsfrist einzuhalten hat, die auch der Arbeitgeberverband bei einer tatsächlichen Kündigung des Tarifvertrages einzu-

---

435 Vgl. hierzu BAG AP Nr. 8 zu § 1 TVG Form; BAG AP Nr. 8, 9 zu § 3 TVG Verbandsaustritt.

436 Zustimmend *Hanau/Kania* DB 1995, 1229, 1230.

437 Zum Folgenden *Beathalter* Gestaltungsmöglichkeiten S. 371 ff.

halten hätte.[438] Da die Gewerkschaft von dem Verbandsaustritt nicht informiert sein muss, könnte sie an eine weitere Vertragsbindung glauben.[439] Der durch § 3 Abs. 3 TVG bezweckten Sicherung der Tarifvertragsordnung widerspreche es daher, wenn man einerseits die Kündigungsmöglichkeit zugunsten des Arbeitgebers anwende, ohne aber andererseits eine Information zu fordern, wie sie der Tarifvertragspartner erwarten darf. Folglich werde man vom ausgeschiedenen Arbeitgeber verlangen müssen, der Gewerkschaft in der vorgesehenen Form und unter entsprechender Einhaltung von Fristen zu erklären, dass er der Fortgeltung für sein Unternehmen widerspricht, was einer Quasikündigung gleichkomme. Dieser Lösung könne nicht entgegengehalten werden, dass die Kündigung als vertragliches Gestaltungsrecht nur dem Vertragspartner, also dem Arbeitgeberverband zustehe. Denn es sei gerade keine echte Kündigung, die den Verbandstarifvertrag insgesamt betrifft und zu der das Mitglied selbstverständlich nicht berechtigt sei. Vielmehr handele es sich um eine Obliegenheit mit dem Ziel, die Beschränkung der Fortgeltung zu erreichen. Auf diese Weise werde letztlich der Sinn und Zweck des § 3 Abs. 3 TVG gewahrt, die zum Austrittszeitpunkt bestehende tarifvertragliche Situation vor einer Aushöhlung zu schützen. Folglich ende die Tarifbindung des ausgeschiedenen Arbeitgebers entgegen dem uneingeschränkten Wortlaut des § 3 Abs. 3 TVG bereits, wenn er sich gegenüber der Gewerkschaft wie bei einer Kündigung durch den Arbeitgeberverband auf den Ablauf der Mindestlaufzeit des Tarifvertrages berufe.

b) Ende mit erster Änderungsmöglichkeit

Gorissen hat neben der auch von ihm befürworteten Begrenzung der fortbestehende Tarifgebundenheit zum ersten Kündigungstermin[440] einen weiteren Begrenzungsvorschlag gemacht.[441] Die fortbestehende Tarifgebundenheit ende auch mit der ersten (von den Verbänden nicht wahrgenommenen) Änderungsmöglichkeit. Zu bedenken sei, dass hinsichtlich der Frage, ob von einer Änderungsoption Gebrauch gemacht werde, eine Entscheidung des alten Verbandes vorliege, die nach dem Ausscheiden des Arbeitgebers aus dem Verband getroffen werde. Entscheidend sei auch hier, dass der Arbeitgeber nur an solche Willensakte seines alten Verbandes gebunden werden könne, die während seiner Mitgliedschaft vorgenommen wurden. Eine durch die frühere Mitgliedschaft legitimierte Bindung an Willensakte, die nach dem Ausscheiden wahrgenommen werden, bestehe nicht.

---

438 *Beathalter* S. 369; *Knoppik* Tarifgeltung S. 77. Vgl. auch bereits *Sinzheimer* Arbeitstarifgesetz S. 92.

439 Zum Folgenden *Beathalter* Gestaltungsmöglichkeiten S. 369.

440 Siehe dazu oben unter § 4 B.II.1.a) auf S. 87 ff.

441 Zum Folgenden *Gorissen* Arbeitgeberverbandswechsel S. 37 f.

Gorissen kombiniert demnach die Ansicht, wonach ein Tarifvertrag i.S.d. § 3 Abs. 3 TVG und damit die fortbestehende Tarifgebundenheit mit der ersten (von den Verbänden nicht wahrgenommenen) Kündigungsmöglichkeit (zum Kündigungstermin) ende, mit der Rechtsprechung, wonach jede Änderung des normativen Teils des Tarifvertrages insgesamt zu seinem Ende i.S.d. § 3 Abs. 3 TVG führt[442].

c) Zeitgrenzen für maximale Bindungsdauer nach Verbandsaustritt

Im Wege einer (einschränkenden) Auslegung bzw. Analogie werden *de lege lata* auch verschiedene fixe Zeitgrenzen zur Begrenzung der fortbestehenden Tarifgebundenheit befürwortet. Dabei wird indes nicht immer deutlich, ob die Tarifgebundenheit nach Ablauf des jeweiligen Zeitraums *ipso iure* enden oder dem Arbeitgeber ein Lösungsrecht zustehen soll.

aa) Ein Jahr ab Austritt für alle Tarifverträge

Löwisch/Rieble sind in Ergänzung ihrer Auffassung, dass die fortbestehende Tarifgebundenheit mit der ersten Kündigungsmöglichkeit des Tarifvertrages enden soll,[443] der Ansicht, dass die nach § 3 Abs. 3 TVG fortbestehende Tarifgebundenheit analog § 613a Abs. 1 S. 2 BGB auf ein Jahr nach Wirksamwerden des Verbandsaustritts begrenzt ist.[444]

Würde die Nachbindung länger als die Veränderungssperre des § 613a Abs. 1 S. 2 BGB dauern, provoziere das nur Betriebsübergänge; die analoge Anwendung des § 613a Abs. 1 S. 2 BGB führe hingegen zu einer Harmonisierung der beiden Tariffluchtmöglichkeiten Austritt und Ausgründung.[445] Zwar wirke der alte Tarifvertrag auch bei einer Ausgründung unbefristet nach, jedoch begrenze § 613a Abs. 1 S. 2 BGB wenigstens die zwingende Wirkung auf ein Jahr.[446]

§ 3 Abs. 3 TVG sei eine Fehlkonstruktion:[447] die Norm sehe für jeden einzelnen Tarifvertrag eine isolierte Nachbindungszeit vor. Der Manteltarifvertrag mag noch vier Jahre gelten, das Urlaubsabkommen noch 2,5 Jahre und der Entgelttarif nur neun Monate. Das sei für den Ausgetretenen misslich, weil er ein alterna-

---

442 Siehe dazu oben unter § 4 A.VI.2.d) auf S. 81 f.

443 Siehe dazu oben unter § 4 B.II.1.a) auf S. 87 ff.

444 *Rieble* RdA 1996, 151, 155; *ders.* Arbeitsmarkt Rn. 1557; MünchHbArbR/*Löwisch/Rieble* § 267 Rn. 25; *dies.* TVG § 3 Rn. 93. Zustimmend *Giesen* BeckOK TVG § 3 Rn. 24. In diese Richtung bereits *Rieble* Anm. zu BAG SAE 1994, 157, 159.

445 *Löwisch/Rieble* TVG § 3 Rn. 93; *Rieble* Arbeitsmarkt Rn. 1557. Die rechtstatsächliche Nähe von Austritt und Ausgründung betonend auch *Käppler* ZfA 1995, 271, 334.

446 *Rieble* Anm. zu BAG SAE 1994, 157, 159.

447 Zum Folgenden *Löwisch/Rieble* TVG § 3 Rn. 92.

tives Regelungssystem der Arbeitsbedingungen seinerseits nur gestuft einführen könne. Ein effektives Austrittsrecht setze mithin voraus, dass das gesamte Tarifwerk in absehbarer Zeit nach Ende der Mitgliedschaft ende.

An diesem Begrenzungsvorschlag wird kritisiert, dass der Sinn der Jahresgrenze in § 613a Abs. 1 S. 2 BGB darin bestehe, dem Erwerber eines Betriebs nach einem absehbaren Zeitraum die Vereinheitlichung der Arbeitsbedingungen innerhalb seines Unternehmens zu ermöglichen.[448] Dieser Gesichtspunkt komme indes gegenüber demjenigen Arbeitgeber nicht zum Tragen, der die Vollmitgliedschaft in seinem Verband aufgekündigt hat. Zudem sei zu beachten, dass der Betriebsnachfolger die tarifvertraglichen Bestimmungen, die er nach Maßgabe des § 613a Abs. 1 S. 2 BGB weiterhin anzuwenden hat, nicht mitgliedschaftlich legitimiert habe. Aus diesem Grund sei seine nur einjährige Bindung gerechtfertigt. Demgegenüber habe der Arbeitgeber, der die Vollmitgliedschaft aufgibt, den laufenden Tarifvertrag kraft seiner Verbandszugehörigkeit mitgetragen. Es sei daher nicht vertretbar, ihn bereits nach einem Jahr aus der Geltung des Tarifvertrags zu entlassen.

bb) Zwei Jahre analog § 39 Abs. 2 BGB

Oetker hat erwogen, die fortbestehende Tarifgebundenheit in analoger Anwendung des § 39 Abs. 2 BGB auf maximal zwei Jahre zu begrenzen.[449] § 39 Abs. 2 BGB sei insoweit nahe liegender als die anderen herangezogenen Zeitgrenzen. Die Norm würde eine Antwort auf die von der Rechtsordnung noch akzeptierten Perpetuierungsinteressen von Vereinen geben. Da diese Zeitgrenze im Hinblick auf die negative Koalitionsfreiheit schon verkürzt worden sei,[450] dürfe die Bindung an die vom Verband erzeugten Normen zumindest die Zwei-Jahres-Grenze nicht überschreiten.

Dabei wird dieser Ansatz dahingehend verstanden, dass die zwei Jahre mit dem Zugang der Kündigung beginnen sollen, also die satzungsgemäße Kündigungsfrist des Verbandes mitumfasst sein soll.[451]

---

448 Zum Folgenden *Moll* Tarifausstieg S. 96. Vgl. zu den unterschiedlichen Zwecken auch *Behrendt/Gaumann/Liebermann* NZA 2006, 525, 529. Grundsätzlich gegen eine maximale Bindungsdauer *Kleinebrink* ArbRB 2004, 22, 23.

449 Zum Folgenden Wiedemann/*Oetker* TVG § 3 Rn. 94. Zustimmend *Behrendt/Gaumann/Liebermann* NZA 2006, 525, 529 f. Vgl. auch *Bayreuther* Tarifautonomie S. 731; *Buchner* Koalitionsfreiheit, S. 87.

450 Siehe hierzu oben unter § 2 C.II.1.b) auf S. 13 ff.

451 *Kania* BB 2004, 665, 667. Anders aber wohl *Melot de Beauregard* S. 59.

Gegen diesen Begrenzungsvorschlag wird eingewandt, dass die Zwei-Jahresgrenze des § 39 Abs. 2 BGB *de lege lata* auf das Tarifrecht nicht übertragbar sei; die Norm sei eine Sonderregelung für das Vereinsrecht.[452]

cc) Vier Jahre analog zur Amtszeit des Betriebsrats

Biedenkopf zufolge kann ein unbefristeter Tarifvertrag den ausgeschiedenen Arbeitgeber nach dem Abschluss des Tarifvertrages im Sinne von § 3 Abs. 3 TVG nur für die Dauer der arbeitsrechtlichen Legislaturperiode, die sich in der regelmäßigen Amtsperiode des Betriebsrats von vier Jahren widerspiegelt, binden.[453] Nach diesem Zeitpunkt sei er für den ausgeschiedenen Arbeitgeber wie ein beendeter Tarifvertrag im Sinne von § 4 Abs. 5 TVG zu behandeln, also dispositiver Natur.

Hieran anknüpfend will auch *Beathalter* den Arbeitgeber nur für die Dauer von vier Jahren binden.[454] Allerdings dürfe dieser Zeitraum nicht bereits mit dem Abschluss des Tarifvertrages, sondern erst mit dem Austritt beginnen,[455] weil nur so der Tatsache Rechnung getragen werde, dass der letzte Legitimationsakt im Tarifvertragsrecht nicht in einem ehemaligen Wahlakt, sondern in der andauernden Mitgliedschaft bestehe. Im Ergebnis wäre in § 3 Abs. 3 TVG eine Höchstdauer von vier Jahren hineinzulesen.

Auch dieser Begrenzungsvorschlag wird in der Literatur kritisiert: für eine derart willkürliche Beendigung der Weitergeltung des Tarifvertrages fehle im deutschen Recht *de lege lata* jeder Anhaltspunkt.[456] Diese erhebliche Einschränkung des § 3 Abs. 3 TVG könne aus dem positiven Recht nicht begründet werden.[457] Zunächst müsse für den befristeten Tarifvertrag dasselbe gelten wie für einen Tarifvertrag auf unbestimmte Zeit; denn auch einem Tarifvertrag, der drei oder fünf Jahre gelten soll, müssten dieselben Bedenken entgegenstehen, wie einem Tarifvertrag, der eine Befristung nicht enthält. Auch könnten aus dem auf anderen Grundsätzen beruhenden BetrVG keine Schranken begründet werden, zumal es

---

452 *Zachert* Anm. zu BAG AP Nr. 8 zu § 3 TVG Verbandsaustritt.

453 *Biedenkopf* Grenzen S. 232 f. in Anlehnung an die amerikanische Rechtslage und für eine arbeitsrechtliche Legislaturperiode von zwei Jahren nach der Fassung des § 21 BetrVG a.F. Heute beträgt die Regelamtszeit des Betriebsrats gemäß § 21 S. 1 BetrVG vier Jahre.

454 Zum Folgenden *Beathalter* Gestaltungsmöglichkeiten S. 374, 376.

455 So auch *Richardi* Kollektivgewalt S. 224.

456 *Oetker* Gemeinsame Anm. zu BAG EzA Nr. 14 und 15 zu § 4 TVG Nachwirkung; Wiedemann/*Oetker* TVG § 3 Rn. 92. Ähnlich *Beathalter* Gestaltungsmöglichkeiten S. 374, der auf S. 376 dennoch hieran anknüpft. Dagegen auch *Herschel* AcP 166 (1966), 372, 373.

457 Zum Folgenden *Richardi* Kollektivgewalt S. 223 f.

auch dort keine Bestimmung geben würde, nach der Betriebsvereinbarungen nach dem Ablauf der Amtszeit des Betriebsrats ihre Geltung verlieren, wenn die Betriebsratswahl sich als Misstrauenskundgebung gegen den bisherigen Betriebsrat und die von ihm mitgetragene betriebliche Rechtsetzung darstelle.[458]

Dieser Kritik wird wiederum entgegengehalten, dass es zwar zutreffend sei, dass die Gültigkeit von Betriebsvereinbarungen keine Begrenzung durch die Legislaturperiode des Betriebsrates erfahre.[459] Doch sei zu beachten, dass die entsprechende Anwendung nicht darauf abziele, eine zeitliche Grenze für den Tarifvertrag zu finden. Dieser könne unbegrenzt abgeschlossen werden. Vielmehr gehe es um die Frage, wie lange eine frühere Legitimation durch die Verbandszugehörigkeit weiterwirken dürfe. Unbeschadet der Tatsache, dass die betriebsverfassungsrechtliche Regelung auf ganz anderen Prinzipien aufbaue, als die im Tarifrecht geltenden, dürfe andererseits nicht übersehen werden, dass es sich um die einzige gesetzliche Regelung im Arbeitsrecht handele, die die Frage der Legitimationsdauer betreffe. Schließlich spreche entscheidend für eine entsprechende Anwendung der betriebsverfassungsrechtlichen Legislaturperiode, dass eine dem Sachverhalt näher stehende Regelung fehle. Ohne diese Adaption einer gesetzlichen Bestimmung bliebe nur der Weg einer willkürlichen Festlegung, wenn man die Verfassungswidrigkeit des § 3 Abs. 3 TVG wegen übermäßigen Eingriffs in die negative Koalitionsfreiheit verhindern wolle.

dd) Fünf Jahre analog § 624 BGB/§ 15 Abs. 4 TzBfG bzw. § 160 HGB

Däubler befürwortet eine Beschränkung der Dauer der aufgrund der fortbestehenden Tarifgebundenheit von § 3 Abs. 3 TVG aufrechterhaltenen Normwirkung analog § 624 BGB (bzw. § 15 Abs. 4 TzBfG) auf maximal fünf Jahre nach Austritt aus dem Arbeitgeberverband.[460] Dabei geht er wohl davon aus, dass der Arbeitgeber die Tarifgebundenheit unter Einhaltung der von § 624 BGB vorgegebenen Voraussetzungen „kündigen" muss: Lossagung nach Ablauf der fünf Jahre und Einhaltung einer Kündigungsfrist von sechs Monaten. Die Übertragung der für arbeitsvertragliche Vereinbarungen geltenden Höchstbindung sei unproblematisch, weil die Zielsetzung des § 3 Abs. 3 TVG nur in marginaler Weise berührt werde. Das ausgetretene Mitglied habe keine Möglichkeit mehr, auf die Willensbildung des Verbandes einzuwirken.[461] Insoweit werde man ihm das

458 So auch *Moll* Tarifausstieg S. 96.

459 Zum Folgenden *Beathalter* Gestaltungsmöglichkeiten S. 376.

460 Zum Folgenden *Däubler* NZA 1996, 225, 227 in Anlehnung an die insbesondere von *Löwisch/Rieble* TVG § 1 Rn. 175 vertretene Begrenzung der Tarifvertragsparteien hinsichtlich der Dauer der von Ihnen abgeschlossenen Tarifverträge analog § 624 BGB. Ebenfalls Däubler/*Lorenz* TVG § 3 Rn. 115; *Moll* Tarifausstieg S. 97. So auch noch *Hanau/Kania* DB 1995, 1229, 1233; vgl. aber *Hanau* RdA 1998, 65, 69.

461 Zum Folgenden *Däubler* NZA 1996, 225, 227.

Recht einräumen müssen, sich nach angemessener Zeit nach seinem Austritt vom Tarifvertrag lossagen zu können. Der Gesetzgeber habe diesen Fall nicht bedacht.

In die Zielsetzung des § 624 S. 1 BGB, dem Arbeitnehmer seine arbeitsvertragliche Privatautonomie nach fünfjähriger Bindung zurückzugeben, lasse sich der ausgetretene Arbeitgeber einbeziehen.[462] Er sei als Nichtmitglied von der Willensbildung des Arbeitgeberverbandes ausgeschlossen und könne auf dessen Entscheidung über die Beendigung und Fortsetzung des Tarifvertrags keinen Einfluss (mehr) nehmen. Er unterliege der Fremdbestimmung durch den Verband. Sein Recht zur privatautonomen Gestaltung der Arbeitsbedingungen werde verkürzt. Die Interessenlagen des Arbeitnehmers, der gemäß § 624 S. 1 BGB nach fünf Jahren den Arbeitsvertrag kündigen kann und seine Vertragsfreiheit zurückerhält, und des Arbeitgebers, der durch seinen Austritt aus dem Tarifverband seine privatautonome Regelungsfreiheit zurückgewinnen suche, seien daher vergleichbar.

Nach der zustimmenden Ansicht von *Lorenz* stelle dies eine Parallele zu der Bindung an andere, für einen längeren Zeitraum eingegangene Dauerschuldverhältnisse her und sei daher eine angemessene Berücksichtigung des Lösungsinteresses des Ausgetretenen gegenüber dem Bedürfnis nach Fortbestand der tarifvertraglichen Regelungen.[463]

Nach Auffassung von *Kittner* müsse man den Einwand der unangemessenen, selbst vom ausgetretenen Arbeitgeber nicht mehr beeinflussbaren Dauerbindung ernst nehmen.[464] Hierfür biete sich die Anwendung des Rechtsgedankens des § 160 HGB und damit die Zeitdauer von fünf Jahren als Grenze an. Möglicherweise müssten zusätzlich materielle Lösungsgründe verlangt werden, aus denen die Unzumutbarkeit einer weiteren Tarifgebundenheit folge. Offen sei, wie eine solche Beendigung herbeigeführt werden könnte: durch einseitige „Lossagung" des Arbeitgebers oder durch einen gerichtlichen Gestaltungsakt.

Gegen diesen Begrenzungsvorschlag wird eingewandt, dass die Fünf-Jahresgrenze des § 624 BGB *de lege lata* auf das Tarifrecht bzw. die vorliegende Problematik nicht übertragbar sei, da es sich um eine Sonderregelung für das Kündigungsrecht handele.[465] Zudem würde dieser Vorschlag in Anbetracht der in der

---

462 Zum Folgenden *Moll* Tarifausstieg S. 97.

463 Däubler/*Lorenz* TVG § 3 Rn. 115.

464 Zum Folgenden *Kittner* AuR 1998, 469, 471 inkl. dortiger Fn. 16.

465 Wiedemann/*Oetker* TVG § 3 Rn. 94; *Zachert* Anm. zu BAG AP Nr. 8 zu § 3 TVG Verbandsaustritt. Vgl. auch *Behrendt/Gaumann/Liebermann* NZA 2006, 525, 529.

Praxis ohnehin auf fünf Jahre begrenzten Laufzeit der langfristig angelegten Manteltarifverträge kaum Wirkung zeigen dürfen.[466]

ee) Laufzeit des zuerst endenden Tarifvertrages als Grenze

In der Regel gibt es nicht nur einen zwischen den Tarifparteien im jeweiligen Geltungsbereich abgeschlossenen Tarifvertrag, der die Arbeitsverhältnisse ihrer Mitglieder gestaltet. Vielmehr wird üblicherweise und oft zeitversetzt ein ganzes Tarifvertragswerk vereinbart. Dieses beinhaltet den Abschluss einzelner Tarifverträge mit verschiedenen Regelungsgegenständen und verschiedenen Laufzeiten. Vor diesem Hintergrund wird vereinzelt vertreten, dass der Passus „bis der Tarifvertrag endet" in § 3 Abs. 3 TVG dahingehend zu verstehen ist, dass mit „der Tarifvertrag" das gesamte Tarifvertragswerk oder zumindest die wesentlichen Tarifverträge eines einheitlichen Tarifvertragswerks gemeint sein sollen.[467] Dies hätte zur Folge, dass die nach § 3 Abs. 3 TVG fortbestehende Tarifgebundenheit mit dem Ende der Laufzeit des zuerst endenden, zum Tarifvertragswerk gehörenden (wesentlichen) Tarifvertrages insgesamt, also für alle zum Tarifvertragswerk gehörenden Tarifverträge enden würde.

So will *Frieges* den Begriff „Tarifvertrag" in § 3 Abs. 3 TVG dahingehend auslegen, dass damit auch ein ganzes Tarifwerk aus verschiedenen Tarifverträgen umfasst sei. Folglich sei als Grenze der fortbestehenden Tarifgebundenheit die Laufzeit des zuerst endenden Tarifvertrages anzusehen.[468] Die Nachwirkung greife einheitlich ein und gewährleiste einen ausreichenden Arbeitnehmerschutz. Sei der Arbeitgeber an ein in zahlreiche Tarifverträge aufgesplittetes Tarifwerk gebunden, so würden ihm nur die Alternativen verbleiben, Tarifrecht zu missachten oder doch nicht aus dem Arbeitgeberverband auszutreten. Wolle er sich rechtskonform verhalten, müsse er auf die Wahrnehmung seiner verfassungsgemäßen Rechte verzichten, denn seine Freiheit, aus der Koalition auszutreten und ihr fernzubleiben, sei durch die in Art. 9 Abs. 3 GG manifestierte negative Koalitionsfreiheit grundrechtlich geschützt. Das Grundrecht der negativen Koalitionsfreiheit werde jedoch nicht schrankenlos gewährt. Vorliegend komme als Schranke lediglich das Organisationsinteresse der ebenfalls grundrechtlichen Schutz durch Art. 9 Abs. 3 GG genießenden Koalitionen an einer Erschwerung der Verbandsflucht ihrer Mitglieder in Betracht. Dabei sei dem Ausgestaltungsrecht des Gesetzgebers zugunsten der gestärkten Position – hier derjenigen der

---

466 *Büdenbender* NZA 2000, 509, 513 Fn. 28.

467 *Dutti* BB 1968, 1335, 1337; *Frieges* NZA 1998, 630, 633; *Gorissen* Arbeitgeberverbandswechsel S. 40 ff., 42; *Hromadka/Maschmann/Wallner* Tarifwechsel Rn. 484; *Schleusener* NJ 1998, 561, 563. Dagegen *Bieback* DB 1989, 477, 481.

468 Zum Folgenden *Frieges* NZA 1998, 630, 632 f. Vgl. auch *Schleusener* NJ 1998, 561, 563.

Tarifpartner – durch den Verhältnismäßigkeitsgrundsatz eine Grenze gezogen. Diese Grenze sei jedenfalls dann überschritten, wenn die gesetzliche Regelung faktisch eine rechtskonforme Grundrechtswahrnehmung ausschließe. Dies sei bei der hier genannten Konstellation der Fall, zumal die koalitionsmäßige Betätigung der Tarifpartner nicht schlechterdings die zu ihrem Schutz erlassene Bestimmung des § 3 Abs. 3 TVG erfordere. Die auf den einzelnen „Tarifvertrag" abstellende Regelung beschränke den an ein in zahlreiche Tarifverträge aufgesplittertes Tarifwerk gebundenen Arbeitgeber in verfassungswidriger Weise, so dass eine andere Auslegung erforderlich sei. Sie sei auch möglich, da das TVG eine Unterscheidung zwischen einzelnen Tarifverträgen und dem Tarifwerk als Gesamtheit nicht kenne. Die hier vorgenommene Auslegung sei mit dem Wortsinn des Begriffs „Tarifvertrag" i.S.d. § 3 Abs. 3 TVG vereinbar da dieser im allgemeinen Sprachgebrauch auch verwendet werde, wenn das „Tarifwerk" als Gesamtheit der zusammenhängenden Tarifverträge gemeint sei. Auch stehe ihr die Verwendung des Begriffs „Tarifvertrag" in anderen Bestimmungen des TVG nicht entgegen. Schließlich sei diese Auslegung jenseits verfassungsrechtlicher Überlegungen auch deshalb sachgerecht, weil die rechtliche Wertung – das Ende der zwingenden Wirkung von Tarifnormen – nicht davon abhängen könne, ob die Tarifpartner sich für eine Regelung in nur einem umfassenden Tarifvertrag, in wenigen Tarifverträgen oder für eine weitergehende Aufteilung der tariflichen Arbeitsbedingungen auf zahlreiche Tarifverträge (Tarifwerk) entschieden haben. Auch werde ihnen die Möglichkeit genommen, dem Mitglied eine Entscheidung gegen ein Verbleiben in der Tarifbindung durch eine Strategie der „Atomisierung" der tariflichen Regelungsbasis faktisch zu verschließen. Hiermit werde auch ein gewisser Gleichlauf mit der europarechtlich abgesicherten Regelung in § 613a Abs. 1 BGB geschaffen. Dieser sei auch erforderlich. Es sei nämlich nicht einsehbar, warum die Verwirklichung des Grundrechts der negativen Koalitionsfreiheit durch Beendigung der Mitgliedschaft in einer Koalition ungleich schwieriger ausgestaltet sein soll, als die Übertragung des Betriebs an einen nicht tarifgebundenen neuen Inhaber, die sogleich einen einheitlichen Wegfall der zwingenden Tarifwirkung zur Folge hat. Dem Interesse der Tarifpartner und der betroffenen Arbeitnehmer sei durch das Eingreifen der Nachwirkung nach Wegfall der Tarifgebundenheit Genüge getan. Eine Verschlechterung ohne ihre Zustimmung oder – bei mitbestimmungspflichtigen Gegenständen – derjenigen des Betriebsrats als ihrer Interessenvertretung sei nicht möglich.

Einen ähnlichen Ansatz vertritt *Dutti* für den Fall des Verbandswechsels.[469] die nach § 3 Abs. 3 TVG fortbestehende Tarifgebundenheit an die alten Tarifverträge ende, wenn ein nicht nur unbedeutender Teil dieser Tarifverträge wegfalle. Als

469 Zum Folgenden *Dutti* DB 1968, 1335, 1337. Vgl. auch *Gorissen* Arbeitgeberverbandswechsel S. 40 ff., 42.; *Hromadka/Maschmann/Wallner* Tarifwechsel Rn. 484.

Beispiele nennt er den Lohn- oder Gehaltstarifvertrag, den Lohnrahmentarifvertrag und den Manteltarifvertrag.

Lambrich ist einer ähnlichen, wenn auch weniger weitgehenden Auffassung.[470] Danach werde es den schutzwürdigen Belangen der Arbeitnehmer nicht gerecht, wolle man § 3 Abs. 3 TVG dahingehend auslegen, mit Beendigung eines einzigen Tarifvertrages zugleich auch die Geltung aller anderen Tarifverträge für den Betrieb beseitigen. Möglich und im Ergebnis sinnvoll erscheine es indessen, gleichzeitig mit dem Auslaufen eines Tarifvertrages alle tariflichen Abreden als beendet anzusehen, die mit jenem Tarifvertrag in einem engen inhaltlichen Zusammenhang stehen. Denn diesen dürfte für sich betrachtet oftmals ein eigenständiger Regelungsgehalt fehlen. Beispiele hierfür seien Lohntarifvertrag und Lohnrahmentarifvertrag einerseits oder Lohnhöhe und Arbeitszeitdauer wegen ihrer synallagmatischen Verbindung andererseits.

Auch dieser Begrenzungsvorschlag wird von der überwiegenden Ansicht in der Literatur kritisiert. Der Wortlaut des § 3 Abs. 3 TVG, in dem im Singular vom einzelnen Tarifvertrag die Rede ist, lege nahe, dass es auf eine Einzelbetrachtung jedes Tarifvertrages ankomme.[471] Ein anderes Ergebnis wird vereinzelt nur dann in Betracht gezogen, wenn die Tarifverträge trotz ihrer formalen Selbständigkeit in einem untrennbaren Sachzusammenhang zueinander stünden.[472] Teilweise wird darauf hingewiesen, dass das, was die Tarifvertragsparteien in getrennten Tarifverträgen geregelt haben, auch getrennten Tarifvertragspflichten und getrennten Regelungen des TVG hinsichtlich der Weitergeltung der Tarifvertragsnormen zu unterwerfen sei.[473] In diesem Fall würde die Beendigung der Tarifgebundenheit nicht zwingend einheitlich für alle im Zeitpunkt des Ausscheidens geltende Tarifverträge eintreten.[474] Diese Kritik kann sich auf eine Entscheidung des Bundesarbeitsgerichts in einem anderem Zusammenhang stützen, wonach es sich um selbständige Tarifverträge handelt, wenn verschiedene Tarifverträge eines Tarifwerks selbständig abgeschlossen, getrennt ausformuliert und mit unterschiedlichen Laufzeiten und Kündigungsmöglichkeiten versehen sind.[475] Teilweise wird aber auch von Stimmen der überwiegenden Literatur *de lege ferenda*

---

470 Zum Folgenden *Lambrich* Betriebsautonomie S. 426.

471 LAG Baden-Württemberg AP Nr. 18 zu § 3 TVG Verbandszugehörigkeit; *Behrendt/Gaumann/Liebermann* NZA 2006, 525, 527; *Berg/Platow/Schoof/Unterhinninghofen* § 3 TVG Rn. 54; *Bieback* DB 1989, 477, 481; Däubler/*Lorenz* TVG § 3 Rn. 114; Jacobs/Krause/Oetker/*Oetker* § 6 Rn. 54; Kempen/Zachert/*Kempen* TVG § 3 Rn. 59; *Stein* TVR Rn. 169; Wiedemann/*Oetker* TVG § 3 Rn. 84.

472 *Gamillscheg* KollArbR § 17 I.5.d) (3), S. 728; Wiedemann/*Oetker* TVG § 3 Rn. 84.

473 *Bieback* DB 1989, 477, 481. Vgl. auch *Behrendt/Gaumann/Liebermann* NZA 2006, 525, 527.

474 Wiedemann/*Oetker* TVG § 3 Rn. 84.

475 BAG AP Nr. 43 zu § 4 TVG Nachwirkung.

eine Vereinheitlichung des Zeitpunktes der Beendigung der Tarifgebundenheit gefordert.[476]

In Entgegnung auf diese Kritik wird angeführt, dass nicht angenommen werden könne, dass nach dem Willen der Tarifparteien getrennt weitergelten solle, was in getrennten Tarifverträgen geregelt sei.[477] Richtig sei, dass die Parteien getrennte Tarifverträge abschließen, weil sie den Bestand eines Tarifvertrages nicht von dem eines anderen abhängig machen wollen. Wenn über Entgeltfragen verhandelt werde, sollten nicht zugleich der Entgeltrahmentarifvertrag oder der Manteltarifvertrag zur Disposition stehen. Eine Entscheidung darüber, ob ein Tarifvertrag beim Ausscheiden aus dem Verband (und ggf. dem Wechsel in einen anderen Verband) weitergelten solle, wenn ein anderer Tarifvertrag auslaufe, würden die Tarifparteien nicht treffen. Im Gegenteil würden auch die Tarifparteien davon ausgehen, dass es sich um ein Gesamtwerk handele, aus dem nicht beliebig einzelne Teile heraus gebrochen werden könnten.

d) Lösungsrecht des Arbeitgebers

Teilweise wird zur Begrenzung der fortbestehenden Tarifgebundenheit auch ein einseitiges Lösungsrecht des Arbeitgebers vorgeschlagen.

aa) Bindungsbefreiender Verbandsaustritt

Heinze ist der Ansicht, dass dem TVG *de lege lata* im Wege verfassungskonformer Auslegung ein nachbindungsfreier Verbandsaustritt innerhalb eines Zeitraums von drei Wochen nach Abschluss eines neuen Tarifvertrages zu entnehmen ist.[478] Die gegenwärtige Regelung sei mit der negativen Koalitionsfreiheit des Arbeitgebers nicht vereinbar, da dieser an tarifliche Regelungen entgegen der Beendigung seiner Willensbindung an den Tarifvertrag infolge Verbandsaustritts möglicherweise über Jahre oder gar Jahrzehnte gebunden bleibe. Art. 9 Abs. 3 GG fordere demgegenüber inhaltlich, dass mit Beendigung der Willensbindung an die Koalition (positive Koalitionsfreiheit) auch uneingeschränkt die privatautonome Willensbildung in vollem Umfang des Art. 2 GG zurückgewonnen werde. Dies würde einerseits den Druck auf die Verbände erhöhen, auf die wirtschaftliche Entwicklung und wirtschaftliche Vertretbarkeit des (neuen) Tarifer-

---

476 Vgl. etwa *Dieterich/Hanau/Henssler/Oetker/Wank/Wiedemann* RdA 2004, 65, 77; Wiedemann/*Oetker* TVG § 3 Rn. 63, 84; siehe dazu unten unter § 4 B.II.2.b)cc) auf S. 115 f. Siehe auch *Löwisch/Rieble* TVG § 3 Rn. 92.

477 Zum Folgenden *Hromadka/Maschmann/Wallner* Tarifwechsel Rn. 484.

478 Zum Folgenden *Heinze* NZA 1995, 5, 7, der von einem „nachwirkungsfreien" Verbandsaustritt spricht, aber wohl einen „nachbindungsfreien" Verbandsaustritt meint, wie seine folgende Aussage belegt, dass der Arbeitgeber „dann an die Nachwirkung des alten Tarifvertrages gebunden" wäre.

gebnisses noch stärker als bisher zu achten. Andererseits sei aber auch ein vorschneller Verbandsaustritt nicht zu befürchten, da die Drohung des Firmentarifvertrages nach wie vor effizient bleibe.

Auch *Adomeit* will dem Arbeitgeber hier eine Lösungsmöglichkeit zugestehen: die fortbestehende Tarifgebundenheit entfalle, wenn der Arbeitgeber ernsthafte wirtschaftliche Gründe aufweisen kann und er seinen Verbandsaustritt kurz nach dem Neuabschluss unverzüglich und deutlich bekannt gibt.[479] Der unverzüglich und deutlich bekannt gegebene Austritt kurz nach dem Abschluss unterscheide sich nämlich von dem Austritt kurz davor nur in formaler Hinsicht. Anlass für einen Vertrauensschutz zugunsten der Arbeitnehmer sei noch nicht entstanden. Dies schaffe den Tarifpartnern ein beachtliches Motiv, ihre Verträge so zu gestalten, dass Austritte von Unternehmen mit entsprechenden Einbußen an Tarifverbindlichkeit vermieden werden.[480]

In die gleiche Richtung geht die Erwägung von *Reuter*, das Ende der Unterwerfung bereits mit der Kündigungserklärung und nicht erst mit dem Wirksamwerden der Kündigung zu verknüpfen.[481] Dies sei insbesondere dann nahe liegend, wenn man die Geltung des Tarifvertrages mit der privatautonomen Unterwerfung des Mitglieds der Gewerkschaft bzw. des Arbeitgeberverbandes unter die Regelungsmacht der Tarifvertragsparteien erkläre. Denn die Kündigungsfristen in den Verbandssatzungen wollten regelmäßig nicht den Geltungsanspruch der von den Verbänden abgeschlossenen Tarifverträge erweitern, sondern dem Anpassungsbedürfnis der Verbände hinsichtlich der wirtschaftlichen Grundlagen des Vereinslebens Rechnung tragen.

bb) (Änderungs-)Kündigung nur der Tarifgebundenheit

Löwisch/Rieble wollten dem einzelnen Verbandsmitglied selbst – unabhängig von seinem Verband – ursprünglich das Recht einräumen, die Bindung an den Verbandstarifvertrag aus wichtigem Grund zu kündigen.[482] Als Gründe kämen die durch die im Tarifvertrag geregelten Arbeitsbedingungen erfolgende Gefährdung des Fortbestands des Unternehmens sowie der drohende Verlust von Ar-

---

479 Zum Folgenden *Adomeit* Regelung S. 54 f. Kritisch *Löwisch* NJW 1997, 905, 907; *Walker* ZfA 1996, 353, 379.

480 Vgl. zu diesem Argument auch *Reuter* ZfA 1995, 1, 40.

481 Zum Folgenden *Reuter* Anm. zu BAG RdA 2006, 117. So schon *Mann* Austrittbeschränkungen S. 96 ff., 110 f.

482 Zum Folgenden *Löwisch* NJW 1997, 905 ff., 907 f.; *Rieble* RdA 1996, 151, 155; *ders.* Arbeitsmarkt Rn. 1565 ff.; *Stein* Anm. zu LAG Sachsen-Anhalt AuR 2000, 147, 150 f. Von *Rieble* ZFA 2004, 1, 37 und *Löwisch/Rieble* TVG § 1 Rn. 533 wegen des Wegfalls des ursprünglichen § 13 des Gesetzes gegen Wettbewerbsbeschränkungen mittlerweile aufgegeben.

beitsplätzen in Betracht. Voraussetzung sei, dass es mit einiger Wahrscheinlichkeit unmöglich sei, die im Tarifvertrag festgelegten Leistungen aus dem Wertzuwachs des Unternehmens und dessen Erträgen in der Zeit nach Abschluss des Tarifvertrages aufzubringen. Die Gefährdung dürfe zudem nicht anders abgewendet werden können. Insbesondere müssten erst tariflich nicht festgelegte Leistungen zurückgeführt und auch von der Möglichkeit Gebrauch gemacht werden, Leistungen der betrieblichen Altersversorgung nicht anzupassen, ehe die Tarifbindung in Frage gestellt werde. Auszuüben sei das Kündigungsrecht gegenüber beiden Tarifvertragsparteien. Die Verbandsmitgliedschaft selbst werde dadurch nicht beendet. In Betracht komme vor allem eine Änderungskündigung dergestalt, dass mit der Kündigung das Angebot verbunden werde, einen Haus- oder (sofern der Verband dazu bereit ist) einen unternehmensnahen Verbandstarif zu für das Unternehmen tragbaren Bedingungen abzuschließen. Ein solches Angebot sei angesichts der für die Kündigung aus wichtigem Grund notwendigen Einbeziehung der Interessen auch der anderen Seite in die Zumutbarkeitsabwägung regelmäßig erforderlich.

Die zwingende Wirkung des Tarifvertrags greife in die Grundrechte der Berufsfreiheit und Vertragsfreiheit (Art. 12 Abs. 1, 2 Abs. 1 GG) ein.[483] Das werde von der Tarifautonomie (Art. 9 Abs. 3 GG) zwar im Normalfall gedeckt. Nach dem Verfassungsgrundsatz der Verhältnismäßigkeit gelte das aber dann nicht mehr, wenn der Tarifvertrag seinen Sinn, nämlich den Schutz der Arbeitnehmer vor ihrem überlegenen Vertragspartner, verfehle, weil die in ihm geregelten Arbeitsbedingungen den Fortbestand eines Unternehmens gefährden oder zum Verlust von Arbeitsplätzen zu führen drohen. Auch die durch Art. 9 Abs. 3 GG geschützte Tarifautonomie unterliege den allgemeinen verfassungsrechtlichen Schranken. Soweit ihre Ausübung in andere Grundrechte, hier die Unternehmensfreiheit und die Vertragsfreiheit, eingreife, müsse sie sich am Verfassungsgrundsatz der Verhältnismäßigkeit messen lassen. Sie müsse geeignet und erforderlich sein, um das mit ihr verfolgte Ziel, nämlich eine sachgerechte Regelung der Arbeitsbedingungen, zu erreichen, und der mit ihr verbundene Eingriff in die anderen Grundrechte müsse in einem angemessenen Verhältnis zu dem verfolgten Ziel stehen. Daran fehle es, wenn die im Tarifvertrag geregelten Arbeitsbedingungen den Fortbestand eines Unternehmens gefährden oder zum Verlust von Arbeitsplätzen zu führen drohen. Der mit dem Tarifvertrag intendierte Schutz der Arbeitnehmer sei dann funktionslos. Ihm seine zwingende Wirkung zu belassen, wäre unverhältnismäßig. In einem solchen Fall ende auch die Verbandsmacht, weil ihre Durchsetzung die Belange der betroffenen Mitglieder unbillig und unangemessen beeinträchtigen würde. An sich treffe die Mitglieder der Tarifvertragsparteien die Verbandspflicht, den Tarifvertrag einzuhalten. Bei den Koalitionen handele es sich aber um mächtige Verbände. So wie deren interne, die

---

483 Zum Folgenden *Löwisch* NJW 1997, 905, 906.

Rechtsstellung der Mitglieder regelnde Normen einer Angemessenheitskontrolle unterliege, müsse das auch für ihre die Außenbeziehungen ihrer Mitglieder regelnden Normen gelten. Anders als das Eingehen einer einfachen vertraglichen Verpflichtung, die bis zur Grenze der Sittenwidrigkeit verbindlich sei und auch im Konkurs verbindlich bleibe, finde die mit dem Eintritt in den Verband einhergehende Unterwerfung unter den Tarifvertrag hier ihre Grenze.

Dem von einer unverhältnismäßigen Tarifbindung betroffenen Unternehmen helfe das Kündigungsrecht aus wichtigem Grund nur im Fall des Haustarifvertrages, nicht dagegen im Fall des Verbandstarifvertrages, bei dem es nicht selbst Tarifvertragspartei ist.[484] Dabei könne aber nicht stehen geblieben werden. Der verfassungsrechtlichen Situation werde man nur gerecht, wenn auch dem betroffenen Verbandsmitglied das Recht eingeräumt werde, unabhängig von seinem Verband seine Bindung an den Tarifvertrag zu kündigen. So wie die Verbandsmitgliedschaft selbst aus wichtigem Grund gekündigt werden kann, müsse auch eine Lösung der aus ihr folgenden Verpflichtungen möglich sein. Das zeige als Parallele der wiederum mittlerweile aufgehobene § 13 des Gesetzes gegen Wettbewerbsbeschränkungen, nach dem das Kartellmitglied Beschlüsse des Kartells bei unverhältnismäßiger Einschränkung seiner wirtschaftlichen Bewegungsfreiheit oder bei Diskriminierung im Verhältnis zu anderen Kartellmitgliedern aus wichtigem Grund kündigen konnte.[485] Auszuüben sei das Kündigungsrecht gegenüber beiden Tarifvertragsparteien, da die Bindung aus deren Übereinkunft resultiere.

cc) Kündigung der Verbandsmitgliedschaft: Wegfall des § 3 Abs. 3 TVG

Nunmehr wollen *Löwisch/Rieble* dem Arbeitgeber ein außerordentliches Kündigungsrecht der Verbandsmitgliedschaft wegen individueller Unzumutbarkeit (die wohl unter gleichen Voraussetzungen anzunehmen sein soll) gewähren, wobei die Kündigung zugleich den Wegfall des § 3 Abs. 3 TVG bewirken soll.[486] Halte man sich vor Augen, dass § 3 Abs. 3 TVG Ausdruck nur der Vertragstreue sei, auf die der Arbeitgeberverband seine Mitglieder für die Laufzeit des Tarifvertrags verpflichtet habe, dann müsse die Nachbindung des § 3 Abs. 3 TVG teleologisch reduziert werden, wo die Vertragstreue nicht mehr zumutbar ist. Auch dieser Weg versage freilich, wenn der Arbeitgeber gar nicht mehr Mitglied des Verbandes ist, sondern sich im Nachbindungszeitraum des § 3 Abs. 3 TVG befindet, sei es, dass er schon zuvor ordentlich gekündigt oder einen Aufhebungsvertrag über die Mitgliedschaft geschlossen hat oder aber wegen Insolvenz kraft

484 Zum Folgenden *Löwisch* NJW 1997, 905, 907.

485 Vgl. *Rieble* Arbeitsmarkt Rn. 1566.

486 Zum Folgenden *Rieble* ZfA 2004, 1, 37 f.; *Löwisch/Rieble* TVG § 1 Rn. 533. Vgl. auch *Melot de Beauregard* S. 61 ff.

der Satzung ausgeschieden ist. Das dürfe aber nicht zu dem Schluss führen, die Nachbindung erzeuge eine eigene Vertragsbeziehung des Arbeitgebers zur Gewerkschaft, die ihrerseits zu kündigen wäre. Richtig sei es vielmehr, die erneute – jetzt außerordentliche – Kündigung der schon aufgehobenen Mitgliedschaft zuzulassen, um die besondere Wirkung der Nachbindung zu beseitigen. Der Tarifvertrag wirke aber gleichwohl gemäß § 4 Abs. 5 TVG nach; es sei Aufgabe des Arbeitgebers, die unzumutbaren Tarifbedingungen durch eine andere Abmachung abzulösen. Diese Lösung führe zu rechtsdogmatisch klaren Folgen: der Arbeitgeber verliere den Schutz der Friedenspflicht und alle anderen Rechte aus der Mitgliedschaft. Er mag sich fortan alleine mit der Gewerkschaft auseinandersetzen.

In die gleiche Richtung geht der Vorschlag von *Benedikt*, der § 3 Abs. 3 TVG verfassungskonform auslegen will: der Arbeitgeber könne in einer wirtschaftlichen Notlage zur Sanierung die Verbandsmitgliedschaft außerordentlich kündigen, wodurch analog § 626 Abs. 1 BGB die unmittelbare und zwingende Wirkung des Verbandstarifvertrages entfalle.[487]

dd) Kündigungsrecht beim firmenbezogenen Verbandstarifvertrag

Nach Auffassung von *Däubler* ist beim Sonderfall des firmenbezogenen Verbandstarifvertrages dem einzelnen ausgetretenen Arbeitgeber ein Recht zur Kündigung des Tarifvertrages einzuräumen.[488] Dieses könne er unter denselben Voraussetzungen wie der Verband ausüben.

Nach der gegenteiligen Ansicht von *Bieback* soll nicht nur der Arbeitgeber, sondern auch der Arbeitgeberverband nicht mehr berechtigt sein, den firmenbezogenen Verbandstarifvertrag zu kündigen.[489] Daran wiederum wird kritisiert, dass dies mit dem Ziel des § 3 Abs. 3 TVG nicht mehr vereinbar sei, weil der Tarifvertrag dann entgegen seinem Inhalt arbeitgeberseitig unkündbar würde.[490]

e) Wegfall der zwingenden Wirkung

Adomeit ist in Anknüpfung an einen *de lege ferenda* von *Beuthien/Meik* getätigten Begrenzungsvorschlag[491] ebenso wie *Reuter* der Ansicht, dass schon interpretativ, durch zweckgerechte Einschränkung (teleologische Reduktion) die Gleichbehandlung von Weitergeltung nach § 3 Abs. 3 TVG und Nachwirkung nach § 4

---

487 *Benedikt* Kürzung S. 275 ff., 291 ff., 319.

488 Zum Folgenden *Däubler* TVR (1993) S. 181 f. Ziff. 302.

489 *Bieback* DB 1989, 477, 478.

490 *Beathalter* Gestaltungsmöglichkeiten S. 367 Fn. 25.

491 *Beuthien/Meik* DB 1993, 1518, 1519 f. Siehe dazu unten unter § 4 B.II.2.d) auf S. 119.

Abs. 5 TVG erreicht werden kann.[492] Ende die Tarifgebundenheit, so würden die Rechtsnormen des Tarifvertrages dessen ungeachtet weitergelten, bis sie durch eine andere Abmachung ersetzt werden.

Zur Richtigkeitsgewähr der Tarifautonomie gehöre auch, dass die Anpassung langfristiger Tarifverträge an Veränderungen gewährleistet sei, die unterrepräsentierte Gruppen unverhältnismäßig belastet.[493] Diese setze die Möglichkeit von Außenseiterkonkurrenz durch bisherige Mitglieder voraus. Sie werde ihnen durch die negative Koalitionsfreiheit garantiert. Die verfassungsrechtliche Garantie sei nicht schon dadurch eingelöst, dass der Tarifvertrag aus wichtigem Grund gekündigt werden könne. Das außerordentliche Kündigungsrecht stehe nämlich nur der Tarifvertragspartei selbst zu. Den Verbandstarifvertrag könne das einzelne Mitglied einer Tarifvertragspartei daher nicht kündigen. Gewiss könne es nicht sein, dass der Austritt des Arbeitgebers aus dem Arbeitgeberverband jegliche Wirkung des Tarifvertrages abrupt beende. Aber um das zu verhindern, bedürfe es nicht des § 3 Abs. 3 TVG, sondern es genüge die Nachwirkung analog § 4 Abs. 5 TVG, die sicherstelle, dass der Arbeitgeber sich von der Tarifwirkung nicht schon lösen könne, wenn sie ihm lästig geworden ist, sondern *argumentum e* § 2 KSchG erst, wenn er sozial rechtfertigende Gründe nachweise. § 3 Abs. 3 TVG sei also eine Beschränkung der negativen Koalitionsfreiheit, die nicht einmal im Lichte ihres historischen Zwecks erforderlich sei.

f) Zeitweiser Wegfall der zwingenden Wirkung

Belling/Hartmann sind der Auffassung, dass die zwingende Wirkung der Tarifverträge – als wesentliche Folge der Tarifgebundenheit – wegfällt, wenn und (nur) solange sie dem Arbeitgeber individuell unzumutbar ist.[494] Der Arbeitgeber könne die Unzumutbarkeit sodann auf individualvertraglicher Ebene durch Änderungsvertrag oder fristlose (Massen-)Änderungskündigung (ggf. vorbereitet durch eine Regelungsabrede der Betriebspartner) beseitigen. Diese sei wirksam, sofern die geänderten Bedingungen den Arbeitnehmern zumutbar sind. Die Voraussetzungen, unter denen die Unzumutbarkeit für den Arbeitgeber anzunehmen sei, seien dabei identisch mit denen, welche die Möglichkeit individualrechtlicher außerordentlicher Änderungskündigungen eröffne, wenn nämlich ohne Durchbrechung der Bindung die Existenz des Unternehmens akut bedroht oder ein erheblicher Arbeitsplatzabbau unvermeidbar wäre. Das Vorliegen der Unzumutbarkeit könne im Wege der Feststellungsklage bestimmt werden, die analog

492 Zum Folgenden *Adomeit* Regelung S. 56. Siehe auch *Reuter* RdA 1996, 201, 208; *ders.* FS Schaub S. 605, 621 f. Kritisch *Walker* ZfA 1996, 353, 379 f.

493 Zum Folgenden *Reuter* FS Schaub S. 605, 621 f. Vgl. bereits *ders.* ZfA 1995, 1, 40.

494 Zum Folgenden *Belling/Hartmann* ZfA 1997, 87, 142, 144; auf die Insolvenz des Arbeitgebers bezogen *dies.* NZA 1998, 57, 66 f., 70.

§ 9 TVG bindende Wirkung für alle Individualprozesse habe. Bei Wegfall der Unzumutbarkeit oder Unerreichbarkeit der Abwendung der Sanierung setze die zwingende Wirkung des Tarifvertrages wieder ein und verdränge die individualrechtliche Ebene.

g) Aufhebungsanspruch gegen die Tarifparteien bei überlanger Dauer

Eine übermäßig lange Tarifbindung lasse sich *Richardi* zufolge im Rahmen von § 3 Abs. 3 TVG generell nicht beschränken.[495] Man werde aber annehmen können, dass sie die übliche Laufzeit eines Tarifvertrages der Vereinigung, der der Ausgeschiedene angehört hatte, nicht wesentlich übersteigen dürfe. Denn nur mit ihr müsse ein Mitglied rechnen, wenn es seine Mitgliedschaft beendet. Die erweiterte Tarifgebundenheit nach § 3 Abs. 3 TVG schütze das Interesse der Tarifvertragsparteien an der Aufrechterhaltung ihrer Ordnung. So schütze das deutsche Tarifvertragsrecht in § 3 Abs. 3 TVG die Tarifvertragsparteien davor, dass sich die Tarifunterworfenen gegen den übereinstimmenden Willen der Tarifvertragsparteien der tariflichen Wirkung ihrer kollektiven Ordnung entziehen. Sie könne nicht durch Austritt aus einem der tarifschließenden Verbände beseitigt werden. Es müsse aber möglich sein, dass die Tarifgebundenheit eines Nichtmitglieds an einen bestimmten Tarifvertrag durch Zustimmung beider Tarifvertragsparteien aufgehoben werde. Diese seien verpflichtet, sie zu erteilen, wenn der Tarifvertrag bereits wesentlich länger als sonst üblich in Kraft war.

§ 3 Abs. 3 TVG begründe nicht die Unterwerfung von Außenseitern unter die tarifliche Regelungsgewalt, so dass verfassungsrechtliche Bedenken aus diesem Grunde entfallen würden.[496] Er binde lediglich Arbeitgeber und Arbeitnehmer, die dem Tarifvertrag auf Grund ihrer Verbandszugehörigkeit nach § 3 Abs. 1 TVG unterworfen sind, auch nach ihrem Ausscheiden aus der tarifschließenden Vereinigung an die Rechtssätze des Tarifvertrages, bis dieser endet. Verfassungsrechtliche Bedenken könnten sich deshalb nur aus einer überlangen Bindung ausgeschiedener Mitglieder an die kollektive Ordnung ergeben. Man müsse hierbei jedoch berücksichtigen, dass die ehemaligen Mitglieder nicht mehr der Rechtsetzungsmacht der Tarifvertragsparteien, sondern lediglich einer von diesen bereits geschaffenen kollektiven Ordnung unterstünden, die ihrem Inhalt und ihrer Geltungsdauer nach nicht mehr mit Rechtswirkung für die Ausgeschiedenen geändert werden könne. Man werde keine Bedenken dagegen haben können, dass die Bindung an eine kollektive Ordnung, wie sie § 3 Abs. 3 TVG vorsieht, auch in einem längeren Zeitraum möglich sei. § 624 BGB gebe einen Hinweis dafür, wie lange sich jemand bei der Gestaltung seines Arbeitsverhältnisses binden könne. Man werde deshalb auch im Rahmen von § 3 Abs. 3 TVG den ausge-

495 Zum Folgenden *Richardi* Kollektivgewalt S. 224. Ähnlich *Wank* FS Schaub S. 761, 773.
496 Zum Folgenden *Richardi* Kollektivgewalt S. 222 f.

schiedenen Verbandsmitgliedern nur bei Tarifverträgen mit ungewöhnlich langer Geltungsdauer gestatten können, sich von der tariflichen Ordnung zu lösen.

Gegen diesen Begrenzungsvorschlag wird angeführt, dass ihm aufgrund der Unbestimmtheit der Maßstäbe nicht zuzustimmen sei.[497] Das austrittswillige Mitglied könne das Ende seiner Tarifgebundenheit nicht vorhersehen. Dies sei jedoch erforderlich, damit es seine grundrechtlich garantierte Austrittsfreiheit sachgerecht ausüben könne. An der dem Begrenzungsvorschlag zugrunde liegenden Argumentation störe zudem das Ergebnis, dass die Sicherung der Unabdingbarkeit in Fällen versage, wo die Tarifpartner aufgrund besonderer Umstände eine längere Tarifvertragsdauer als bisher üblich für angebracht halten.[498] Eine solche faktische Selbstbeschränkung tarifvertraglicher Autonomie könne daher in der Bewältigung besonderer Krisen nachteilig sein. Entscheidend spreche gegen eine Beschränkung der Legitimation auf die Üblichkeit, dass nicht einzusehen sei, warum dies nur für die Tarifdauer gelten solle. Bei diesem Verständnis der Legitimationswirkung müsste die Regelungsmacht konserviert werden mit der Folge, dass auch keine neuen fachlichen, räumlichen oder persönlichen Geltungsbereiche beschritten werden dürften. Berücksichtige man die ständigen gesellschaftlichen und technischen Veränderungen, so könne dies die Tarifvertragsordnung in Frage stellen.

2. Begrenzungsvorschläge de lege ferenda

Einige Ansichten in der Literatur sowie politische und wirtschaftliche Institutionen nehmen – mit oder ohne nähere Erläuterung – an, dass eine Änderung nur *de lege ferenda* in Betracht kommt. Einige Autoren, die für eine Begrenzung *de lege lata* plädieren, entwickeln zusätzlich Begrenzungsansätze *de lege ferenda*.

a) Ende mit erster Kündigungsmöglichkeit

Die bereits weiter oben genannte Ansicht, wonach ein Tarifvertrag i.S.d. § 3 Abs. 3 TVG und damit die fortbestehende Tarifgebundenheit für den ausgetretenen Arbeitgeber mit der ersten (vom Arbeitgeberverband nicht wahrgenommenen) Kündigungsmöglichkeit enden soll,[499] möchten einige Stimmen in der Literatur im Wege einer Gesetzesänderung klargestellt wissen.[500]

497 Zum Folgenden *Moll* Tarifausstieg S. 96.

498 Zum Folgenden *Beathalter* Gestaltungsmöglichkeiten S. 373.

499 Siehe hierzu oben unter § 4 B.II.1.a) auf S. 87 ff.

500 *Lieb* NZA 1994, 337; *Schleusener* NJ 1998, 561, 563. Vgl. hierzu auch *Maschmann* Zugriff S. 193.

b) Zeitgrenzen: Maximaldauer nach Austritt

Einige Stimmen in der Literatur wollen die fortbestehende Tarifgebundenheit durch einen in den Gesetzestext aufzunehmenden Zeitraum begrenzen. Dabei wird ersichtlicherweise eine automatische Beendigung der Tarifgebundenheit ipso iure angestrebt.

aa) Halbes Jahr für EngeltTV, halbes/ein Jahr für MantelTV

Nach Ansicht des *Sachverständigenrates zur Begutachtung der gesamtwirtschaftlichen Entwicklung* sollte die Tarifgebundenheit des § 3 Abs. 3 TVG auf eine Maximalfrist von einem halben Jahr für Entgelt- und auf halbes bis ein Jahr für Manteltarifverträge verkürzt werden.[501]

Dem wird entgegengehalten, dass eine Differenzierung des Fortgeltungszeitraumes in Abhängigkeit von dem Inhalt der jeweiligen Tarifverträge wegen der Abgrenzungsschwierigkeiten und den regelungstechnischen Zufälligkeiten nicht sinnvoll sei.[502]

bb) Laufzeit der EngeltTV als Grenze für alle Tarifverträge

Die *Monopolkommission* hat empfohlen, die fortbestehende Tarifgebundenheit derart einzuschränken, dass bei Ablauf der Bindungswirkung eines Lohn- oder Gehaltstarifvertrages gleichzeitig auch jede sonstige tarifvertragliche Bindung – etwa aus einem Manteltarifvertrag – entfällt.[503]

cc) Ein Jahr ab Austritt für alle Tarifverträge

Eine Arbeitsgruppe von Professoren unter Beteiligung von *Dieterich*, *Hanau*, *Henssler*, *Oetker*, *Wank* und *Wiedemann* möchte die fortbestehende Tarifbindung

---

501 Die Fristen von Jahr zu Jahr verkürzend: *Sachverständigenrat zur Begutachtung der gesamtwirtschaftlichen Entwicklung* Jahresgutachten 2001/2002, BT-Drs. 14/7569, S. 235 unter Ziff. 418 (dort nur die Nachwirkung nach § 4 Abs. 5 TVG benannt); Jahresgutachten 2002/2003, BT-Drucks. 15/100, S. 262 Ziff. 466; zuletzt Jahresgutachten 2003/2004, BT-Drucks. 15/2000, S. 381 Ziff. 674.

502 *Dieterich/Hanau/Henssler/Oetker/Wank/Wiedemann* RdA 2004, 65, 76.

503 *Monopolkommission*, Zehntes Hauptgutachten 1992/1993, BT-Drs. 12/8323, S. 379 unter Ziff. 947. Zustimmend *Schleusener* NJ 1998, 561, 563. Vgl. hierzu *Junker* ZfA 1996, 383, 399 ff.; *Konzen* NZA 1995, 913, 920; *Maschmann* Zugriff S. 192 ff. sowie Stellungnahme der Bundesregierung BR-Drs. 330/95, S. 54.

auf maximal ein Jahr ab dem Wirksamwerden des Verbandsaustritts begrenzen; § 3 Abs. 3 TVG sollte demnach wie folgt lauten:[504]

> *„Die Tarifgebundenheit bleibt nach Beendigung der Mitgliedschaft für die Dauer von einem Jahr bestehen, sofern nicht der bei Beendigung der Mitgliedschaft jeweils geltende Tarifvertrag zu einem früheren Zeitpunkt endet."*

Die Attraktivität des Tarifvertragssystems erfordere klare und überschaubare Bestimmungen für den „Ausstieg", da sich dies andernfalls als Barriere für den „Einstieg" auswirken könnten.[505] Dies sei insbesondere dort erforderlich, wo die mangelnde Bereitschaft zum „Einstieg" die Schaffung eines funktionsfähigen Tarifvertragssystems erschwere. Die bisherige Rechtsfolge des § 3 Abs. 3 TVG, die auf das Ende des jeweiligen Tarifvertrages abstellt, sei wenig transparent, da die Tarifgebundenheit hierdurch zu unterschiedlichen Zeitpunkten ende. Angesichts des bis zum Wirksamwerden der verbandsrechtlichen Kündigungsfrist verstrichenen Zeitraums sei es auch im Hinblick auf den mit § 3 Abs. 3 TVG verfolgten Zweck ausreichend, die Bindung an die bei Ende der Mitgliedschaft geltenden Tarifverträge für die Dauer von einem Jahr aufrechtzuerhalten. Diese Korrektur des Gesetzes erlaube es insbesondere dem Arbeitgeber, den Zeitraum abzuschätzen, für den er sich durch den Beitritt zu einem Arbeitgeberverband an das von diesem mitgeschaffene Tarifvertragssystem bindet. Darüber hinaus verhindere die Setzung einer Zeitschranke, dass die fortbestehende Tarifgebundenheit zu einer unverhältnismäßig langen Bindung an Tarifverträge führe, die aufgrund ihres Regelungsinhalts nur selten oder überhaupt nicht geändert werden. Um eine überschießende Wirkung der fortbestehenden Tarifgebundenheit zu verhindern, sei die Zeitschranke jedoch ähnlich wie in § 613a Abs. 1 S. 4 Alt. 1 BGB als Maximalgrenze auszugestalten, d.h. die Bindung an einen bei Beendigung der Verbandsmitgliedschaft geltenden Tarifvertrag ende auch vor Fristablauf, wenn der Tarifvertrag zu einem früheren Zeitpunkt ende.

Die in § 3 Abs. 3 TVG gewählte rechtstechnische Ausformung sei keineswegs zwingend.[506] Dem Normzweck könnte auch durch eine mit § 613a Abs. 1 S. 2 BGB vergleichbare Regelung ausreichend Rechnung getragen werden, wobei jedoch zur Wahrung des mit § 3 Abs. 3 TVG verfolgten legitimen Zwecks eine gegebenenfalls zeitlich begrenzte Veränderungssperre unerlässlich sei.

---

504 *Dieterich/Hanau/Henssler/Oetker/Wank/Wiedemann* RdA 2004, 65, 76. Zustimmend Wiedemann/*Oetker* TVG Einl. Rn. 62, § 3 Rn. 63, 84, 93. Erwägenswert auch laut *Konzen* NZA 1995, 913, 920. Vgl. allgemein bereits *Wiedemann* RdA 1997, 297, 298.

505 Zum Folgenden *Dieterich/Hanau/Henssler/Oetker/Wank/Wiedemann* RdA 2004, 65, 76. Zustimmend *Giesen* BeckOK TVG § 3 Rn. 24, der de lege ferenda aber auch einen längeren Zeitraum für zulässig erachtet.

506 Zum Folgenden Wiedemann/*Oetker* TVG § 3 Rn. 62.

dd) Vier Jahre analog zur Amtszeit des Betriebsrats

Nikisch sieht den von *Biedenkopf de lege lata* vorgeschlagenen Ansatz, wonach ein unbefristeter Tarifvertrag den ausgeschiedenen Arbeitgeber nach dem Abschluss des Tarifvertrages im Sinne von § 3 Abs. 3 TVG nur für die Dauer der arbeitsrechtlichen Legislaturperiode, die sich in der regelmäßigen Amtsperiode des Betriebsrats widerspiegelt, binden könne,[507] als beachtlichen Vorschlag *de lege ferenda* an.[508]

ee) Fünf Jahre analog § 624 BGB/zwei Jahre analog § 39 Abs. 2 BGB

Bayreuther hält die bereits *de lege lata* vorgeschlagenen Ansätze, die fortbestehende Tarifgebundenheit analog § 624 BGB (bzw. § 15 Abs. 4 TzBfG/§ 160 HGB) auf fünf Jahre[509] bzw. analog § 39 Abs. 2 BGB auf zwei Jahre[510] zu begrenzen, *de lege ferenda* für mögliche Lösungswege.[511]

c) Lösungsrecht des austretenden Arbeitgebers

aa) Bindungsbefreiender Verbandsaustritt

Heinze plädiert dafür, den von ihm *de lege lata* dem TVG im Wege der Auslegung zu entnehmenden, nachbindungsfreien Verbandsaustritt innerhalb eines Zeitraums von drei Wochen nach Abschluss eines neuen Tarifvertrages[512] jedenfalls *de lege ferenda* einzuführen.[513] Der Arbeitgeber könnte hiernach also in Abweichung von § 3 Abs. 3 TVG bei einem Neuabschluss innerhalb der genannten Zeit entscheiden, ob er diesen Tarifabschluss mittragen kann bzw. will.

bb) (Änderungs-)Kündigung nur der Tarifgebundenheit

Löwisch hat über seinen Vorschlag *de lege lata* hinaus[514] vorgeschlagen, dem einzelnen Verbandsmitglied jedenfalls *de lege ferenda* das Recht einzuräumen,

---

507 Siehe dazu oben unter § 4 B.II.1.c)cc) auf S. 101.

508 *Nikisch* JZ 1966, 778, 780.

509 Siehe dazu oben unter § 4 B. II.1.c)dd) auf S. 102 f.

510 Siehe dazu oben unter § 4 B. II.1.c)bb) auf S. 100.

511 *Bayreuther* Tarifautonomie S. 730 f.

512 Siehe dazu oben unter § 4 B. II.1.d)aa) auf S. 107 f.

513 *Heinze* NZA 1995, 5, 7, der von einem „nachwirkungsfreien" Verbandsaustritt spricht, aber wohl einen „nachbindungsfreien" Verbandsaustritt meint, wie seine folgende Aussage belegt, dass der Arbeitgeber „dann an die Nachwirkung des alten Tarifvertrages gebunden" wäre.

514 Siehe dazu oben unter § 4 B. II.1.d)bb) auf S. 108 ff.

den Verbandstarifvertrag aus wichtigem Grund zu kündigen.[515] Er hat die Einfügung eines neuen Abs. 3a in § 3 Abs. 3 TVG angeregt, der wie folgt lauten soll:

> *„Die Tarifgebundenheit kann von den tarifgebundenen Arbeitgebern aus wichtigem Grund gekündigt werden. Ein wichtiger Grund liegt insbesondere vor, wenn die weitere Anwendung des Tarifvertrages den Fortbestand des Unternehmens des tarifgebundenen Arbeitgebers oder dort bestehender Arbeitsplätze gefährdet, und diese Gefährdung nicht durch die Einschränkung nicht tariflich festgelegter Leistungen abgewendet werden kann. Die Kündigung ist gegenüber den Tarifvertragsparteien zu erklären."*

cc) Kündigung der Verbandsmitgliedschaft: Wegfall des § 3 Abs. 3 TVG

Der Ansatz von *Benedikt*, *de lege lata* einen Wegfall der Tarifgebundenheit nach Verbandsaustritt in einer wirtschaftlichen Notlage zuzulassen,[516] wird von ihm auch *de lege ferenda* vorgeschlagen; § 3 Abs. 3 TVG solle danach wie folgt gefasst werden:[517]

> *„Die Tarifgebundenheit bleibt bestehen, bis der Tarifvertrag endet. Dies gilt nicht für den Arbeitgeber, der sich in einer wirtschaftlichen Notlage befindet."*

Ein genauer Zeitpunkt des Wegfalls der Tarifbindung sei entbehrlich; entscheidend sei nur, dass im Zeitpunkt von Änderungskündigungen keine normative Wirkung mehr bestehe.[518]

d) Wegfall der zwingenden Wirkung

Der *Freistaat Bayern* hat einen Entwurf ins Gesetzgebungsverfahren eingebracht, wonach § 3 Abs. 3 TVG wie folgt gefasst werden sollte:[519]

---

515 Zum Folgenden *Löwisch* NJW 1997, 905, 910; zustimmend de lege ferenda *Belling/Hartmann* ZfA 1997, 87, 141.

516 Siehe dazu oben unter § 4 B. II.1.d)cc) auf S. 111.

517 *Benedikt* Kürzung S. 220 ff., 264 f.

518 *Benedikt* Kürzung S. 264 f.

519 Art. 1 Ziff. 1 des Entwurfs eines Gesetzes zur Entlastung von Kleinunternehmen, BR-Drs. 701/03. Der Wirtschaftsausschuss des Bundesrates hat in der Empfehlung der Ausschüsse zu dem Entwurf vom 28. Oktober 2003 (BR-Drs. 701/1/03) diese Änderung abgelehnt. Der Bundesrat hat die Befassung mit dem Entwurf auf seiner Sitzung vom 7. November 2003 von der Tagesordnung abgesetzt (Plenarprotokoll 793, Stenographischer Bericht, S. 395). Vgl. auch *Wissenschaftlicher Beirat beim Bundesministerium für Wirtschaft und Arbeit* Gutachten Tarifautonomie auf dem Prüfstand 2004, S. 37 ff.

„Die Tarifgebundenheit bleibt bestehen, bis der Tarifvertrag oder die Mitgliedschaft in der Tarifvertragspartei endet.“

In die gleiche Richtung geht der Vorschlag von *Beuthien/Meik*, die § 3 Abs. 3 TVG wie folgt fassen wollen:[520]

„Endet die Tarifgebundenheit, so gelten die Rechtsnormen des Tarifvertrages dessen ungeachtet weiter, bis sie durch eine andere Abmachung ersetzt werden, höchstens jedoch bis zum Ablauf des Tarifvertrages.“

Adomeit hat sich dem angeschlossen, jedoch das Ende der nicht zwingenden Fortgeltung mit dem Ablauf des Tarifvertrages (letzter Halbsatz) als zu weitgehend verworfen.[521]

III. Kein Bedürfnis für Begrenzung (Gegenansicht)

Einige Stimmen in der Literatur lehnen eine zeitliche Begrenzung der aufgrund der fortbestehenden Tarifgebundenheit nach § 3 Abs. 3 TVG aufrechterhaltenen Normwirkung ab und gehen davon aus, dass die ausgetretenen Verbandsmitglieder bei einem nicht tatsächlich endenden Tarifvertrag auf unbestimmte Zeit an diesen gebunden bleiben.[522]

Über die bei den einzelnen Begrenzungsvorschlägen bereits dargestellte Kritik hinaus werden gegen eine Begrenzung nachfolgende, allgemeine Gründe vorgebracht.

1. Systemwidrige Begrenzung

Die Begrenzungsvorschläge würden ein Infragestellen des Gesamtsystems für wenige regelungsbedürftige Ausnahmefälle bedeuten, was weit gravierendere Folgen als eine Öffnungsklausel für Härtefälle hätte.[523] Dies ermögliche einen beliebigen Ausstieg aus einem zwingenden Tarifsystem, schwäche Verbände und nehme dem Tarifvertrag seine Akzeptanz als sichere Kalkulationsbasis.

Jegliche Begrenzungsvorschläge würden an die Substanz des Tarifschutzes gehen.[524] Gerade in wirtschaftlichen Krisenzeiten sei der Schutz vor dem „Miss-

520 *Beuthien/Meik* DB 1993, 1518, 1519 f. Kritisch *Walker* ZfA 1996, 353, 379.

521 *Adomeit* Regelung S. 56, 70, der diesen Begrenzungsansatz bereits de lege lata vertritt; siehe dazu oben unter § 4 B.II.1.e) auf S. 111 f. In diese Richtung auch *Lesch* DB 2000, 322, 326; *Reuter* FS Schaub S. 605, 621 f.

522 Siehe Nachweise bereits oben unter § 4 B. auf S. 85 in Fn. 378.

523 Zum Folgenden *Henssler* ZfA 1994, 487, 514.

524 Zum Folgenden *Berg/Platow/Schoof/Unterhinninghofen* § 3 TVG Rn. 57.

brauch privater Gestaltungsmöglichkeiten" durch den strukturell grundsätzlich überlegenen Arbeitgeber nötig.

2. Legitimation, Vertragstreue und Folge eigenen Handelns

Ein Verband werde zu seinen Tarifabschlüssen von den Mitgliedern legitimiert.[525] Mit den von ihm abgeschlossenen Tarifverträgen binde er die zum Zeitpunkt des Tarifabschlusses ihm zugehörenden Mitglieder. Diese würden nicht selten im Anschluss an die von den Tarifkommissionen geführten Tarifverhandlungen den Tarifergebnissen zustimmen. Nach der früher teilweise vertretenen rechtsgeschäftlichen Deutung der Tarifverträge wäre es sowieso selbstverständlich, dass ein Tarifvertrag, der von einer Tarifvertragspartei in Vertretung ihrer Mitglieder abgeschlossen wurde, diese Mitglieder während der Laufzeit des Tarifvertrages unabhängig von einer späteren Beendigung der Verbandsmitgliedschaft bindet.[526] Nach der heute herrschenden normativen Erklärung der Tarifvereinbarungen könne man die Tarifgebundenheit zwar an den Fortbestand der Mitgliedschaft im Verband knüpfen. Wenn dies nicht geschehe, sondern die Verbandsmitglieder den einmal kraft Mitgliedschaft verbindlich gewordenen und durch die Mitgliedschaft legitimierten Tarifnormen für den Rest der Laufzeit der Normen ungeachtet ihres Ausscheidens aus dem Verband unterstellt bleiben, stelle dies eine durchaus sachgerechte Lösung dar, die auch nicht mit der grundrechtlich gesicherten Koalitionsfreiheit in Widerspruch stehen würde, solange die Laufzeiten der Tarifverträge sachbedingt, nicht in der Absicht unbilliger Behinderung ausgeschiedener Mitglieder festgelegt würden.

Wenn der einzelne Arbeitgeber einer Koalition beitrete und durch die Wahrnehmung seiner Rechte in der Organisation auf den Abschluss von Tarifverträgen Einfluss nehme, müsse er sich auch die Tarifverträge entgegenhalten lassen, die während seiner Mitgliedschaft abgeschlossen werden.[527] Durch seinen Beitritt legitimiere er zudem auch früher abgeschlossene Tarifverträge. Schon aus dem Grundsatz der Vertragstreue (*pacta sunt servanda*) folge, dass die Tarifverträge bis zu ihrem Ende auszuhalten seien.[528] Die Tatsache, dass eine Kündigung unterbleibe und dass man als Einzelfirma im Rahmen der verbandsinternen Willensbildung insoweit in der Minderheit bleibe, sei von vornherein im „Normpro-

---

525 Zum Folgenden *Buchner* RdA 1997, 259, 260.

526 Vgl. auch *Büdenbender* NZA 2000, 509, 513 ff.

527 Zum Folgenden Schaub/*Schaub* ArbR-Hb § 206 Rn. 9; *ders.* BB 1994, 2005, 2006; *ders.* BB 1995, 2003. Vgl. auch *Bayreuther* Tarifautonomie S. 728; *Däubler* NZA 1996, 225, 226; *Feger* AiB 1995, 490, 493; *Gaul* NZA 1995, 717, 719; *Gerhards* BB 1995, 1290, 1291; *Konzen* ZfA 1975, 401, 408 f.; *Schlachter* ZIAS 1997, 101, 112.

528 Dem Ansatz „Vertragstreue" trotz im Ergebnis anderer Ansicht zustimmend auch *Rieble* Arbeitsmarkt Rn. 1234 ff.; *ders.* ZfA 2004, 1, 37; *Löwisch/Rieble* TVG § 1 Rn. 533. Vgl. auch *Büdenbender* NZA 2000, 509, 513 f.

gramm" mitenthalten.[529] Dass dies zu einer relativ langen Bindung führen könne, sei zuzugeben, mache die Regelung aber nicht verfassungswidrig, da das betreffende Unternehmen während der Zeit seiner Mitgliedschaft einen Tarif mitlegitimiert habe, der eben weit über den Tag hinaus wirke. Der Arbeitgeber solle für die Dauer des fortbestehenden Tarifvertrages an die tarifpolitischen Grundentscheidungen der Verbandsorgane gebunden bleiben, da der Arbeitnehmer hierauf vertrauen dürfe.[530]

Eine einschränkende Auslegung des § 3 Abs. 3 TVG wäre eine unzulässige richterliche Gesetzesänderung.[531] Die Norm regele angemessen die Konsequenz aus der Befugnis zur kollektiven Normsetzung. Es würden lediglich die Folgen aus den von den „verbandsflüchtigen" Arbeitgebern vorher mitgetragenen Tarifentscheidungen gezogen. Zwar könnten die Arbeitgeber nach ihrem Austritt nicht mehr im Verband darüber mitbestimmen, ob eine Kündigung erfolgen soll oder nicht.[532] Hätten sie aber befristete Tarifverträge geschlossen, so würde die Weitergeltung entfallen. Durch die Mitgliedschaft zu diesem Zeitpunkt hätten sie daher auch die sich aus der Unbefristetheit ergebende Möglichkeit einer relativ langen Laufzeit mitlegitimiert. Die Freiheitsbeschränkung des tarifgebundenen Arbeitgebers nach § 3 Abs. 3 TVG habe er selbst herbeigeführt; sie sei eine Auswirkung seines eigenen Handelns.[533] Dagegen bestünden umso weniger Bedenken, als sich diese Tarifgebundenheit nur auf die zur Zeit des Austritts bestehenden Tarifverträge bezieht. Wer einer arbeitsrechtlichen Koalition freiwillig beigetreten ist, übertrage ihr hierdurch die individuellen Gestaltungsmöglichkeiten und gewinne dafür verbandsförmigen Einfluss auf die kollektive Regelung tariflicher Arbeitsbedingungen, deren Geltung nur durch kollektive Entscheidung beendet werden könne.[534] Die über jede privatautonome Vertragsregelung hinausreichende Rechtssetzungsmacht der Tarifvertragsparteien über eine unbestimmte Vielzahl von Fällen und Personen ziehe eben auch eine besondere Verantwortung der Koalitionsmitglieder für den Bestandsschutz selbst geschaffener Normen nach sich, die deren negative Beseitigung durch schlichte private Willenerklärung (Kündigung der Verbandsmitgliedschaft) ausschließe.[535] Insoweit würden sich Begriff und Tragweite der demokratischen Legitimation zur Rechts-

529 Zum Folgenden *Däubler* ZTR 1994, 448, 450. Siehe auch *Hanau/Kania* DB 1995, 1229, 1232. Vgl. aber *Hanau* RdA 1998, 65, 69.

530 *Hoß/Liebscher* DB 1995, 2525, 2526.

531 Zum Folgenden Kempen/Zachert/*Kempen* TVG § 3 Rn. 43.

532 Zum Folgenden auch *Feger* AiB 1995, 490, 493.

533 Zum Folgenden *Buchner* Koalitionsfreiheit, S. 86 f. Vgl. auch *Bayreuther* Tarifautonomie S. 728; *Gerhards* BB 1995, 1290, 1291; *Konzen* ZfA 1975, 401, 409.

534 *Hagemeier/Kempen/Zachert/Zilius* TVG (1990) § 3 Rn. 21; *Hoß/Liebscher* DB 1995, 2525, 2526.

535 Zum Folgenden Kempen/Zachert/*Kempen* TVG § 3 Rn. 65.

setzung von der privaten Legitimation zum Vertragsschluss erheblich unterscheiden. Die Nachbindung sei eine rechtspolitisch sinnvolle Konsequenz aus der mitgliedschaftlich legitimierten Normwirkung von Tarifverträgen. Wegen des hierdurch gebotenen Vertrauensschutzes zu Gunsten der Normunterworfenen wären alle zeitlichen Beschränkungen der Nachbindung willkürlich; sämtliche entsprechenden Vorschläge seien als schutzzweckwidrig abzulehnen.

Im Übrigen zeige der Gesetzgeber selbst, dass er gegenüber der Aufrechterhaltung der Tarifbindung auch ohne mitgliedschaftliche Legitimation für einen längeren Zeitraum keine Bedenken habe, indem er für den Fall des Betriebsübergangs in § 613a Abs. 1 S. 2 BGB die zwingende Fortgeltung von Tarifnormen für den Zeitraum von einem Jahr selbst für den Fall anordnet, dass eine mitgliedschaftliche Legitimation zu keinem Zeitpunkt gegeben war.[536] Von einer verfassungsrechtlich relevanten Beeinträchtigung der negativen Koalitionsfreiheit könne deshalb allenfalls dann gesprochen werden, wenn die Verbände über einen Zeitraum von mehreren Jahren nach Austritt eine Kündigungs- oder Änderungsoption nicht wahrnehmen würden.

3. Verfassungsmäßigkeit

Schließlich wird gegen eine zeitliche Begrenzung der fortbestehenden Tarifgebundenheit auch eingewandt, dass die gegen § 3 Abs. 3 TVG erhobenen verfassungsrechtlichen Bedenken nicht durchgreifen würden.[537] Verstehe man die negative Koalitionsfreiheit als Freiheit, der Koalition fernzubleiben, könne sie durch die Verlängerung der Tarifgebundenheit nicht berührt werden. Habe der Gesetzgeber schon verfassungsgemäß mit der Allgemeinverbindlicherklärung die Erstreckung tariflicher Regelungen auf Nichtmitglieder ermöglichen und für betriebliche und betriebsverfassungsrechtliche Normen i.S.d. § 3 Abs. 2 TVG anordnen können, bestünden gegen die Verfassungsmäßigkeit einer Regelung, die auf einer vorherigen freiwilligen Entscheidung für die Verbandsmitgliedschaft beruhe, keine durchgreifenden Bedenken. Denn die Voraussetzung für die vorherige Tarifgeltung nach § 3 Abs. 3 TVG sei die vorherige Tarifbindung während der Laufzeit des Tarifvertrages. Damit hätten die Mitglieder der Tarifvertragsparteien aber zugleich eine Entscheidung zugunsten der Tarifgebundenheit getroffen. Hieran müssten sie sich gemäß den allgemeinen Grundsätzen des Vertragsrechts (*pacta sunt servanda*) für die Dauer der Vertragslaufzeit festhalten lassen.

---

536 Zum Folgenden *Hanau/Kania* DB 1995, 1229, 1232 f. Vgl. aber *Hanau* RdA 1998, 65, 69.

537 Zum Folgenden Däubler/*Lorenz* TVG § 3 Rn. 82. Vgl. auch AnwK-ArbR/*Friedrich* § 3 TVG Rn. 42; *Bayreuther* Tarifautonomie S. 726; *Hanau/Kania* DB 1995, 1229, 1232 f. Vgl. aber *Hanau* RdA 1998, 65, 69, wo die Ansicht aufgegeben wird.

Nach anderer Ansicht berühre die durch § 3 Abs. 3 TVG aufrechterhaltene Tarifbindung zwar die negative Koalitionsfreiheit, weil sie mit der Aufrechterhaltung der Tarifgebundenheit indirekt die Freiheit der Entscheidung über den Verbandsaustritt (bewusst) beeinträchtige.[538] Hierdurch werde aber nicht unverhältnismäßig in den Schutzbereich des Grundrechts eingegriffen, da die Vorschrift für eine funktionsfähige Tarifautonomie notwendig sei und die weitergeltenden Tarifverträge durch die vorherige Verbandsmitgliedschaft legitimiert seien. Die angeordnete Bindung halte immerhin den Kontakt zur früheren Grundrechtsausübung der ausgeschiedenen Koalitionsmitglieder.[539] Die Regelung des § 3 Abs. 3 TVG beschränke sich also darauf, das Prinzip der aktualen Grundrechtsausübung den Erfordernissen einer kontinuierlichen und funktionsfähigen Tarifvertragsordnung anzupassen. Aus diesem Grunde sei § 3 Abs. 3 TVG als Grenzfall zu erkennen, der bei gebotener restriktiver Auslegung (Verbot der nachträglichen Änderung des Tarifvertrages) mit der negativen Koalitionsfreiheit noch zu vereinbaren sei. Gegenüber der vor allem als Grundlage der Verfassungskritik dienenden negativen Koalitionsfreiheit sei auf die positive (kollektive) Koalitionsfreiheit hinzuweisen, deren Gewährleistung auch einen Schutz der existenznotwendigen Verbandsrechte bzw. koalitionspolitischen Bestandsinteressen impliziere.[540] Diese Gewährleistungen seien mit der negativen Koalitionsfreiheit ranggleich, im Falle der Kollision also mit jener auszugleichen. Ein solcher Ausgleich habe nach den Grundsätzen der Verhältnismäßigkeit zu erfolgen; und im Lichte dieser Abgrenzungsregel erscheine § 3 Abs. 3 TVG noch als verfassungsmäßig. Die Bestimmung knüpfe immerhin an die Tarifgebundenheit des zumindest früheren Mitglieds einer Tarifvertragspartei an; zum anderen verhindere sie sach- und zweckgerecht die spätere Flucht bestimmter Mitglieder von Tarifvertragsparteien aus einem Verbandstarifvertrag.

Von einigen Stimmen in der Literatur wird vertreten, dass die zeitlich unbegrenzt fortbestehende Tarifgebundenheit nach § 3 Abs. 3 TVG vom Bundesverfassungsgericht gebilligt worden sei, da es auch die zeitliche Unbegrenztheit der Nachwirkung des Tarifvertrages nach § 4 Abs. 5 TVG nach einem Austritt aus dem Arbeitgeberverband nicht beanstandet hätte:[541]:der Fortgeltungszeitraum nach § 3 Abs. 3 TVG halte solange an, wie der Tarifvertrag nach dem Willen der Tarifvertragsparteien gelten soll.[542] Die Fortgeltung erstrecke sich also auf den Zeitraum, für den das Mitglied die Geltung des Tarifvertrages legitimiert habe. Die Nachwirkung schieße darüber hinaus. Deshalb musste es dem Bundesverfas-

538 Zum Folgenden Wiedemann/*Oetker* TVG § 3 Rn. 61.

539 Zum Folgenden *Scholz* Koalitionsfreiheit S. 270.

540 Zum Folgenden *Scholz* FS Müller S. 509, 534.

541 So Schaub/*Schaub* ArbR-Hb § 206 Rn. 9 unter Hinweis auf BVerfG AP Nr. 36 zu § 4 TVG Nachwirkung. Vgl. auch *Bayreuther* Tarifautonomie S. 728.

542 Zum Folgenden *Bayreuther* Tarifautonomie S. 728.

sungsgericht, was den Nachwirkungszeitraum betrifft, so wichtig sein, dass der einzelnen Arbeitsvertragspartei während der Nachwirkung des Tarifvertrages immerhin die Chance zukommt, die Tarifbestimmungen inhaltlich abzuändern.

IV. Stellungnahme

Nachfolgend wird zur Frage der Notwendigkeit einer zeitlichen Begrenzung der aufgrund der fortbestehenden Tarifgebundenheit nach § 3 Abs. 3 TVG aufrechterhaltenen Normwirkung Stellung genommen.

1. Relevanz einer etwaigen Begrenzung

Bevor auf etwaige rechtliche Gesichtspunkte für bzw. gegen eine zeitliche Begrenzung der aufgrund der fortbestehenden Tarifgebundenheit nach § 3 Abs. 3 TVG aufrechterhaltenen Normwirkung eingegangen wird, stellt sich zunächst die Frage, ob und gegebenenfalls welche Auswirkungen eine Grenzziehung für die betroffenen Arbeitsvertragsparteien hätte, d.h. ob mit anderen Worten eine Begrenzung überhaupt relevant ins Gewicht fallen würde.

Die Relevanz einer Begrenzung wird teilweise für gering gehalten; das Problem sei wesentlich kleiner, als Begriffe wie „ewige Bindung" glauben machen wollen.[543] Ob diese Annahme berechtigt ist oder nicht, wird nachfolgend untersucht.

a) Tarifverträge: Arten, Bedeutung, Laufzeiten

Dabei kann zunächst nach den verschiedenen Arten von Tarifverträgen, ihrer Bedeutung und ihren Laufzeiten unterschieden werden:

aa) Unterscheidung nach Tarifvertragsparteien

Unterscheidet man die Tarifverträge nach Parteien so scheiden unter dem Blickwinkel der Relevanz einer zeitlichen Begrenzung der aufgrund der fortbestehenden Tarifgebundenheit nach § 3 Abs. 3 TVG aufrechterhaltenen Normwirkung die von einzelnen Arbeitgebern, die selbst Tarifvertragspartei sind, abgeschlossenen Firmentarifverträge aus.[544]

Die Frage einer Begrenzung ist nur für von Arbeitgeberverbänden für ihre Mitglieder abgeschlossene Verbandstarifverträge relevant. Dies gilt auch für den Sonderfall der firmenbezogenen Verbandstarifverträge, die zwar vom Geltungs-

---

543 So *Berg/Platow/Schoof/Unterhinninghofen* § 3 TVG Rn. 57. Vgl. auch AnwK-ArbR/*Friedrich* § 3 TVG Rn. 58; *Giesen* Anm. zu BAG BB 2002, 1050; Kempen/Zachert/*Kempen* TVG § 3 Rn. 43; *Kittner* AuR 1998, 469, 471.

544 Vgl. hierzu bereits oben unter § 4 A. auf S. 61.

bereich her Firmentarifverträgen entsprechen, aber vom Arbeitgeberverband abgeschlossen werden.[545]

bb) Bedeutung: Tarifgebundenheit nach wie vor häufig

Ein Blick auf die bereits vorgestellte Statistik zur Tarifgebundenheit mit Erhebungen für das Jahr 2006 zeigt, dass Verbandstarifverträge für eine erhebliche Anzahl von Arbeitnehmern und Arbeitgebern unmittelbar und zwingend gelten:[546]

In Westdeutschland arbeiteten rund 57 % der Arbeitnehmer in Betrieben mit Bindung an einen Verbandstarifvertrag. In Ostdeutschland arbeiteten ungefähr 41 % der Arbeitnehmer in Betrieben mit Bindung an einen Verbandstarifvertrag. In Westdeutschland waren ungefähr 37 % der Betriebe an einen Verbandstarifvertrag gebunden. In Ostdeutschland waren rund 20 % der Betriebe an einen Verbandstarifvertrag gebunden.

Da demnach viele Arbeitgeber von der Frage nach einer zeitlichen Begrenzung der aufgrund der fortbestehenden Tarifgebundenheit nach § 3 Abs. 3 TVG aufrechterhaltenen Normwirkung betroffen sind, ist die Relevanz der vorliegenden Fragestellung auch unter diesem Gesichtspunkt zu bejahen.

cc) Unterscheidung nach Regelungsgegenstand und Laufzeit

Unterscheidet man die (Verbands-)Tarifverträge nach ihrem Regelungsgegenstand und ihrer Laufzeit, ergibt sich folgendes Bild:

In der Regel gibt es nicht nur einen zwischen den Tarifparteien im jeweiligen Geltungsbereich abgeschlossenen Tarifvertrag, der die Arbeitsverhältnisse ihrer Mitglieder gestaltet. Vielmehr wird üblicherweise und oft zeitversetzt ein ganzes Tarifvertragswerk vereinbart. Dieses beinhaltet den Abschluss einzelner Tarifverträge mit verschiedenen Regelungen und verschiedenen Laufzeiten. So werden etwa oft reine Entgelttarifverträge neben Manteltarifverträgen abgeschlossen.[547] Letztere enthalten alle tariflichen Arbeitsbedingungen, die nicht im Entgelttarifvertrag oder in anderen, Einzelmaterien betreffenden Tarifverträgen (z.B. Sonderzahlungen, Altersvorsorge, vermögenswirksame Leistungen) geregelt sind.[548]

---

545 Vgl. zum firmenbezogenen Verbandstarifvertrag etwa Wiedemann/*Thüsing* TVG § 1 Rn. 63 m.w.N.

546 Siehe hierzu oben unter § 3 E. auf S. 58. Vgl. auch *Dieterich/Hanau/Henssler/Oetker/Wank/Wiedemann* RdA 2004, 65, 66: „Breitenwirkung (...) sehr groß“.

547 Vgl. hierzu Wiedemann/*Thüsing* TVG § 1 Rn. 65 ff.

548 Wiedemann/*Thüsing* TVG § 1 Rn. 69.

Die meisten Tarifverträge werden auch unbefristet geschlossen, wobei den Tarifvertragsparteien das Recht zur Kündigung nach einer Mindestlaufzeit eingeräumt ist.[549] Der Tarifvertrag endet also nicht mit Ablauf dieser Mindestgeltungsdauer, sondern gilt weiter, bis er gekündigt wird.[550] Wenn also in Zusammenhang mit Tarifverträgen von einer Laufzeit die Rede ist, ist damit in der Regel nicht eine Befristung, sondern eine Mindestlaufzeit gemeint.

Während Entgelttarifverträge normalerweise eine verhältnismäßig kurze Laufzeit von ein bis zwei Jahren haben,[551] ist die Laufzeit bei anderen Tarifverträgen, insbesondere Manteltarifverträgen länger. Teilweise wird insoweit pauschal behauptet, dass Manteltarifverträge drei bis fünf Jahre laufen würden; diese Bindungsdauer sei in Ordnung und die Fragestellung nach der Begrenzung der „ewigen" Tarifgebundenheit eher theoretisch.[552] Diese Betrachtungsweise trifft aber nicht zu. Denn auch Manteltarifverträge mit Laufzeiten selbst bis zu zehn Jahren sind keine Seltenheit.[553] Als anschauliche Beispiele können etwa die bereits in der Einleitung genannten Tarifverträge (Rahmentarifvertrag für das Glaserhandwerk in Hamburg vom 1. Oktober 1992, Manteltarifvertrag für gewerbliche Arbeitnehmer und das Verkaufspersonal in den Betrieben der Fleischerinnung Hamburg und des Verbandes der Fleischwarenindustrie in der Hansestadt Hamburg e.V. vom 12. Oktober 1992) genannt werden. Die beiden unbefristeten Tarifverträge sind seit dem 1. Oktober 1992 bzw. dem 1. Januar 1993 in Kraft und waren im Hinblick auf die meisten ihrer Regelungsinhalte erstmals zum 31. Dezember 1996 kündbar. Auch mehr als zehn Jahre später sind die Tarifverträge trotz Verhandlungsbemühungen der Arbeitgeberverbände unverändert und ungekündigt in Kraft.[554] Bereits diese Beispiele zeigen, dass es sich nicht nur um ein theoretisches Problem handelt[555] und die Rechtsprechung des Bundesarbeitsgerichts, wonach bei der Änderung des normativen Teils des Tarifvertrages des-

549 Zum Folgenden vgl. etwa *Beathalter* Gestaltungsmöglichkeiten S. 367.

550 Siehe exemplarisch z.B. § 39 des Tarifvertrages für den öffentlichen Dienst der Länder vom 12. Oktober 2006, § 28 Ziff. 1 des Manteltarifvertrages für das private Versicherungsgewerbe vom 28. Juni 1996 in der ab dem 1. April 2007 geltenden Fassung oder § 18.1 des Manteltarifvertrages Zeitarbeit der BZA-DGB-Tarifgemeinschaft vom 22. Juli 2003 in der ab dem 30. Mai 2006 geltenden Fassung.

551 Vgl. etwa *Rieble* Arbeitsmarkt Rn. 1554; *Däubler* ZTR 1996, 241.

552 Vgl. etwa *Berg/Platow/Schoof/Unterhinninghofen* § 3 TVG Rn. 57; *Büdenbender* NZA 2000, 509, 513 Fn. 28; *Kittner* AuR 1998, 469, 471.

553 So auch *Rieble* Arbeitsmarkt Rn. 1554. Siehe auch *ders.* Anm. zu BAG SAE 1994, 157, 159; *Beathalter* Gestaltungsmöglichkeiten S. 367.

554 Telefonisch dem Verfasser erteilte Auskünfte der Geschäftsstelle des Wirtschaftsverbandes Glashandwerke Hamburg e.V. vom 24. September 2007 sowie Auskunft der die Fleischerinnung vertretenden Rechtsanwältin vom 11. Oktober 2007. Siehe auch BAG NZA 2007, 576, 578: „UrlaubsTV (...) schon mehr als 18 Jahre bestanden".

555 Entgegen *Kittner* AuR 1998, 469, 471.

sen Ende i.S.d. § 3 Abs. 3 TVG vorliegt,[556] in diesen Fällen eben keine ausreichende Lösung ist.[557] Vielmehr kann eine solche Situation in verschiedenen Regionen und Branchen auftreten, wenn die Gewerkschaft eine als guten Abschluss angesehene tarifliche Regelung über Jahre hinweg nicht ändern will und der Arbeitgeberverband seinerseits keine Kündigung ausspricht, da er keine Erfolgsaussichten für einen aus seiner Sicht günstigeren Neuabschluss sieht. Wenn die Mehrheit der Mitglieder des Arbeitgeberverbandes in so einer Situation nicht den Weg beschreiten will, über eine Kündigung des Tarifvertrages die Nachwirkung des § 4 Abs. 5 TVG herbeizuführen und damit zumindest die rechtliche Möglichkeit abweichender Abmachungen im Sinne dieser Vorschrift zu eröffnen, ist den in der Minderheit befindlichen und auch den ehemaligen Mitgliedern des Arbeitgeberverbandes jede Chance auf in Eigenregie vorgenommene Veränderungen der Arbeitsbedingungen verwehrt. In der Literatur wurde diese Situation schlagwortartig als „tarifpolitische Eiszeit“ beschrieben.[558]

Auch wenn danach der Bereich der Entgelte aufgrund der relativ kurzen Laufzeiten der Entgelttarifverträge bei der Frage nach einer zeitlichen Begrenzung der aufgrund der fortbestehenden Tarifgebundenheit nach § 3 Abs. 3 TVG aufrechterhaltenen Normwirkung nicht ins Gewicht fällt, ist diese Frage bei den sonstigen Arbeitsbedingungen, die in Mantel- bzw. Rahmentarifverträgen geregelt sind, nach den vorstehenden Ausführungen demnach von praktischer Relevanz, da über mehrere Jahre nicht gekündigte und nicht geänderte Tarifverträge (also Laufzeiten selbst bis zu vielen Jahren) in der Praxis nicht selten vorkommen.

b) Anwendung unabhängig von/ohne Tarifgebundenheit?

Die Relevanz der Frage nach einer zeitlichen Begrenzung der aufgrund der fortbestehenden Tarifgebundenheit nach § 3 Abs. 3 TVG aufrechterhaltenen Normwirkung wäre erheblich eingeschränkt, wenn der aus dem Arbeitgeberverband ausgetretene Arbeitgeber unabhängig vom Vorliegen der Tarifgebundenheit ohnehin zur Anwendung der tariflichen Regelungen verpflichtet wäre.

aa) Allgemeinverbindliche Tarifverträge

Eine solche Verpflichtung kann zum einen auf der Allgemeinverbindlicherklärung von Tarifverträgen beruhen. Als Folge ordnet § 5 Abs. 4 TVG an, dass die entsprechenden Tarifverträge in ihrem Geltungsbereich auch für die nicht tarifgebundenen Arbeitgeber und Arbeitnehmer unmittelbar und zwingend gelten.

---

556 Siehe hierzu oben unter § 4 A.VI.2.d) auf S. 81 f.

557 So aber *Berg/Platow/Schoof/Unterhinninghofen* § 3 TVG Rn. 57. In diese Richtung auch *Giesen* Anm. zu BAG BB 2002, 1050.

558 *Behrendt/Gaumann/Liebermann* NZA 2006, 525, 527, 528.

Jedoch sind allgemeinverbindliche Tarifverträge die Ausnahme und nicht die Regel. Am Ende des 3. Quartals des Jahres 2007 waren von insgesamt 67.300 im Tarifregister nach § 6 TVG erfassten Tarifverträgen nur 448 (entspricht ca. 0,67%) allgemeinverbindlich.[559] Auch wenn es sich bei den allgemeinverbindlichen Tarifverträgen in der Regel nur um Verbandstarifverträge und nicht um Firmentarifverträge handelt,[560] kann der Allgemeinverbindlicherklärung somit keine die Relevanz der vorliegenden Fragestellung einschränkende Wirkung beigemessen werden.

bb) Nachwirkung gemäß § 4 Abs. 5 TVG

Eine unabhängig vom Vorliegen der Tarifgebundenheit bestehende Verpflichtung zur Anwendung der tariflichen Regelungen kann sich auch aus § 4 Abs. 5 TVG ergeben.

Nach § 4 Abs. 5 TVG gelten die Rechtsnormen eines Tarifvertrages nach seinem Ablauf weiter, bis sie durch eine andere Abmachung ersetzt werden. Die vom Gesetz angeordnete Nachwirkung verhindert, dass die Tarifnormen nach ihrem Ablauf jede Wirkung für das dem Tarifvertrag unterliegende Arbeitsverhältnis verlieren.[561] Diese Folge würde ohne § 4 Abs. 5 TVG eintreten, da die Tarifnormen unmittelbar und zwingend von außen wie Rechtsnormen das Arbeitsverhältnis gestalten und daher nach der Beendigung des Tarifvertrages keine Bedeutung für das Arbeitsverhältnis mehr entfalten würden. Dieses unerwünschte Ergebnis wird durch die gesetzlich angeordnete Nachwirkung vermieden. Damit verlieren die Tarifnormen im Nachwirkungsstadium ihre zwingende Wirkung. Somit bedeutet die Nachwirkung des § 4 Abs. 5 TVG, dass die zeitliche Geltung der Tarifnormen über die von den Tarifparteien vereinbarte Laufzeit hinaus – allerdings bei gleichzeitiger Aberkennung ihres zwingenden Charakters – ausgedehnt wird.[562] Der zeitliche Geltungsbereich des Tarifvertrages wird kraft gesetzlicher Anordnung verlängert. Dabei gelten nach Auffassung der Rechtsprechung des Bundesarbeitsgerichts die nachwirkenden Tarifnormen nur für Arbeitsverhältnisse, die bereits vor dem Ablauf des Tarifvertrages bestanden haben und im Nachwirkungszeitraum weiter bestehen.[563] Sie gelten also nicht für Arbeitsver-

---

559 Siehe Bundesministerium für Arbeit und Soziales, Verzeichnis der für allgemeinverbindlich erklärten Tarifverträge vom 1. Oktober 2007, S. 3.

560 Vgl. zum in der Regel fehlenden öffentlichem Interesse Däubler/*Lakies* TVG § 5 Rn. 53; *Löwisch/Rieble* TVG § 5 Rn. 21; Wiedemann/*Wank* TVG § 5 Rn. 67, 74. Differenzierend Kempen/Zachert/*Kempen* TVG § 5 Rn. 22.

561 Zum Folgenden BAG AP Nr. 8 zu § 4 TVG Nachwirkung; BAG AP Nr. 8 zu § 3 TVG Verbandsaustritt; ErfK/*Franzen* § 4 TVG Rn. 50 m.w.N.

562 Zum Folgenden *Buchner* RdA 1997, 259, 260.

563 Zum Folgenden BAG AP Nr. 1, 29 zu § 4 TVG Nachwirkung; BAG AP Nr. 31 zu § 3 TVG; ErfK/*Franzen* § 4 TVG Rn. 53 m.w.N.

hältnisse, die erst im Nachwirkungszeitraum begründet wurden. Für neu eingestellte Arbeitnehmer gilt ein nur nachwirkender Tarifvertrag daher von vornherein nicht. Seit seiner Entscheidung vom 18. März 1992 geht der für Tariffragen zuständige Vierte Senat des Bundesarbeitsgerichts in ständiger Rechtsprechung davon aus, dass die Nachwirkung gemäß § 4 Abs. 5 TVG auch bei Wegfall der nach § 3 Abs. 3 TVG fortbestehenden Tarifgebundenheit eingreift.[564] Die normative Wirkung des Tarifvertrages im Falle des Verbandsaustritts besteht nicht nur, wie § 3 Abs. 3 TVG anordnet, bis zum Ende eines Tarifvertrages weiter, sondern greift gemäß § 4 Abs. 5 TVG noch über diesen Zeitpunkt hinaus, bis die tarifliche Regelung durch eine andere Abmachung ersetzt wird. Zu abweichenden Abmachungen i.S.d. § 4 Abs. 5 TVG gehören neben neuen bzw. anderen Verbandstarifverträgen, Firmentarifverträgen, Betriebsvereinbarungen (in den Grenzen des § 77 Abs. 3 BetrVG) und arbeitsvertraglichen Einheitsregeln sowie echten Individualabreden entgegen dem etwas missverständlichen Wortlaut des § 4 Abs. 5 TVG auch Änderungskündigungen, bei denen die Arbeitnehmer das Änderungsangebot (unter Vorbehalt oder ohne Vorbehalt) annehmen.[565]

Unabhängig von der hier zunächst offen gelassenen Frage, inwiefern für den Arbeitgeber bei der Durchsetzung der durch den Wegfall der zwingenden Wirkung eröffneten Möglichkeiten zur Vereinbarung anderer Abmachungen i.S.d. §4 Abs. 5 TVG tatsächliche Schwierigkeiten bestehen,[566] besteht nach § 4 Abs. 5 TVG zumindest die rechtliche Möglichkeit abweichender Abmachungen für den ausgetretenen Arbeitgeber. Diese rechtliche Möglichkeit wurde vom Bundesarbeitsgericht als ausreichend angesehen, um insoweit die Handlungsfreiheit des Arbeitgebers zu bejahen: der Arbeitgeber habe es in der Hand, die Nachwirkung dadurch zu beseitigen, dass er mit den bei ihm beschäftigten, unter die Nachwirkung fallenden Arbeitnehmern unter Einsatz seiner Verhandlungsmacht anderweitige Abmachungen trifft, einen Firmentarifvertrag schließt oder Änderungskündigungen durchsetzt.[567] Zudem kann der Arbeitgeber die im Nachwirkungszeitraum neu begründeten Arbeitsverhältnisse unabhängig vom Tarifvertrag gestalten. Die genannten Möglichkeiten hat er aber erst, wenn vorher aber die Be-

---

564 Zum Folgenden BAG AP Nr. 13 zu § 3 TVG; BAG AP Nr. 3 zu § 3 TVG Verbandsaustritt; BAG AP Nr. 42 zu § 4 TVG Nachwirkung. Vgl. auch andere Senate: BAG AP Nr. 10 zu § 3 TVG; BAG AP Nr. 42 zu § 1 BetrAVG Zusatzversorgungskassen. Bestätigt durch BVerfG AP Nr. 36 zu § 4 TVG Nachwirkung. Vgl. auch Jacobs/Krause/Oetker/*Oetker* § 6 Rn. 65 und Wiedemann/*Wank* TVG § 4 Rn. 338 f. jeweils m.w.N. auch zu kritischen Stimmen.

565 Vgl. ErfK/*Franzen* § 4 TVG Rn. 61 ff. m.w.N.

566 Zu den insoweit kritischen Stimmen vgl. bereits oben unter § 1 auf S. 1. Zur Unbeachtlichkeit der tatsächlichen Schwierigkeiten für die rechtliche Bewertung bzw. zur Erforderlichkeit flankierender Maßnahmen vgl. *Maschmann* Zugriff S. 193.

567 BAG AP Nr. 41 zu § 4 TVG Nachwirkung unter Hinweis auf Däubler/*Bepler* TVG § 4 Rn. 881. Bestätigt durch BVerfG AP Nr. 36 zu § 4 TVG Nachwirkung.

endigung der aufgrund der fortbestehenden Tarifgebundenheit nach § 3 Abs. 3 TVG aufrechterhaltenen Normwirkung eintritt. Die Verpflichtung zur Anwendung der tariflichen Regelungen aufgrund von § 4 Abs. 5 TVG kann die Relevanz der vorliegenden Fragestellung somit nicht einschränken.

cc) Bezugnahme auf Tarifverträge im Arbeitsvertrag

Eine Verpflichtung zur Anwendung der tariflichen Regelungen kann von Arbeitgebern aber auch selbst herbeigeführt werden, z.B. indem diese in den mit ihren Arbeitnehmern geschlossenen Arbeitsverträgen auf Tarifverträge verweisen.

Die große Mehrzahl der Arbeitsverträge enthält vollumfängliche oder teilweise Verweisungen auf einen oder mehrere Tarifverträge (sog. einzelvertragliche Bezugnahmeklauseln).[568] Für den tarifgebundenen Arbeitgeber liegt der Vorteil darin, dass er hierdurch einheitliche Arbeitsbedingungen für alle Arbeitnehmer ungeachtet ihrer, ihm in der Regel nicht bekannten und nicht erfragbaren Gewerkschaftszugehörigkeit schaffen und damit Anreize zum Gewerkschaftsbeitritt vermeiden kann.[569] Die Bezugnahme kann ausdrücklich oder konkludent erfolgen oder sich aus betrieblicher Übung ergeben.[570] In den meisten Fällen werden die Bezugnahmevereinbarungen ausdrücklich formuliert und vom Arbeitgeber vorgegeben sein. Durch die arbeitsvertragliche Verweisung auf die tariflichen Regelungen entsteht keine Tarifbindung, vielmehr wird die tarifliche Regelung zum Inhalt des Arbeitsvertrages.[571] Welche Wirkung die einzelvertragliche Verweisung auf einen oder mehrere Tarifverträge im Übrigen entfaltet, hängt wesentlich davon ab, wie die Bezugnahmeabrede im Einzelfall ausgestaltet ist.[572] Aufgrund einer Bezugnahme wird der Arbeitnehmer oft unabhängig von seiner Tarifgebundenheit an der Tarifentwicklung des in Bezug genommenen Tarifvertrages teilnehmen, wie wenn er tarifgebunden wäre.[573] Zwingend ist dies aber nicht. Es hat sich folgende Typologie von Bezugnahmeklauseln herausgebildet:[574] zunächst kann auf einen Tarifvertrag in einer ganz bestimmten Fassung

568 Zum Folgenden ErfK/*Franzen* § 3 TVG Rn. 29.

569 Vgl. auch BAG AP Nr. 21 zu § 1 TVG Bezugnahme auf Tarifvertrag; Jacobs/Krause/Oetker/*Oetker* § 6 Rn. 142, 146.

570 Zum Folgenden ErfK/*Franzen* § 3 TVG Rn. 30; Jacobs/Krause/Oetker/*Oetker* § 6 Rn. 152 ff. m.w.N.

571 BAG AP Nr. 101 zu § 613a BGB; BAG AP Nr. 70 zu § 242 BGB Betriebliche Übung; BAG AP Nr. 29 zu § 4 TVG Tarifkonkurrenz; ErfK/*Franzen* § 3 TVG Rn. 32; Jacobs/Krause/Oetker/*Oetker* § 6 Rn. 145 m.w.N.

572 Vgl. BAG AP Nr. 39 zu § 1 TVG Bezugnahme auf Tarifvertrag; BAG NZA 2007, 965, 967 f.; ErfK/*Franzen* § 3 TVG Rn. 32.

573 So etwa ErfK/*Franzen* § 3 TVG Rn. 32.

574 Zum Folgenden vgl. ErfK/*Franzen* § 3 TVG Rn. 36 m.w.N.; Jacobs/Krause/Oetker/*Oetker* § 6 Rn. 140.

verwiesen werden (sog. statische Verweisung); in diesem Fall nimmt das Arbeitsverhältnis an den Änderungen des Tarifvertrages nicht teil. Als sog. kleine dynamische Verweisung wird die Bezugnahme der jeweiligen Fassung eines bestimmten Tarifvertrages und als sog. große dynamische Verweisung die Bezugnahme auf die jeweilige Fassung der einschlägigen Tarifverträge der Branche bezeichnet. Diese Typologie ersetzt die genaue Auslegung der jeweiligen Vertragsklausel aber nicht.

In Zusammenhang mit dem Verbandsaustritt des Arbeitgebers aus dem Arbeitgeberverband (aber auch mit Betriebsübergängen nach § 613a Abs. 1 S. 1 BGB) wurde die Vereinbarung und Anwendung von einzelvertraglichen Bezugnahmeklauseln seit Jahrzehnten durch die bisherige ständige Rechtsprechung des Vierten Senats des Bundesarbeitsgerichts zur Auslegung solcher Klauseln geprägt:[575] danach waren bei Tarifgebundenheit des Arbeitgebers – anders als bei nicht tarifgebundenen Arbeitgebern – Verweisungsklauseln in Arbeitsverträgen in aller Regel als sog. Gleichstellungsabreden auszulegen. Dies beruhte auf der Vorstellung, dass mit einer solchen, von einem tarifgebundenen Arbeitgeber gestellten Vertragsklausel lediglich die möglicherweise fehlende Tarifgebundenheit des Arbeitnehmers ersetzt werden solle, um jedenfalls zu einer vertraglichen Anwendung des einschlägigen Tarifvertrages zu kommen und damit zu dessen Geltung für alle Beschäftigten. Nach dem so verstandenen Sinn und Zweck der Klausel sollte das Arbeitsverhältnis an den dynamischen Entwicklungen des in Bezug genommenen Tarifvertrages so lange teilnehmen, wie der Arbeitgeber selbst tarifgebunden war. Trat er aus dem tarifschließenden Verband aus, wirkten die zum Zeitpunkt des Endes der Tarifgebundenheit gültigen Normen des Tarifvertrages im Verhältnis zu den tarifgebundenen Arbeitnehmern statisch weiter. Der Gleichstellungszweck der Klausel konnte gegenüber den nicht tarifgebundenen Arbeitnehmern nur dann erfüllt werden, wenn auch für diese die Normen des im Arbeitsvertrag in Bezug genommenen Tarifvertrages nur statisch weitergalten.

Diese bisherige, ständige Rechtsprechung zur Gleichstellungsabrede hat der Vierte Senat des Bundesarbeitsgerichts aufgrund vielfacher Kritik in der Literatur nach einer Ankündigung[576] unter Hinweis auf eine Änderung der Rahmenbedingungen sowie eine „Rückbesinnung“ auf die allgemeinen Grundsätze der Vertragsauslegung nunmehr aufgegeben.[577] Eine individualvertragliche Klausel, die ihrem Wortlaut nach ohne Einschränkung auf einen bestimmten Tarifvertrag in

---

575 Zum Folgenden sowie zu Nachweisen zur bisherigen Rechtsprechung vgl. BAG AP Nr. 39 zu § 1 TVG Bezugnahme auf Tarifvertrag und BAG NZA 2007, 965, 967. Vgl. auch ErfK/*Franzen* § 3 TVG Rn. 39; Jacobs/Krause/Oetker/*Oetker* § 6 Rn. 204 ff.

576 BAG AP Nr. 39 zu § 1 TVG Bezugnahme auf Tarifvertrag.

577 Zum Folgenden BAG NZA 2007, 965, 967 ff.

seiner jeweiligen Fassung verweist, ist im Regelfall jetzt dahingehend auszulegen, dass dieser Tarifvertrag in seiner jeweiligen Fassung gelten soll und dass diese Geltung nicht von Faktoren abhängt, die nicht im Vertrag genannt oder sonst für beide Parteien ersichtlich zur Voraussetzung gemacht worden sind. Die Bezugnahmeklausel kann bei einer etwaigen Tarifgebundenheit des Arbeitgebers an den im Arbeitsvertrag genannten Tarifvertrag grundsätzlich keine andere Wirkung haben als bei einem nicht tarifgebundenen Arbeitgeber. In beiden Fällen unterliegt die in der Bezugnahmeklausel liegende Dynamik keiner auflösenden Bedingung. Dabei hat der Vierte Senat des Bundesarbeitsgerichts aber betont, dass es keine Rechtsgründe gibt, welche die Vereinbarung einer Gleichstellungsabrede im Arbeitsvertrag ausschließen, und dass dem Arbeitgeber eine entsprechende Vertragsgestaltung ohne Schwierigkeiten möglich ist.[578] Vor dem Hintergrund, dass der Vierte Senat des Bundesarbeitsgerichts eine jahrzehntelange, ständige Rechtsprechung aufgegeben hat, hat er die Auswirkungen dieser Rechtsprechungsänderung aus Vertrauensschutzgesichtspunkten beschränkt.[579] Er hält an seiner bisherigen Auslegungsregel für dynamische Inbezugnahmen einschlägiger Tarifverträge oder Tarifwerke für Altverträge, die vor dem In-Kraft-Treten des Schuldrechtsmodernisierungsgesetzes am 1. Januar 2002 abgeschlossen worden sind, fest.

In der Literatur wurde bereits vor dieser Rechtsprechungsänderung die Relevanz der vorliegenden Fragestellung wegen der Verpflichtung zur Anwendung der tariflichen Regelungen aufgrund von einzelvertraglichen Bezugnahmeklauseln angezweifelt: solche einzelvertraglichen Bezugnahmen wirkten unabhängig von der kollektiven Geltungsfrage, so dass der Austritt eines Arbeitgebers aus dem Arbeitgeberverband jedenfalls für spätestens bis zum Wirksamwerden einer Beendigung der jeweiligen Tarifverträge begründete Arbeitsverhältnisse praktisch wertlos sein könne.[580] Dadurch, dass in die Arbeitsverträge dynamische Bezugnahmen auf die im Betrieb geltenden Tarifverträge aufgenommen werden, würden sich viele Arbeitgeber das nach dem Ende der Tarifgebundenheit bestehende letzte Stück Gestaltungsfreiheit nehmen.[581] Diesen in der Literatur angeführten Zweifeln ist jedenfalls seit der genannten Rechtsprechungsänderung zuzugeben, dass einem Arbeitgeber trotz seines Verbandsaustritts im Zweifel eher eine Teilnahme an der weiteren Tarifentwicklung drohen kann als bisher.

---

578 BAG AP Nr. 39 zu § 1 TVG Bezugnahme auf Tarifvertrag; BAG NZA 2007, 965, 968.

579 Zum Folgenden BAG AP Nr. 39 zu § 1 TVG Bezugnahme auf Tarifvertrag; BAG NZA 2007, 965, 969 ff.

580 Vgl. *Beathalter* Gestaltungsmöglichkeiten S. 362 Fn. 3; *Hümmerich* DB 1996, 1182. Siehe auch *Däubler* NZA 1996, 225, 228.

581 *Hanau* RdA 1998, 65, 69.

Im Ergebnis kann die Verpflichtung zur Anwendung der tariflichen Regelungen aufgrund von einzelvertraglichen Bezugnahmeklauseln die Relevanz der vorliegenden Fragestellung aber nicht einschränken. Zunächst muss es sich bei den von einem aus dem Arbeitgeberverband ausgetretenen Arbeitgeber abgeschlossenen Arbeitsverträgen nicht zwingend um solche mit einer zeitlich dynamischen Bezugnahmeklausel handeln. Vielmehr können auch vor der genannten Rechtsprechungsänderung aufgrund der vielfachen Kritik in der Literatur und der seit längerem vorgeschlagenen Alternativformulierungen[582] bereits ausdrücklich auf eine Gleichstellung mit den tarifgebundenen Arbeitnehmern abstellende Klauseln vorliegen, auch wenn dies sicherlich nicht die Mehrheit der Arbeitsverträge betreffen wird. Darüber hinaus wird es im Kontext der vorliegenden Fragestellung, die im Wesentlichen nur über Jahre nicht gekündigte und nicht geänderte Mantel- bzw. Rahmentarifverträge betrifft, oft noch um vor dem 1. Januar 2002 abgeschlossene sog. Altverträge gehen. Auf diese würde bei einer Beendigung der aufgrund der fortbestehenden Tarifgebundenheit nach § 3 Abs. 3 TVG aufrechterhaltenen Normwirkung weiterhin die bisherige Rechtsprechung zur Gleichstellungsabrede Anwendung finden. Im Übrigen ist die Situation auch nicht wesentlich anders als bei der vorstehend erörterten Nachwirkung der Tarifverträge nach § 4 Abs. 5 TVG. Der einzige Unterschied zur Nachwirkung nach § 4 Abs. 5 TVG ist, dass die Bezugnahmeklausel im Zweifel eben auch die Anbindung an die künftige Tarifentwicklung begründen kann. Die bei der Nachwirkung eröffnete rechtliche Möglichkeit abweichender Abmachungen, z.B. durch einvernehmliche Änderungsverträge mit den Arbeitnehmern, besteht aber auch hier. Die einzelvertragliche Bezugnahme kann ebenfalls ganz oder teilweise einvernehmlich beseitigt werden.[583] Auch kann der Arbeitgeber neue Arbeitsverhältnisse ohne Bezugnahmeklausel auf einen oder mehrere Tarifverträge begründen.

c) Tarifautonome Lösungen: Öffnungsklauseln, Firmentarifverträge

Die Relevanz der vorliegenden Fragestellung wird teilweise auch unter Hinweis auf tarifautonome Möglichkeiten für eine Problemlösung bezweifelt.[584]

aa) Abschluss eines Firmentarifvertrages

Teilweise wird darauf verwiesen, dass der „Tarifflüchtling“ mit der Gewerkschaft über einen Firmentarifvertrag das Problem zu lösen versuchen kann.[585]

---

582 Vgl. hierzu Nachweise bei BAG AP Nr. 39 zu § 1 TVG Bezugnahme auf Tarifvertrag.

583 So ausdrücklich zur Beseitigung der zeitdynamischen Bindung einer Bezugnahmeklausel BAG NZA 2007, 965, 968.

584 So etwa *Berg/Platow/Schoof/Unterhinninghofen* § 3 TVG Rn. 57.

Dem Hinweis darauf, dass der aus dem Arbeitgeberverband ausgetretene Arbeitgeber die aufgrund der fortbestehenden Tarifgebundenheit nach § 3 Abs. 3 TVG aufrechterhaltene Normwirkung, deren Ende bis auf Weiteres nicht absehbar ist, durch Abschluss eines Firmentarifvertrages mit der Gewerkschaft beenden können soll, liegt die folgende Überlegung zugrunde: indem der über § 3 Abs. 3 TVG weiterhin nach § 4 Abs. 1 TVG dem Verbandstarifvertrag zwingend unterfallende Arbeitgeber mit der Gewerkschaft, die den Verbandstarifvertrag abgeschlossen hat, einen Firmentarifvertrag abschließt, entsteht eine Tarifkonkurrenz. Eine Tarifkonkurrenz liegt vor, wenn auf ein konkretes Arbeitsverhältnis zwei oder mehrere Tarifverträge normativ anzuwenden sind, es also unter den räumlichen, fachlichen, persönlichen und zeitlichen Geltungsbereich der Tarifverträge fällt und beide Arbeitsvertragsparteien tarifgebunden sind.[586] Die Tarifkonkurrenz wird in ständiger Rechtsprechung und nach überwiegender Auffassung in der Literatur durch Anwendung des sog. Grundsatzes der Tarifeinheit aufgelöst, wonach auf ein Arbeitsverhältnis nur einer der konkurrierenden Tarifverträge anzuwenden ist. Dabei gebührt entsprechend dem in der Gesetzestechnik anerkannten Grundsatz *lex specialis derogat legi generali* dem spezielleren Tarifvertrag der Anwendungsvorrang (sog. Spezialitätsprinzip). Es soll der Tarifvertrag gelten, der den Erfordernissen und Eigenarten des Betriebes und der in ihm beschäftigten Arbeitnehmer nach der Zielsetzung des Betriebes und der zur Erreichung dieses Zieles verlangten und geleisteten Arbeit am meisten entspricht. Das bedeutet, dass der Tarifvertrag anzuwenden ist, der dem Betrieb räumlich, betrieblich, fachlich und persönlich am nächsten steht. Damit ist zunächst ein Vergleich der einschlägigen Tarifverträge anhand ihres Geltungsbereichs vorzunehmen. Der Firmentarifvertrag ist danach stets spezieller als ein Verbandstarifvertrag. Unabhängig von der aufgrund des § 3 Abs. 3 TVG fortbestehenden Bindung an den Verbandstarifvertrag kommt danach der Firmentarifvertrag zur Anwendung.

bb) Inanspruchnahme von Öffnungsklauseln

Der Hinweis auf tarifautonome Möglichkeiten zur Lösung der vorliegenden Fragestellung[587] kann auch als Hinweis auf tarifliche Öffnungsklauseln verstanden werden.

---

585 *Berg/Platow/Schoof/Unterhinninghofen* § 3 TVG Rn. 57. Siehe hierzu auch *Däubler* NZA 1996, 225, 229; Kempen/Zachert/*Kempen* TVG § 3 Rn. 43.

586 Zum Folgenden vgl. etwa BAG AP Nr. 16, 19, 20, 21, 26, 29 zu § 4 TVG Tarifkonkurrenz; BAG AP Nr. 43 zu § 4 TVG Nachwirkung; Jacobs/Krause/Oetker/*Jacobs* § 7 Rn. 201, 210, 212, 213 m.w.N.

587 So *Berg/Platow/Schoof/Unterhinninghofen* § 3 TVG Rn. 57.

§ 4 Abs. 3 Var. 1 TVG erlaubt entgegen der in § 4 Abs. 1 TVG angeordneten zwingenden Geltung von tariflichen Normen Abweichungen vom Tarifvertrag, wenn diese Abweichungen durch den Tarifvertrag selbst gestattet sind (sog. Öffnungsklauseln). Die Tarifparteien können also – wie jeder Normgeber – dispositives Recht setzen und damit die zwingende Wirkung des Tarifvertrages aufheben, während die unmittelbare Wirkung erhalten bleibt.[588]

Solche Öffnungsklauseln sind bisher in der Praxis verhältnismäßig selten vorgekommen.[589] In der Tarifpraxis der letzten Jahre haben Öffnungsklauseln aber erheblich an Bedeutung gewonnen und dienen vor allem der Absenkung der Tarifstandards in wirtschaftlichen Notlagen, zur Beschäftigungssicherung und für bestimmte leistungsschwache oder mit hohem Arbeitsplatzrisiko behaftete Arbeitnehmer.[590]

cc) Nur bedingt erreichbare Lösungswege

Die konkrete Ausgestaltung der Inhalte des Firmentarifvertrages setzt die Zustimmung der jeweiligen Gewerkschaft voraus. Die Gewerkschaften werden den aus dem Arbeitgeberverband ausgetretenen Arbeitgebern aber in den seltensten Fällen bei der Abweichung vom Verbandstarifvertrag zu Lasten der Arbeitnehmer behilflich sein wollen.[591] Dies dürfte allenfalls in Fällen wirtschaftlicher Notlagen und nur für begrenzte Zeit der Fall sein. Eine dauerhaft oder auf unabsehbare Zeit gewollte Abweichung von tariflichen Arbeitsbedingungen zugunsten der eigenen privatautonomen Gestaltungsmacht der Arbeitgeber werden die Gewerkschaften jedenfalls nicht mittragen.

Auch die Inanspruchnahme von Öffnungsklauseln ist oft an die Zustimmung der Tarifvertragsparteien und damit auch der Gewerkschaften gebunden; in diesen Fällen gilt ebenfalls, dass die Gewerkschaften nur selten bereit sein werden, Abweichungen vom Verbandstarifvertrag zu Lasten der Arbeitnehmer mit zu tragen. Zudem ist die Öffnung in der Regel nur für bestimmte Situationen (z.B.

588 Vgl. etwa ErfK/*Franzen* TVG § 4 Rn. 27.

589 Vgl. Jacobs/Krause/Oetker/*Jacobs* § 7 Rn. 87; Wiedemann/*Wank* TVG § 4 Rn. 376.

590 So *Dieterich/Hanau/Henssler/Oetker/Wank/Wiedemann* RdA 2004, 65, 66; ErfK/*Franzen* TVG § 4 Rn. 27. Vgl. auch Jacobs/Krause/Oetker/*Jacobs* § 7 Rn. 87 sowie die Angaben des Bundesministeriums für Wirtschaft und Arbeit, Tarifvertragliche Arbeitsbedingungen im Jahr 2004, S. 37 ff., http://www.bmas.de/coremedia/generator/1926/property=pdf/tarifvertragliche_arbeitsbedingungen_2004.pdf (Stand: 24. September 2007).

591 So etwa *Bauer/Diller* DB 1993, 1085, 1086: *Behrendt/Gaumann/Liebermann* NZA 2006, 525, 528; *Walker* ZfA 1996, 353, 379.

wirtschaftliche Notlagen) und bestimmte Regelungsgegenstände vorgesehen.[592] Eine vollständige Beendigung der aufgrund der fortbestehenden Tarifgebundenheit nach § 3 Abs. 3 TVG aufrechterhaltenen Normwirkung ist auf diesem Wege somit nicht zu erreichen.

Daraus folgt, dass Arbeitgeber, solange sie der verlängerten Tarifgebundenheit nach § 3 Abs. 3 TVG unterliegen, nur geringe Chancen haben, abweichende Vereinbarungen durch einen Firmentarifvertrag oder die Inanspruchnahme einer Öffnungsklausel zu erreichen.[593] Der Abschluss eines Firmentarifvertrages oder die Inanspruchnahme von Öffnungsklauseln sind somit nicht geeignet, die Relevanz der vorliegenden Fragestellung einzuschränken.

d) Ergebnis zur Relevanz

Die Frage nach einer etwaigen zeitlichen Begrenzung der aufgrund der fortbestehenden Tarifgebundenheit nach § 3 Abs. 3 TVG aufrechterhaltenen Normwirkung kann vor dem Hintergrund der obigen Ausführungen also nicht als eher theoretisch oder nicht relevant bezeichnet werden. Vielmehr ist die vorliegende Fragestellung für die zeitliche Dimension der Bindung ursprünglich verbandsangehöriger Arbeitgeber insbesondere an Mantel- bzw. Rahmentarifverträge von praktischer und wissenschaftlicher Bedeutung. Unabhängig davon, ob eine Begrenzung rechtlich geboten ist, ist das in der Praxis arbeitgeberseitig geäußerte Bedürfnis nach einer Begrenzung[594] nicht zu leugnen.[595]

2. § 3 Abs. 3 TVG ohne Begrenzung verfassungsgemäß?

Nachdem die praktische Relevanz einer zeitlichen Begrenzung der aufgrund der fortbestehenden Tarifgebundenheit nach § 3 Abs. 3 TVG aufrechterhaltenen Normwirkung festgestellt worden ist, stellt sich nunmehr die Frage, ob eine solche Begrenzung auch rechtlich geboten ist.

Insoweit handelt es sich um die Frage der Verfassungsmäßigkeit des § 3 Abs. 3 TVG. Dies gilt deswegen, weil die sonstigen Auslegungs- und Erkenntnismetho-

---

592 Vgl. exemplarische Aufstellung des Bundesministeriums für Wirtschaft und Arbeit, Tarifvertragliche Arbeitsbedingungen im Jahr 2004, S. 38 ff., www.bmas.de/coremedia/generator/1926/property=pdf/tarifvertragliche_arbeitsbedingungen_2004.pdf (Stand: 24. September 2007).

593 *Behrendt/Gaumann/Liebermann* NZA 2006, 525, 528.

594 Vgl. insoweit bereits die einleitenden Ausführungen zur Relevanz oben unter § 1 B. auf S. 3 ff.

595 So nicht einmal einige der in der Regel eher der Arbeitnehmerseite zuneigenden Autoren, wie z.B. *Däubler* NZA 1996, 225, 227; Däubler/*Lorenz* TVG § 3 Rn. 115; *Kittner* AuR 1998, 469, 471.

den auf der einfachgesetzlichen Ebene keine eindeutige Antwort geben können. Die wichtigsten für eine Begrenzung angeführten Argumente weisen auch allesamt Verfassungsbezug auf:[596] es wird vor allem auf die Arbeitsvertragsfreiheit bzw. auf die negative Koalitionsfreiheit der ausgetretenen Arbeitgeber und in diesem Zusammenhang auf die Unverhältnismäßigkeit der aufgrund der zeitlich unbegrenzten Tarifgebundenheit des § 3 Abs. 3 TVG aufrechterhaltenen Normwirkung verwiesen. Auch soweit auf die fehlende Legitimation einer unbegrenzten Wirkung des § 3 Abs. 3 TVG verwiesen wird, ist das Demokratieprinzip nach Art. 20 Abs. 2 GG i.V.m. dem Rechtsstaatsprinzip nach Art. 20 Abs. 3 GG angesprochen.[597]

Im Folgenden wird daher die Verfassungsmäßigkeit des § 3 Abs. 3 TVG untersucht.

a) Gegenüberstellung der jeweiligen Interessen

Insoweit ist es zunächst hilfreich, sich die hinter den für und gegen eine Begrenzung streitenden Positionen stehenden gegensätzlichen Interessen bewusst zu machen.

aa) Arbeitnehmerschutz

Das hinter der eine Begrenzung ablehnenden Ansicht stehende Interesse ist identisch mit dem im Rahmen dieser Abhandlung bereits erörtertem Sinn und Zweck des § 3 Abs. 3 TVG:[598]

Im Vordergrund steht vor allem (und trotz der Anwendbarkeit dieser Norm auch auf Arbeitnehmer) der Schutz der Arbeitnehmer. Zu ihrem Schutz soll ein einmal wirksam abgeschlossener Tarifvertrag seine normative Wirkung (unmittelbare und zwingende Geltung) möglichst für den in ihm vorgesehenen Geltungszeitraum behalten. Der Arbeitgeber soll die Arbeitsvertragsbedingungen insoweit nicht einseitig festsetzen und/oder abändern können. Die Verhinderung der einseitigen Lösung vom Tarifvertrag und die Erhaltung eines funktionsfähigen (Verbands)Tarifvertragssystems haben im Verhältnis hierzu keine eigenständige Bedeutung, sondern nur eine dienende Funktion.

---

596 Siehe hierzu oben unter § 4 B.II. auf S. 87 ff.

597 Vgl. zu diesem Gesichtspunkt bei der staatlichen Geltungsanordnung tariflicher Normen BVerfGE 44, 322 , 347 f.; BVerfGE 64, 208, 214 f. Siehe hierzu auch bereits oben unter § 3 B.I.1. auf S. 52 f.

598 Siehe zum Folgenden die Ausführungen oben unter § 4 A.III.4. auf S. 70 ff.

bb) Vollumfänglich privatautonome Gestaltung der Arbeitsverhältnisse

Das hinter der eine Begrenzung befürwortenden Ansicht stehende Interesse hingegen ist es, den aus dem Arbeitgeberverband ausgetretenen Arbeitgeber von der zwingenden Geltung des Tarifvertrages zu befreien und für ihn so die rechtliche Möglichkeit zu schaffen, die Arbeitsverhältnisse der bei ihm beschäftigten Arbeitnehmer in Zukunft vollumfänglich privatautonom gestalten zu können.[599]

Das Interesse ist bewusst auf die vollumfängliche Gestaltungsfreiheit bezogen, da die zwingenden Geltung des Tarifvertrages gemäß § 4 Abs. 3 Var. 2 TVG nur einseitig ausgestaltet ist: vom Tarifvertrag zugunsten der Arbeitnehmer abweichende Vereinbarungen, d.h. übertarifliche Arbeitsbedingungen, sind stets möglich. Solche zugunsten der Arbeitnehmer abweichende Vereinbarungen werden Arbeitgeber aber generell auch ohne eine zeitliche Begrenzung des § 3 Abs. 3 TVG erreichen können, wenn dies denn überhaupt gewollt ist. Im Ergebnis zielt das Interesse also darauf, zukünftig vom Tarifvertrag abweichende Vereinbarungen auch zu Lasten der bisherigen und neu eingestellten Arbeitnehmer wirksam treffen zu können.

Dabei steht die Motivation für solche vom Tarifvertrag zu Lasten der bisherigen und neu eingestellten Arbeitnehmer abweichende Vereinbarungen überwiegend nicht im Mittelpunkt der Argumentation. Exemplarisch kann hierfür folgende Aussage genannt werden: es gehe um die Regelung von Arbeitsbedingungen, insbesondere um ihre Anpassung an veränderte Verhältnisse, die der ausgetretene Arbeitgeber nicht mehr den Tarifparteien überlassen, sondern in die eigene Hand nehmen will.[600]

Der teilweise in der Literatur in den Vordergrund gestellte Gesichtspunkt der „Flucht aus dem Tarifvertrag" durch den Arbeitgeber bzw. der Freiheit von der Bindung an die Tarifverträge des ehemaligen Verbandes des Arbeitgebers[601] hat vor dem Hintergrund der vorstehenden Ausführungen nur untergeordnete Bedeutung. Sie sind nur ein Zwischenschritt bzw. Mittel zur Verwirklichung des Interesses des aus dem Arbeitgeberverband ausgetretenen Arbeitgebers, die Arbeitsverhältnisse der bei ihm beschäftigten Arbeitnehmer in Zukunft vollumfänglich privatautonom gestalten zu können.

599 Siehe hierzu oben unter § 4 B.II.1.a)aa)(1)(a) auf S. 88 f.

600 *Rieble* Arbeitsmarkt Rn. 1556.

601 Vgl. etwa *Dahlbender* Austritt S. 20; *Gorissen* Arbeitgeberverbandswechsel S. 31.

b) Einschlägige Grundrechte

Ausgehend von diesen Interessen ist nunmehr zu klären, ob und ggf. welche Grundrechte von ihren Schutzbereichen her auf Arbeitnehmer- und Arbeitgeberseite jeweils einschlägig sein könnten.

aa) Art. 12 Abs. 1 GG

(1) Arbeitnehmer: Schutzpflicht

Auf Arbeitnehmerseite nimmt das Bundesverfassungsgericht eine Schutzpflicht des Staates aus Art. 12 Abs. 1 GG an.[602] Arbeitsrechtliche Normen würden insoweit vor allem dem Schutz der Arbeitnehmer dienen, weil diese sich beim Abschluss von Arbeitsverträgen typischerweise in einer Situation struktureller Unterlegenheit befinden.

Dies gilt auch für § 3 Abs. 3 TVG:[603] im Vordergrund steht vor allem (und trotz der Anwendbarkeit dieser Norm auch auf Arbeitnehmer) der Schutz der Arbeitnehmer. Zu ihrem Schutz soll ein einmal wirksam abgeschlossener Tarifvertrag seine normative Wirkung möglichst für den in ihm vorgesehenen Geltungszeitraum behalten. Der Arbeitgeber soll die Arbeitsvertragsbedingungen insoweit nicht einseitig festsetzen und/oder abändern können.

(2) Arbeitgeber: Arbeitsvertragsfreiheit

Von einigen Befürwortern einer Begrenzung der aufgrund der fortbestehenden Tarifgebundenheit nach § 3 Abs. 3 TVG aufrechterhaltenen Normwirkung wird auf Arbeitgeberseite der Schutzbereich der individuellen Arbeitsvertragsfreiheit als betroffen angesehen.[604]

Dem ist zuzustimmen. Die Position steht im Einklang mit der Rechtsprechung des Bundesverfassungsgerichts:[605] Art. 12 Abs. 1 GG schützt vor staatlichen Beeinträchtigungen, die gerade auf die berufliche Betätigung bezogen sind. Das Grundrecht gewährleistet den Arbeitgebern das Recht, die Arbeitsbedingungen

---

602 Zum Folgenden BVerfG AP Nr. 2 zu § 3 AEntG m.w.N.; BVerfGE 97, 169, 176 f. Vgl. auch ErfK/*Dieterich* Art. 12 GG Rn. 21.

603 Siehe hierzu oben unter § 4 A.III.4. auf S. 70 ff. sowie unter § 4 B.IV.2.a)aa) auf S. 137.

604 Vgl. etwa *Belling/Hartmann* NZA 1998, 57, 59; *Rieble* RDA 1996, 151, 155; *ders.* Arbeitsmarkt Rn. 1556; *Löwisch* NJW 1997, 905, 906; *Moll* Tarifausstieg S. 97. Vgl. auch *Belling/Hartmann* NZA 1998, 57, 59; ErfK/*Dieterich* Art. 12 GG Rn. 20.

605 Zum Folgenden BVerfGE 116, 202, 219, 221; BVerfG AP Nr. 2 zu § 3 AEntG. Siehe auch *Bayreuther* Tarifautonomie S. 128 f., 727 f.

mit ihren Arbeitnehmern im Rahmen der Gesetze frei auszuhandeln.[606] Die Vertragsfreiheit wird zwar auch durch das Grundrecht der allgemeinen Handlungsfreiheit gemäß Art. 2 Abs. 1 GG gewährleistet. Betrifft eine gesetzliche Regelung jedoch die Vertragsfreiheit gerade im Bereich beruflicher Betätigung, die ihre spezielle Gewährleistung in Art. 12 Abs. 1 GG gefunden hat, scheidet die gegenüber anderen Freiheitsrechten subsidiäre allgemeine Handlungsfreiheit als Prüfungsmaßstab aus. Gesetzliche Vorschriften, die die Gestaltung der Arbeitsbeziehungen betreffen und die sich deshalb für den Arbeitgeber als Berufsausübungsregelungen darstellen, sind daher grundsätzlich an Art. 12 Abs. 1 GG zu messen.[607]

Die Arbeitsvertragsfreiheit wird durch § 3 Abs. 3 TVG auch beeinträchtigt. Abweichende einzelvertragliche Vereinbarungen werden durch § 4 Abs. 1, 3 Var. 1 TVG ausdrücklich für unwirksam erklärt.

(3) Ergebnis zu Art. 12 Abs. 1 GG als einschlägigem Grundrecht

Im Ergebnis ist in Bezug auf § 3 Abs. 3 TVG sowohl auf Arbeitnehmer- als auch auf Arbeitgeberseite Art. 12 Abs. 1 GG einschlägig. Es liegt somit eine Grundrechtskollision vor, bei der die gegensätzlichen Grundrechtspositionen zum Ausgleich gebracht werden müssen.[608] Es handelt sich dabei auch um eine typische Fallkonstellation: bei privatrechtlichen Regelungen, die der Vertragsfreiheit Grenzen setzen, geht es um den Ausgleich widerstreitender Interessen, die regelmäßig beide grundrechtlich verankert sind.[609]

bb) Art. 9 Abs. 3 GG

(1) Arbeitnehmer: Schutzwirkung der Tarifautonomie?

Zugunsten der Arbeitnehmer könnte auch an eine Schutzwirkung der in Art. 9 Abs. 3 GG garantierten Tarifautonomie gedacht werden.[610]

606 Vgl. auch BVerfGE 77, 84, 114; BVerfGE 77, 308, 332; BVerfGE 97, 169, 176; ErfK/*Dieterich* Art. 12 GG Rn. 14.

607 Zu einer in der Sache keinen Unterschied machenden Verortung der Vertragsfreiheit in Art. 2 Abs. 1 GG siehe ErfK/*Dieterich* Art. 2 GG Rn. 2, 10 und Art. 12 GG Rn. 14 f. m.w.N.

608 Siehe hierzu unten unter § 4 B.IV.2.c) auf S. 144.

609 Vgl. BVerfG AP Nr. 2 zu § 3 AEntG; BVerfGE 97, 169, 176; ErfK/*Dieterich* Art. 12 GG Rn. 20, 22.

610 Siehe zum Schutz der Arbeitnehmer als Wirkung der Tarifautonomie bereits oben unter § 4 A.III.3. und 4. auf S. 69 ff.

Das Grundrecht der Koalitionsfreiheit schützt auch die Koalition selbst in ihrem Bestand, ihrer organisatorischen Ausgestaltung und ihren Betätigungen, sofern diese der Förderung der Arbeits- und Wirtschaftsbedingungen dienen.[611] Der Schutz erstreckt sich auf alle koalitionsspezifischen Verhaltensweisen und umfasst insbesondere auch die Tarifautonomie, die im Zentrum der den Koalitionen eingeräumten Möglichkeiten zur Verfolgung ihrer Zwecke steht. Das Aushandeln von Tarifverträgen ist ein wesentlicher Zweck der Koalitionen. Das Tarifvertragssystem ist darauf angelegt, die strukturelle Unterlegenheit der einzelnen Arbeitnehmer beim Abschluss von Arbeitsverträgen durch kollektives Handeln auszugleichen und damit ein annähernd gleichgewichtiges Aushandeln der Löhne und Arbeitsbedingungen zu ermöglichen.[612] Das wichtigste Merkmal eines Tarifvertrages im Sinne dieser grundrechtlich gewährleisteten Tarifautonomie ist deren unmittelbare und zwingende Wirkung.[613] Der Staat enthält sich in diesem Betätigungsfeld grundsätzlich einer Einflussnahme und überlässt die erforderlichen Regelungen der Arbeits- und Wirtschaftsbedingungen zum großen Teil den Koalitionen, die sie autonom durch Vereinbarungen treffen.[614] Die Normsetzungsprärogative der Koalitionen gilt aber nicht schrankenlos. Es ist Sache des subsidiär für die Ordnung des Arbeitslebens weiterhin zuständigen staatlichen Gesetzgebers, die Betätigungsgarantie der Koalitionen in einer den besonderen Erfordernissen des jeweiligen Sachbereichs entsprechenden Weise näher zu regeln.

Die gesetzlich angeordnete Geltungserstreckung tariflicher Normen auf Außenseiter berührt die in Art. 9 Abs. 3 GG garantierte Tarifautonomie (in Form ihrer Schutzwirkung gegenüber Arbeitnehmern) grundsätzlich zwar nicht, da nicht die Koalitionen selbst, sondern der Staat den Schutz der Arbeitnehmer anordnet. Dass dieser Schutz durch gesetzlich angeordnete Geltungserstreckung tariflicher Normen erfolgt, ist nur ein Mittel des Gesetzgebers. Die gesetzlich angeordnete Geltungserstreckung erfolgt aufgrund der grundsätzlichen Enthaltung des Staates in diesem Bereich in der Regel auch nur dann, wenn sich die von Art. 9 Abs. 3 GG intendierte Ordnung des Arbeitslebens durch die Koalitionen gerade nicht ausreichend durchsetzen kann. Dies kann etwa den Entscheidungen des Bundesverfassungsgerichts zu § 5 TVG und zu § 1 Abs. 3a AEntG entnommen werden.[615] Jedoch handelt es sich in der vorliegenden Fragestellung bei den ausge-

---

611 Zum Folgenden BVerfGE 44, 322, 340 f. m.w.N.; BVerfGE 116, 202, 219 m.w.N. Siehe hierzu auch bereits oben unter § 4 A.III.3. auf S. 70.

612 BVerfGE 84, 212, 229; BVerfGE 92, 365, 395; vgl. auch BVerfG AP Nr. 2 zu § 3 AEntG. Siehe hierzu bereits oben unter § 4 A.III.4. auf S. 71.

613 ErfK/*Dieterich* Art. 9 GG Rn. 60 m.w.N.

614 Zum Folgenden BVerfGE 116, 202, 219 m.w.N.; BVerfGE 44, 322, 340 ff. m.w.N.

615 BVerfGE 44, 322, 341 f., 353 zu § 5 TVG. Hierauf verweisend BVerfG AP Nr. 4 zu § 1 AEntG.

tretenen Arbeitgebern nicht um klassische Außenseiter, da § 3 Abs. 3 TVG an die ursprüngliche Verbandsmitgliedschaft der ausgetretenen Arbeitgeber anknüpft und die Normwirkung nur für die zum Zeitpunkt des Wirksamwerdens der Beendigung der Verbandsmitgliedschaft für ihn unmittelbar und zwingend geltenden Tarifverträge aufrechterhält.

Da die Interessen von Arbeitnehmern und Arbeitgebern in Bezug auf Art. 3 Abs. 3 TVG bereits beiderseits grundrechtlich durch Art. 12 Abs. 1 GG geschützt sind, kann im Ergebnis aber dahinstehen, ob auf Arbeitnehmerseite auch eine in die gleiche Richtung zielende Schutzwirkung der in Art. 9 Abs. 3 GG garantierten Tarifautonomie anzunehmen ist. Bereits die kollidierenden Grundrechtspositionen aus Art. 12 Abs. 1 GG müssen zum Ausgleich gebracht werden; an dem Vorgang und an dem Ergebnis des hierzu durchzuführenden Abwägungsprozesses würde die Annahme einer Schutzwirkung der in Art. 9 Abs. 3 GG garantierten Tarifautonomie zugunsten der Arbeitnehmer nichts ändern.

(2) Arbeitgeber: Negative Koalitionsfreiheit?

Von einigen Befürwortern einer Begrenzung der aufgrund der fortbestehenden Tarifgebundenheit nach § 3 Abs. 3 TVG aufrechterhaltenen Normwirkung wird der Schutzbereich der negativen Koalitionsfreiheit für betroffen angesehen:[616] in den Schutzbereich der negativen Koalitionsfreiheit falle nicht nur das formelle Recht zum Austritt aus der Koalition, sondern auch die Freiheit von der Bindung an deren Tarifnormen, weil die wichtigste Rechtsfolge der Mitgliedschaft in einer Koalition die Bindung an deren Tarifverträge sei.

Dieser Ansatz wird von der umstrittenen[617], aber ständigen Rechtsprechung des Bundesverfassungsgerichts bisher nicht geteilt. Art. 9 Abs. 3 GG schützt nach ganz herrschender Meinung zwar nicht nur den Einzelnen in seiner Freiheit, eine Koalition zu gründen oder ihr beizutreten; die Koalitionsfreiheit als individuelles Freiheitsrecht umfasst vielmehr auch das Recht des Einzelnen, aus einer Koalition auszutreten oder Koalitionen generell fernzubleiben.[618] Voraussetzung für eine Verletzung der negativen Koalitionsfreiheit ist, dass ein Zwang oder Druck auf die nicht Organisierten ausgeübt wird, einer Organisation beizutreten.[619] Der Schutzbereich der negativen Koalitionsfreiheit beschränke sich insofern auf ein

---

616 Siehe hierzu insbesondere oben unter § 4 B.II.1.a)aa)(1)(a) auf S. 88.

617 Vgl. etwa Nachweise bei *Dahlbender* Austritt S. 20 ff. Siehe auch Jacobs/Krause/Oetker/*Krause* § 1 Rn. 50.

618 BVerfGE 50, 290, 367; BVerfGE 64, 208, 213; ErfK/*Dieterich* Art. 9 GG Rn. 32. Zur Gegenansicht, die die negative Koalitionsfreiheit als durch Art. 2 Abs. 1 GG geschützt ansieht, vgl. etwa Nachweise bei *Bayreuther* Tarifautonomie S. 127; *Dahlbender* Austritt S. 12 ff.

619 Vgl. BVerfGE 44, 322, 352; BVerfG AP Nr. 36 zu § 4 TVG Nachwirkung.

Fernbleiberecht der Außenseiter.[620] Die negative Koalitionsfreiheit schütze nicht vor allen Lebensäußerungen der Koalitionen und vor jeder Fernwirkung ihrer kollektiven Interessenwahrung, soweit davon kein starker Druck zur Koalitionsmitgliedschaft ausgehe.[621] Der Schutz vor fremdbestimmter Normierung falle danach in der Regel nicht unter Art. 9 Abs. 3 GG.[622] Die Erstreckung der normativen Wirkung auf Außenseiter durch Allgemeinverbindlicherklärung nach § 5 TVG oder durch Rechtsverordnung nach § 1 Abs. 3a AEntG beruhe auf einem Rechtsetzungsakt des Staates und ist von diesem zu verantworten. Ein Eintrittsdruck könne davon nicht ausgehen.

Allerdings haben sowohl das Bundesverfassungsgericht als auch das Bundesarbeitsgericht in neuerer Zeit vereinzelt Aussagen getätigt, die in eine gegenteilige Richtung deuten könnten: so hat das Bundesverfassungsgericht in einer Entscheidung zu § 4 Abs. 5 TVG ausgeführt, dass die negative Koalitionsfreiheit eines Arbeitgebers mittelbar dadurch betroffen sein könnte, dass er sich von seinem Verband gelöst hat, die von dem Verband ausgehandelten Tarifverträge aber nach wie vor für ihn gelten.[623] Ähnlich hat sich das Bundesarbeitsgericht in einem anderen Zusammenhang geäußert: die negative Koalitionsfreiheit schütze den Arbeitgeber allenfalls davor, normativ an Tarifverträge gebunden zu werden, die von einem Verband abgeschlossen werden, in dem er nicht Mitglied ist.[624]

Im Ergebnis kann aber auch hier dahinstehen, ob zugleich auch ein Eingriff in die negative Koalitionsfreiheit nach Art. 9 Abs. 3 GG der ausgetretenen Arbeitgeber gegeben ist. Wie bereits erwähnt, müssen bereits die kollidierenden Grundrechtspositionen aus Art. 12 Abs. 1 GG zum Ausgleich gebracht werden.[625] Auch insoweit würde die Annahme eines Eingriffs in die negative Koalitionsfreiheit nach Art. 9 Abs. 3 GG an dem Vorgang und an dem Ergebnis des hierzu durchzuführenden Abwägungsprozesses nichts ändern. Dies gilt insbesondere deswegen, weil die Freiheit von der Bindung an deren Tarifnormen nur dem eigentlichen Interesse dienen soll, die Vertragsfreiheit wieder zu erlangen.

---

620 BVerfGE 44, 322, 352; BVerfGE 55, 7, 21; BVerfGE 64, 208, 213 f.; BVerfG AP Nr. 2 zu § 3 AEntG.

621 ErfK/*Dieterich* Art. 9 GG Rn. 35.

622 Zum Folgenden BVerfGE 44, 322, 352; BVerfGE 55, 7, 22; BVerfGE 64, 208, 213 f.; BVerfG AP Nr. 4 zu § 1 AEntG; BVerfG AP Nr. 36 zu § 4 TVG Nachwirkung; ErfK/*Dieterich* Art. 9 GG Rn. 36 m.w.N.

623 Zum Folgenden BVerfG AP Nr. 36 zu § 4 TVG Nachwirkung.

624 BAG NZA 2007, 965, 969.

625 Vgl. dazu auch *Bayreuther* Tarifautonomie S. 127.

c) Verfassungsrechtliche Rechtfertigung des § 3 Abs. 3 TVG

Da § 3 Abs. 3 TVG die durch Art. 12 Abs. 1 GG geschützte Arbeitsvertragsfreiheit der aus dem Arbeitgeberverband ausgetretenen Arbeitgeber beeinträchtigt,[626] erfordert dieser Grundrechtseingriff eine verfassungsrechtliche Rechtfertigung. Da vorliegend eine Grundrechtskollision mit der zugunsten der Arbeitnehmer bestehenden Schutzpflicht aus Art. 12 Abs. 1 GG besteht,[627] kann sich eine verfassungsrechtliche Rechtfertigung (unabhängig vom Gesetzesvorbehalt des Art. 12 Abs. 1 S. 2 GG) daraus ergeben, dass der Gesetzgeber die kollidierenden Grundrechtspositionen in ihrer Wechselwirkung erfasst und so begrenzt hat, dass sie für alle Beteiligten möglichst weitgehend wirksam werden (praktische Konkordanz)[628].

Dem Gesetzgeber, der diese Interessen zu einem gerechten Ausgleich bringen will, ist dabei regelmäßig ein weiter Gestaltungsfreiraum eingeräumt.[629] Die Einschätzung der für die Konfliktlage maßgeblichen ökonomischen und sozialen Rahmenbedingungen liegt in seiner politischen Verantwortung, ebenso die Vorausschau auf die künftige Entwicklung und die Wirkungen seiner Regelung. Dasselbe gilt für die Bewertung der Interessenlage, d.h. die Gewichtung der einander entgegenstehenden Belange und die Bestimmung ihrer Schutzbedürftigkeit. Eine Verletzung grundrechtlicher Schutzpflichten kann daher in einer solchen Lage nur festgestellt werden, wenn eine Grundrechtsposition den Interessen des Vertragspartners in einer Weise untergeordnet wird, dass in Anbetracht der Bedeutung und Tragweite des betroffenen Grundrechts von einem angemessenen Ausgleich nicht mehr gesprochen werden kann. Die Verfassung markiert nur den gebotenen Mindestschutz (Untermaßverbot) und die maximal zulässige Freiheitsbeschränkung (Übermaßverbot, Verhältnismäßigkeitsgrundsatz).[630] Dabei kommt insbesondere dem Verhältnismäßigkeitsgrundsatz maßgebende Bedeutung zu.[631]

---

626 Siehe hierzu oben unter § 4 B.IV.2.b)aa)(2) auf S. 139 f.

627 Zur Grundrechtskollision siehe etwa ErfK/*Dieterich* Einl. GG Rn. 70 f. m.w.N.

628 Siehe hierzu BVerfG AP Nr. 2 zu § 3 AEntG; BVerfGE 97, 169, 176; BVerfGE 92, 365, 395; BVerfGE 89, 214, 232; BVerfGE 84, 212, 229. Vgl. auch ErfK/*Dieterich* Art. 12 GG Rn. 22, 29.

629 Vgl. zum Folgenden BVerfGE 97, 169, 176 m.w.N. Vgl. auch BVerfG AP Nr. 2 zu § 3 AEntG m.w.N.

630 Vgl. etwa ErfK/*Dieterich* Art. 12 GG Rn. 22.

631 Vgl. etwa BVerfG NZA 2007, 609, 610 ff.; BVerfGE 116, 202, 223 ff.; BVerfG AP Nr. 2 zu § 3 AEntG; *Belling/Hartmann* NZA 1998, 57, 59; Jarass/Pieroth/*Jarass* GG Vorbem. Vor Art. 1 Rn. 49. Kritisch zum Verwischen der Kontrollmethoden hingegen ErfK/*Dieterich* Einl. GG Rn. 72.

Darüber hinaus muss § 3 Abs. 3 TVG auch im Übrigen materiell verfassungsgemäß sein. Verfassungsrechtliche Bedenken werden insoweit im Hinblick auf das Demokratieprinzip nach Art. 20 Abs. 2 GG i.V.m. dem Rechtsstaatsprinzip nach Art. 20 Abs. 3 GG vorgetragen, weil der unbegrenzten Wirkung des § 3 Abs. 3 TVG die Legitimation fehle.[632]

aa) Verhältnismäßigkeit

Die Beantwortung der Frage, ob eine zeitliche Begrenzung der aufgrund der fortbestehenden Tarifgebundenheit nach § 3 Abs. 3 TVG aufrechterhaltenen Normwirkung erforderlich ist, hängt im Ergebnis also davon ab, ob § 3 Abs. 3 TVG ohne eine zeitliche Begrenzung seiner Wirkung verhältnismäßig ist.[633]

(1) Prüfungsmaßstab

Der Grundsatz der Verhältnismäßigkeit verlangt, dass die jeweilige Maßnahme einen verfassungsrechtlich legitimen Zweck verfolgt und zu dessen Erreichung geeignet, erforderlich und angemessen (verhältnismäßig im engeren Sinne) ist; der Eingriff darf den Betroffenen nicht übermäßig belasten, muss diesem also zumutbar sein.[634]

Entscheidend ist also, ob § 3 Abs. 3 TVG zur Erreichung des vom Gesetzgeber verfolgten Zwecks geeignet, erforderlich und angemessen ist, d.h., ob damit ein angemessener Ausgleich zwischen den kollidierenden Grundrechtspositionen[635] herbeigeführt worden ist.

(2) Zweck des § 3 Abs. 3 TVG

Der Gesetzgeber verfolgt mit der fortbestehenden Tarifgebundenheit nach § 3 Abs. 3 TVG und der somit aufrechterhaltenen Normwirkung einen verfassungsrechtlich legitimen Zweck:

Im Vordergrund steht vor allem (und trotz der Anwendbarkeit dieser Norm auch auf Arbeitnehmer) der Schutz der Arbeitnehmer.[636] Zu ihrem Schutz soll ein einmal wirksam abgeschlossener Tarifvertrag seine normative Wirkung mög-

---

632 Vgl. zu diesem Gesichtspunkt bei der staatlichen Geltungsanordnung tariflicher Normen BVerfGE 44, 322, 347 f.; BVerfGE 64, 208, 214 f. Siehe hierzu auch bereits oben unter § 3 B.I.1. auf S. 52 f.

633 Vgl. *Löwisch* NJW 1997, 905, 906.

634 Vgl. aus neuerer Zeit etwa BVerfG NJW 2006, 976, 980 m.w.N.

635 Siehe hierzu oben unter § 4 B.IV.2.b)aa)(3) auf S. 140.

636 Siehe zum Folgenden oben unter § 4 A.III.4. auf S. 70 ff. sowie unter § 4 B.IV.2.a)aa) auf S. 137.

lichst für den in ihm vorgesehenen Geltungszeitraum behalten. Der Arbeitgeber soll die Arbeitsvertragsbedingungen insoweit nicht einseitig festsetzen und/oder abändern können.

(3) Mittel des § 3 Abs. 3 TVG

Das vom Gesetzgeber gewählte Mittel zur Erreichung des mit § 3 Abs. 3 TVG verfolgten Zwecks ist das unabhängig von der Beendigung der Tarifgebundenheit nach § 3 Abs. 1 TVG angeordnete Fortbestehen der Tarifgebundenheit bis zum Ende des Tarifvertrages in § 3 Abs. 3 TVG.[637] Damit bezweckt der Gesetzgeber die Aufrechterhaltung der nach § 4 Abs. 1, 3 TVG zwingenden Geltung derjenigen Tarifverträge, die bereits zum Zeitpunkt der Beendigung der Tarifgebundenheit nach § 3 Abs. 1 TVG zwingend für den Arbeitgeber galten.[638]

Dabei ist bei der Prüfung des § 3 Abs. 3 TVG auch die Rechtsprechung des Bundesarbeitsgerichts zu beachten, wonach bei jeder Änderung des normativen Teils des Tarifvertrages dessen Ende i.S.d. § 3 Abs. 3 TVG vorliegt.[639] Einer verfassungsrechtlichen Prüfung sind die maßgebenden Normen mit dem Inhalt zugrunde zu legen, den die Fachgerichte ihnen durch Auslegung entnommen haben.[640]

(4) Geeignetheit

Die Aufrechterhaltung der Normwirkung aufgrund der fortbestehenden Tarifgebundenheit nach § 3 Abs. 3 TVG ist ein geeignetes Mittel zur Erreichung des mit § 3 Abs. 3 TVG verfolgten Zwecks.

Ein Mittel ist bereits dann im verfassungsrechtlichen Sinne geeignet, wenn mit seiner Hilfe der gewünschte Erfolg gefördert werden kann, wobei die Möglichkeit der Zweckerreichung genügt.[641] Dem Gesetzgeber kommt dabei ein Einschätzungs- und Prognosevorrang zu. Es ist vornehmlich seine Sache, auf der Grundlage seiner wirtschafts-, arbeitsmarkt- und sozialpolitischen Vorstellungen und Ziele unter Beachtung der Gesetzlichkeiten des betreffenden Sachgebiets zu entscheiden, welche Maßnahmen er im Interesse des Gemeinwohls ergreifen will.

Bei der Anwendung dieser Grundsätze kann an der Geeignetheit des § 3 Abs. 3 TVG zur Erreichung des Schutzes der Arbeitnehmer durch Aufrechterhaltung

637 Siehe hierzu oben unter § 4 A.IV.1. auf S. 72 f.

638 Siehe hierzu oben unter § 4 A.V.2. auf S. 76.

639 Vgl. hierzu oben unter § 4 A.VI.2.d) auf S. 81 f.

640 Vgl. etwa BVerfG NJW 2007, 609, 619 m.w.N.

641 Zum Folgenden BVerfG NZA 2007, 609, 611 m.w.N.; BVerfGE 116, 202, 224 m.w.N.

der normativen Wirkung des Tarifvertrages kein Zweifel bestehen. Durch die Aufrechterhaltung der Tarifgebundenheit bis zum Ende des Tarifvertrages nach § 3 Abs. 3 TVG behalten die wirksam abgeschlossenen und normativ geltenden Tarifverträge ihre normative Wirkung grundsätzlich für den im Tarifvertrag vorgesehenen Geltungszeitraum. Es ist dem aus dem Arbeitgeberverband ausgetretenen Arbeitgeber nicht möglich, zu Ungunsten der bei ihm beschäftigten und ebenfalls tarifgebundenen Arbeitnehmer abweichende Arbeitsbedingungen zu vereinbaren (§ 4 Abs. 1, 3 TVG). § 3 Abs. 3 TVG verwirklicht also den bezweckten Schutz dieser Arbeitnehmer.

(5) Erforderlichkeit

Die Aufrechterhaltung der Normwirkung aufgrund der fortbestehenden Tarifgebundenheit nach § 3 Abs. 3 TVG muss zur Erreichung des mit § 3 Abs. 3 TVG verfolgten Zwecks auch erforderlich sein.

Der Gesetzgeber verfügt bei der Einschätzung der Erforderlichkeit allerdings wie schon bei der Einschätzung der Geeignetheit über einen Beurteilungs- und Prognosespielraum.[642] Daher können Maßnahmen, die der Gesetzgeber zum Schutz eines wichtigen Gemeinschaftsguts für erforderlich hält, verfassungsrechtlich nur beanstandet werden, wenn nach den ihm bekannten Tatsachen und im Hinblick auf die bisher gemachten Erfahrungen feststellbar ist, dass Regelungen, die als Alternativen in Betracht kommen, die gleiche Wirksamkeit versprechen, die Betroffenen indessen weniger belasten. Der Beurteilungsspielraum des Gesetzgebers ist erst dann überschritten, wenn die gesetzgeberischen Erwägungen so fehlerhaft sind, dass sie vernünftigerweise keine Grundlage für die getroffene Maßnahme abgeben können.

(a) Ausgangspunkt: Wegfall der zwingenden Tarifgeltung

Grundsätzlich sind im Hinblick auf § 3 Abs. 3 TVG verschiedene mildere Mittel denkbar. Alle insoweit vertretenen Begrenzungsvorschläge[643] sind aus Sicht des aus dem Arbeitgeberverband ausgetretenen Arbeitgebers mildere Mittel, da sie im Vergleich zur zeitlich unbegrenzten Wirkung des § 3 Abs. 3 TVG weniger belastend wirken. Bei jedem einzelnen dieser Begrenzungsvorschläge ist früher oder später zwangsläufig der endgültige oder vorübergehende Wegfall der zwingenden Geltung des jeweiligen Tarifvertrages vorgesehen.[644] Die unmittelbare Wirkung bleibt hingegen bestehen, da der jeweilige Tarifvertrag nach § 4 Abs. 5 TVG nachwirkt. In diesem Stadium sind auch zu Ungunsten der Arbeitnehmer

642 Zum Folgenden BVerfG NZA 2007, 609, 611 m.w.N.; BVerfGE 116, 202, 225 m.w.N.
643 Siehe hierzu oben unter § 4 B.II.1. und 2. auf S. 87 ff. und S. 114 ff.
644 Vgl. auch *Bayreuther* Tarifautonomie S. 729 f.

abweichende Abmachungen vom Tarifvertrag möglich.[645] Ohne diesen Wegfall der zwingenden Tarifgeltung wäre das in Rede stehende Interesse des aus dem Arbeitgeberverband ausgetretenen Arbeitgebers, die Arbeitsverhältnisse der bei ihm beschäftigten Arbeitnehmer in Zukunft vollumfänglich privatautonom gestalten zu können,[646] also die Wiedererlangung der durch Art. 12 Abs. 1 GG geschützten Arbeitsvertragsfreiheit[647] nicht realisierbar.

Fraglich ist insofern aber, ob der ebenfalls durch Art. 12 Abs. 1 GG geschützte und von § 3 Abs. 3 TVG bezweckte Arbeitnehmerschutz, wonach ein einmal wirksam abgeschlossener Tarifvertrag seine normative Wirkung möglichst für den in ihm vorgesehenen Geltungszeitraum behalten und der Arbeitgeber die Arbeitsvertragsbedingungen insoweit nicht einseitig festsetzen und/oder abändern können soll,[648] nicht bereits durch § 4 Abs. 5 TVG gleich wirksam gewährleistet ist. Dies wird teilweise vertreten: allein der Verbandsaustritt des Arbeitgebers würde diesen auch ohne die Norm des § 3 Abs. 3 TVG nicht aus der Anwendbarkeit der zum Zeitpunkt des Austritts geltenden Tarifverträge befreien.[649] Vielmehr würde die Nachwirkung gemäß § 4 Abs. 5 TVG eingreifen. Von einer missbräuchlichen, einseitigen Maßnahme, die die unmittelbare und zwingende Rechtswirkung des Tarifvertrages beseitigt, könne folglich nur sehr eingeschränkt die Rede sein. Beseitigt würde nur die zwingende Rechtswirkung des Tarifvertrages.

(b) Zwingende Tarifgeltung für vorgesehenen Geltungszeitraum?

Zur normativen Wirkung gehört nach § 4 Abs. 1 TVG auch die zwingende Wirkung. Durch § 4 Abs. 5 TVG wird aber nur die unmittelbare Wirkung aufrechterhalten. Insoweit könnte man Bedenken anmelden, dass die normative Wirkung des Tarifvertrages bei allen Begrenzungsvorschlägen nicht für den im Tarifvertrag vorgesehenen Geltungszeitraum beibehalten wird.

Dem kann man wiederum entgegenhalten, dass dies kein streng eingehaltener Grundsatz bei der Auslegung des § 3 Abs. 3 TVG ist. Bereits die Rechtsprechung des Bundesarbeitsgerichts, wonach bei jeder Änderung des normativen Teils des Tarifvertrages dessen Ende i.S.d. § 3 Abs. 3 TVG vorliegt,[650] weicht hiervon ab, da der im Tarifvertrag vorgesehene Geltungszeitraum in diesem Fall nicht er-

---

645 Siehe hierzu bereits oben unter § 4 B.IV.1.b)bb) auf S. 128 ff.

646 Siehe hierzu oben unter § 4 B.IV.2.a)bb) auf S. 138.

647 Siehe hierzu oben unter § 4 B.IV.2.b)aa)(2) auf S. 139 f.

648 Siehe hierzu oben unter § 4 A.III.4. auf S. 70 ff. sowie unter § 4 B.IV.2.b)aa)(1) auf S. 139.

649 Zum Folgenden vgl. etwa *Beuthien/Meik* DB 1993, 1518, 1519; *Maschmann* Zugriff S. 193; *Reuter* FS Schaub S. 605, 622.

650 Vgl. hierzu oben unter § 4 A.VI.2.d) auf S. 81 f.

reicht wird und dennoch die zwingende Tarifgeltung fortfällt. Dementsprechend hat das Bundesarbeitsgericht auch eine weniger kategorische Formulierung gewählt: aus § 3 Abs. 3 TVG werde der Wille des Gesetzgebers deutlich, dass ein einmal wirksam abgeschlossener Tarifvertrag seine normative Wirkung „möglichst" für den in ihm vorgesehenen Geltungszeitraum behalten solle.[651] Ausnahmen sind demnach möglich.

(c) Keine Einseitigkeit der Änderung der Arbeitsbedingungen?

Stellt man demgegenüber auf den Gesichtspunkt ab, dass der Arbeitgeber die Arbeitsvertragsbedingungen zum Schutz der Arbeitnehmer nicht einseitig festsetzen und/oder abändern können soll, könnte man behaupten, dass der Schutz des § 4 Abs. 5 TVG im Vergleich zur zwingenden Tarifgeltung gemäß §§ 3 Abs. 3, 4 Abs. 1, 3 Var. 1 TVG, bei denen zu Lasten der Arbeitnehmer getroffene abweichende Abmachungen (abgesehen vom Fall des § 4 Abs. 3 Var. 2 TVG) generell unbeachtlich sind[652], nicht gleich wirksam ist.

Hiergegen könnte man einwenden, dass abweichende Abmachungen einseitig nicht durchsetzbar sind. Insbesondere brauchen sich Arbeitnehmer auf entsprechende Angebote ihres Arbeitgebers nicht einzulassen.[653] Folglich könnte man annehmen, dass auch im Stadium der nur unmittelbaren Tarifgeltung des § 4 Abs. 5 TVG der Schutz der Arbeitnehmer gleich wirksam gewährleistet sei.

Dem kann allerdings wiederum entgegengehalten werden, dass abweichende Abmachungen i.S.d. § 4 Abs. 5 TVG auch einseitig erzwungene Abmachungen sein können. Die abweichenden Abmachungen müssen nicht im Wege einer konsensualen Konfliktlösung einvernehmlich zustande kommen.[654] Auch die durch eine Änderungskündigung herbeigeführte Vertragsänderung erfüllt deshalb die Voraussetzungen des § 4 Abs. 5 TVG. Die Änderung des Arbeitsverhältnisses kommt hier nur zustande, wenn der Arbeitnehmer sich mit den neuen Arbeitsbedingungen einverstanden erklärt. Seine Vertragsfreiheit wird lediglich dadurch eingeschränkt, dass ihn der Arbeitgeber unter den Voraussetzungen des § 2 KSchG vor die Wahl stellen kann, entweder das Änderungsangebot anzunehmen oder den Arbeitsplatz zu verlieren. Akzeptiert der Arbeitnehmer die Änderungskündigung vorbehaltlos, steht dies sowieso einem Änderungsvertrag gleich. Nimmt er das Änderungsangebot unter Vorbehalt an, liegt eine Zustimmung vor,

651 BAG AP Nr. 56 zu § 2 TVG.

652 Zum Streit, ob die abweichenden Abmachungen hier unwirksam sind oder lediglich verdrängt werden, vgl. etwa ErfK/*Franzen* § 4 TVG Rn. 3 m.w.N.

653 So ausdrücklich ErfK/*Franzen* § 4 TVG Rn. 63.

654 Zum Folgenden BAG AP Nr. 40 zu § 4 TVG Nachwirkung Vgl. auch ErfK/*Franzen* § 4 TVG Rn. 63 m.w.N.

die zur Abänderung der Arbeitsbedingungen zum Zeitpunkt des Ablaufs der Kündigungsfrist führt, sobald die soziale Rechtfertigung der Änderungskündigung gemäß §§ 2, 1 KSchG rechtskräftig festgestellt ist. Dann liegt gleichfalls eine übereinstimmende Vereinbarung über die geänderten Arbeitsbedingungen vor. Der durch das KSchG vermittelte Schutz ist aber im Vergleich zur zwingenden Tarifgeltung gemäß §§ 3 Abs. 3, 4 Abs. 1, 3 Var. 1 TVG, bei denen zu Lasten der Arbeitnehmer getroffene abweichende Abmachungen (abgesehen vom Fall des § 4 Abs. 3 Var. 2 TVG) generell unbeachtlich sind[655], aber eben nicht gleich wirksam. Und auch ohne das Abstellen auf Änderungskündigungen kann festgestellt werden, dass der Schutz des § 4 Abs. 5 TVG gegenüber dem der §§ 3 Abs. 3, 4 Abs. 1, 3 Var. 1 TVG nicht gleich wirksam ist. Es gibt durchaus Situationen, in denen der Arbeitgeber aufgrund der tatsächlichen Umstände andere Abmachungen i.S.d. § 4 Abs. 5 TVG zu seinen Gunsten durchsetzen kann. So kann es z.B. vorkommen, dass der Arbeitgeber die Arbeitnehmer mit dem Versprechen einiger verbesserter Arbeitsbedingungen zu anderen verschlechternden Arbeitsbedingungen überreden kann oder die Arbeitnehmer grundsätzlich Angst um ihre Arbeitsplätze haben und die vorgeschlagenen Änderungen deswegen mittragen.[656] Insbesondere bei schlechter Wirtschaftslage des Unternehmens kann es für den Arbeitgeber aussichtsreich sein, eine einvernehmliche Änderung der Arbeitsverträge zu erreichen.[657] Das Bundesarbeitsgericht hat insofern bereits allein die rechtliche Möglichkeit des Arbeitgebers, in diesem Stadium entsprechende abweichende Abmachungen durchzusetzen, als rechtlich erheblich angesehen: der Arbeitgeber habe es jederzeit in der Hand, die Nachwirkung unter Einsatz seiner Verhandlungsmacht zu beseitigen.[658] Selbst wenn man diese recht weitgehende Aussage angesichts der tatsächlichen Schwierigkeiten bei der Durchsetzung anderer Abmachungen i.S.d. § 4 Abs. 5 TVG bezweifeln wollte, durfte der Gesetzgeber vor dem Hintergrund seines Beurteilungsspielraums und der somit nur eingeschränkt möglichen Überprüfung davon ausgehen, dass der Schutz der Arbeitnehmer im Stadium der nur unmittelbaren Tarifgeltung des § 4 Abs. 5 TVG im Vergleich zur zwingenden Tarifgeltung des § 3 Abs. 3 TVG nicht gleich geeignet ist. Insofern kann kein Rede davon sein, dass dieser Beurteilungsspielraum aufgrund von einer vernünftigen Grundlage entbehrenden Erwägungen überschritten wäre.

655 Zum Streit, ob die abweichenden Abmachungen hier unwirksam sind oder lediglich verdrängt werden, vgl. etwa ErfK/*Franzen* § 4 TVG Rn. 3 m.w.N.

656 Vgl. hierzu auch *Bayreuther* Tarifautonomie S. 726.

657 *Däubler* NZA 1996, 225, 229.

658 Vgl. BAG AP Nr. 41 zu § 4 TVG Nachwirkung unter Hinweis auf Däubler/*Bepler* TVG § 4 Rn. 881. Bestätigt durch BVerfG AP Nr. 36 zu § 4 TVG Nachwirkung.

(d) Ergebnis zur Erforderlichkeit

Vor dem Hintergrund der hier nur eingeschränkt möglichen Überprüfung durfte der Gesetzgeber die Aufrechterhaltung der Normwirkung durch § 3 Abs. 3 TVG ohne zeitliche Begrenzung für erforderlich halten.

(6) Angemessenheit (Verhältnismäßigkeit im engeren Sinne)

Die Aufrechterhaltung der Normwirkung aufgrund der fortbestehenden Tarifgebundenheit nach § 3 Abs. 3 TVG muss zur Erreichung des mit § 3 Abs. 3 TVG verfolgten Zwecks zudem auch angemessen (verhältnismäßig im engeren Sinne) sein.

Die vom Gesetzgeber zur Verfolgung legitimer Zwecke gewählten Mittel müssen nicht nur geeignet und erforderlich, sondern auch angemessen sein.[659] Voraussetzung hierfür ist, dass das Maß der Belastung des Einzelnen noch in einem vernünftigen Verhältnis zu den der Allgemeinheit erwachsenden Vorteilen steht. Um dies feststellen zu können, ist eine Abwägung zwischen den Gemeinwohlbelangen, zu deren Wahrnehmung der Eingriff in das Grundrecht erforderlich ist, und den Auswirkungen auf die Rechtsgüter der davon Betroffenen notwendig.

(a) Abzuwägende Positionen

Der Gemeinwohlbelang, auf den Gesetzgeber bei § 3 Abs. 3 TVG abstellt, ist der durch Art. 12 Abs. 1 GG umfasste Arbeitnehmerschutz. Ein einmal wirksam abgeschlossener Tarifvertrag soll seine normative Wirkung möglichst für den in ihm vorgesehenen Geltungszeitraum behalten und der Arbeitgeber die Arbeitsvertragsbedingungen insoweit nicht einseitig festsetzen und/oder abändern können.[660] In die Abwägung ist somit zunächst der Schutz derjenigen Arbeitnehmer einzubeziehen, die bei dem aus dem Arbeitgeberverband ausgetretenen Arbeitgeber beschäftigt sind.

In die Abwägung sind sodann die Auswirkungen der zeitlich unbegrenzt fortbestehenden Tarifgebundenheit nach § 3 Abs. 3 TVG auf den aus dem Arbeitgeberverband ausgetretenen Arbeitgeber einzubeziehen. Diese bestehen darin, dass aufgrund der zwingenden Tarifgeltung gemäß §§ 3 Abs. 3, 4 Abs. 1, 3 Var. 2 TVG zu Lasten der Arbeitnehmer getroffene abweichende Abmachungen (abgesehen vom Fall des § 4 Abs. 3 Var. 1 TVG) generell unbeachtlich sind. § 3 Abs. 3 TVG hindert den aus dem Arbeitgeberverband ausgetretenen Arbeitgeber während der Laufzeit der Tarifverträge daran, den Versuch zu unternehmen, die Ar-

659 Zum Folgenden BVerfG NZA 2007, 609, 612 m.w.N.

660 Siehe hierzu oben unter § 4 A.III.4. auf S. 70 ff. sowie unter § 4 B.IV.2.b)aa)(1) auf S. 139.

beitsverhältnisse der bei ihm beschäftigten Arbeitnehmer in Zukunft vollumfänglich privatautonom zu gestalten.

Im Ergebnis ist also die Frage zu beantworten, ob das Maß der Belastung des aus dem Arbeitgeberverband ausgetretenen Arbeitgebers durch die zwingende Tarifgeltung noch in einem vernünftigen Verhältnis zum Arbeitnehmerschutz steht.

(b) Zwingende Tarifgeltung auf unabsehbare Zeit

Da § 3 Abs. 3 TVG keine zeitliche Begrenzung der zwingenden Tarifgeltung vorsieht und die meisten Tarifverträge nicht befristet werden,[661] hindert die Norm aufgrund der zwingenden Tarifgeltung nach §§ 3 Abs. 3, 4 Abs. 1, 3 Var. 1 TVG den aus dem Arbeitgeberverband ausgetretenen Arbeitgeber auf unabsehbare Zeit an der Ausübung seiner Arbeitsvertragsfreiheit.

Der aus dem Arbeitgeberverband ausgetretene Arbeitgeber ist insofern darauf angewiesen, dass die Tarifvertragsparteien ein Ende des Tarifvertrages, insbesondere durch Kündigung oder Änderung[662], herbeiführen. Er selbst kann den Tarifvertrag nicht kündigen, da er nicht Tarifvertragspartei ist.[663] Dies wäre unabhängig davon auch nicht sachgerecht, da ein Arbeitgeber sonst die Beendigung des Verbandstarifvertrages herbeiführen könnte, den die Tarifvertragsparteien und andere, an diesen Tarifvertrag normativ gebundene Arbeitgeber ggf. gar nicht beendet sehen wollen. Deswegen ist eine einheitliche Entscheidungsfindung des Verbandes über eine Beendigung notwendig, auf die der Arbeitgeber als Mitglied des Verbandes eine mehr oder weniger große Einflussmöglichkeit hat. Insoweit trifft es zu, dass die Tatsache, dass eine Kündigung unterbleibt und man als Einzelfirma im Rahmen der verbandsinternen Willensbildung insoweit in der Minderheit bleibt, von vornherein im „Normprogramm" mitenthalten ist.[664] Allerdings wird insoweit zu Recht vorgebracht, dass der aus dem Arbeitgeberverband ausgetretene Arbeitgeber keine Möglichkeit mehr hat, an der verbandsinternen Willensbildung teilzunehmen.[665] Er hat nicht einmal mehr die Chance zu einer Mehrheit, die für eine Kündigung des Tarifvertrages ist, zu gehören oder eine solche gar zu organisieren. Ob die Tarifvertragsparteien Tarifverträge kündigen oder ändern, steht dabei völlig in ihrem Ermessen. Es gibt keine Verpflichtung der Tarifvertragsparteien eine Kündigung zu erklären oder eine

---

661 Vgl. zur in der Regel fehlenden Befristung bereits oben unter § 4 B.IV.1.a)cc) auf S. 126.

662 Vgl. hierzu oben unter § 4 A.VI.2.d) auf S. 81 f.

663 Vgl. hierzu BAG AP Nr. 4 zu § 1 TVG Kündigung; Jacobs/Krause/Oetker/*Oetker* § 8 Rn. 8.

664 Zum Folgenden *Däubler* ZTR 1994, 448, 450. Siehe auch *Hanau/Kania* DB 1995, 1229, 1232. Vgl. aber *Hanau* RdA 1998, 65, 69.

665 Vgl. hierzu oben unter § 4 B.II.1.a)aa)(1)(c) auf S. 92.

Änderung zu vereinbaren. Dem kann auch nicht in Anlehnung an die von *Löwisch/Rieble* vertretene Ansicht, dass die Laufzeit von Tarifverträgen maximal fünf Jahre betragen darf,[666] begegnet werden. Die Ansicht betrifft nur die Fragestellung, wann ein Tarifvertrag frühestens kündbar sein muss. Sie sagt nicht, dass der Tarifvertrag spätestens zu diesem Zeitpunkt auch tatsächlich gekündigt werden muss. Eine Preisgabe der Tarifmacht im Sinne der von dieser Ansicht herangezogenen Rechtsprechung des Bundesarbeitsgerichts liegt nicht vor. Die Tarifvertragsparteien begeben sich nicht der Möglichkeit ihre Tarifverträge zu ändern oder zu kündigen. Vielmehr entscheiden sie sich – aufgrund welchen Grundes auch immer[667] – aus freiem Willen dagegen.

Der Feststellung, dass der aus dem Arbeitgeberverband ausgetretene Arbeitgeber auf unabsehbare Zeit an der Ausübung seiner Arbeitsvertragsfreiheit gehindert ist, kann nicht entgegengehalten werden, dass Tarifverträge oft gekündigt werden und wirklich lange Laufzeiten selten sind.[668] Es ist im Rahmen der vorliegenden Abhandlung bereits dargestellt worden, dass Manteltarifverträge mit Laufzeiten selbst bis zu zehn Jahren und darüber hinaus keine Seltenheit sind.[669] Als exemplarische Beispiele wurden zwei Tarifverträge (Rahmentarifvertrag für das Glaserhandwerk in Hamburg vom 1. Oktober 1992, Manteltarifvertrag für gewerbliche Arbeitnehmer und das Verkaufspersonal in den Betrieben der Fleischerinnung Hamburg und des Verbandes der Fleischwarenindustrie in der Hansestadt Hamburg e.V. vom 12. Oktober 1992) genannt, die beide unbefristet seit dem 1. Oktober 1992 bzw. dem 1. Januar 1993 in Kraft sind und im Hinblick auf die meisten ihrer Regelungsinhalte erstmals zum 31. Dezember 1996 kündbar waren. Auch mehr als zehn Jahre später sind beide Tarifverträge trotz Verhandlungsbemühungen der Arbeitgeberverbände unverändert und ungekündigt in Kraft. Dies zeigt zudem, dass die Rechtsprechung des Bundesarbeitsgerichts, wonach bei jeder Änderung des normativen Teils des Tarifvertrages dessen Ende i.S.d. § 3 Abs. 3 TVG vorliegt,[670] kein ausreichendes Korrektiv zur zeitlich unbegrenzten Wirkung des § 3 Abs. 3 TVG ist.

Der auf unabsehbare Zeit bestehenden, zwingenden Tarifgeltung kann auch nicht entgegengehalten werden, dass dem aus dem Arbeitgeberverband ausgetretenen Arbeitgeber andere Gestaltungsmöglichkeiten offen stünden. Sofern diesem Arbeitgeber etwa die Ausgründung mit der Folge der nach § 613a Abs. 1 S. 2 BGB nur auf ein Jahr begrenzten zwingenden Geltung der in den Arbeitsvertrag transformierten Arbeitbedingungen oder der Abschluss eines Firmentarifvertrages als

---

666 Vgl. zum Folgenden auch oben unter § 4 B.II.1.a)aa)(2) auf S. 96 f.

667 Siehe hierzu oben unter § 4 B.IV.1.a)cc) auf S. 126 f.

668 Vgl. hierzu oben unter § 4 B.IV.1.a)cc) auf S. 126.

669 Zum Folgenden siehe bereits oben unter § 4 B.IV.1.a)cc) auf S. 126 f.

670 Siehe hierzu oben unter § 4 A.VI.2.d) auf S. 81 f.

Ausweg aufgezeigt wird, sind beide Vorschläge nicht geeignet, die vorliegende Grundrechtskollision angemessen zu lösen. Die durch Art. 12 Abs. 1 GG geschützte Arbeitsvertragsfreiheit des Arbeitgebers wird durch sie nicht verwirklicht. Vielmehr besteht sogar kein Bezug zu ihr.

(c) Vertragsbindung ohne Gestaltungsrechte

Der aus dem Arbeitgeberverband ausgetretene Arbeitgeber ist im Stadium der zwingenden Tarifgeltung gemäß §§ 3 Abs. 3, 4 Abs. 1, 3 Var. 1 TVG somit ohne eigene Handlungsmöglichkeiten komplett darauf angewiesen ist, dass die Tarifvertragsparteien ein Ende des Tarifvertrages insbesondere durch Kündigung oder Änderung herbeiführen. Dessen ungeachtet wird teilweise aber vorgebracht, dass schon aus dem Grundsatz der Vertragstreue (*pacta sunt servanda*) folge, dass Tarifverträge bis zu ihrem Ende auszuhalten seien.[671]

Zwar ist dieser Aussage grundsätzlich zuzustimmen. Es ist ein allgemein anerkannter Rechtsgrundsatz, dass Verträge und die sich aus ihnen ergebenden Verpflichtungen für jede Seite bindend sind.[672] Im Rahmen dieser Abhandlung wurde allerdings bereits darauf hingewiesen, dass dieser Rechtsgrundsatz nicht unbegrenzt gilt.[673] Insbesondere bei Dauerschuldverhältnissen bedarf es einer Abstimmung des Grundsatzes der Vertragstreue mit dem Selbstbestimmungsrecht des Einzelnen.[674] Dieses zählt zu jenen unveräußerlichen Menschenrechten, die jedem Individuum kraft seines Personenseins zustehen. Der Grundsatz der Vertragstreue ist kein Selbstzweck, sondern dient dem Selbstbestimmungsrecht, indem er diesem rechtliche Verbindlichkeit verleiht. Das Selbstbestimmungsrecht des Einzelnen schließt auch eine vertragliche Ewigkeitsbindung der Vertragsparteien aus. Dies käme einem auf die Zukunft gerichteten, unwiderruflichen Grundrechtsverzicht gleich. Deswegen ist der Grundsatz der Vertragstreue bei Dauerschuldverhältnissen im Interesse dieses Selbstbestimmungsrechts durch die Möglichkeit der ordentlichen Kündbarkeit in seiner Reichweite begrenzt und im Fall der Unzumutbarkeit der Vertragsfortführung durch die Möglichkeit der außerordentlichen Kündbarkeit sogar durchbrochen[675]. Das aus besonderen gesetzlichen Regelungen oder zumindest aus § 314 Abs. 1 BGB folgende Recht zur außerordentlichen Kündigung aus wichtigem Grund kann auch nicht ausge-

671 Vgl. hierzu oben unter § 4 B.III.2. auf S. 120 f.

672 Vgl. etwa BAG AP Nr. 7 zu § 308 BGB m.w.N.; *Oetker* Dauerschuldverhältnis S. 248 m.w.N.; Palandt/*Heinrichs* BGB Einf. vor § 145 Rn. 4a.

673 Zum Folgenden siehe bereits oben unter § 4 A.IV.2.b) auf S. 74.

674 Zum Folgenden *Oetker* Dauerschuldverhältnis S. 249 ff., 252 ff., 272 ff. m.w.N.

675 Siehe hierzu *Oetker* Dauerschuldverhältnis S. 269 m.w.N.

schlossen werden.[676] Und sofern die Parteien das ordentliche Kündigungsrecht nicht selbst ausgeschlossen haben, ist ein Vertrag selbst dann ordentlich kündbar, wenn Regelungen zum ordentlichen Kündigungsrecht fehlen. Vorbehaltlich der für einzelne Vertragstypen etablierten legislativen Bestandsschutzkonzepte ist eine sachliche Rechtfertigung der ordentlichen Kündigung auch nicht erforderlich.[677] Insoweit hat der Grundsatz der Vertragstreue für die Beendigung von unbefristeten Dauerverhältnissen grundsätzlich keine Bedeutung.[678] Er reicht nur soweit, wie das jeweilige unbefristete Dauerverhältnis unbeendet fortbesteht.[679]

Vor diesem Hintergrund ist es etwa eine Selbstverständlichkeit, dass ein Arbeitgeber, der selbst Tarifvertragspartei ist, die von ihm abgeschlossenen Firmentarifverträge kündigen kann. Geschieht dies, wird dem Arbeitgeber ein Verstoß gegen den Grundsatz der Vertragstreue oder ein „Missbrauch privatrechtlicher Gestaltungsmöglichkeiten“ auch nicht ernsthaft vorgeworfen. Er nimmt nur ein ihm zukommendes Gestaltungsrecht wahr. Dementsprechend dürfte vom Grundsatz her auch einem aus dem Arbeitgeberverband ausgetretenen Arbeitgeber nicht zum Vorwurf gemacht werden können, dass er seine Bindung an einen Verbandstarifvertrag irgendwann selbst beenden will. Ein Verstoß gegen den Grundsatz der Vertragstreue oder ein „Missbrauch privatrechtlicher Gestaltungsmöglichkeiten“ würde darin nicht liegen, auch wenn das bisherige Normenverständnis eine solche Beendigung nicht zulässt. Vor dem Hintergrund, dass das TVG nur Tarifverträge mit gleichen Rechtswirkungen und gleicher rechtlicher Stärke kennt,[680] ist der aus dem Arbeitgeberverband ausgetretene Arbeitgeber damit schlechter gestellt als der Arbeitgeber, der selbst Tarifvertragspartei ist, ohne dass dies gerechtfertigt ist. Insofern ist der Kritik zuzustimmen, dass die Attraktivität des Tarifvertragssystems unter solchen Hindernissen beim „Ausstieg“ leidet, da sich diese als Barrieren für den „Einstieg“ auswirken können[681].

Im Ergebnis wird dem aus dem Arbeitgeberverband ausgetretenen Arbeitgeber eine Vertragsbindung auf unabsehbare Zeit unter Vorenthaltung jeglicher Gestaltungsrechte zugemutet. Er ist insoweit völlig von den Tarifvertragsparteien abhängig.[682] Im Ergebnis unterliegt der aus dem Arbeitgeberverband ausgetretene Arbeitgeber einer Fremdbestimmung durch die Tarifvertragsparteien anstatt ei-

676 Zum Folgenden vgl. Jacobs/Krause/Oetker/*Oetker* § 8 Rn. 10 ff.; Palandt/*Grüneberg* BGB § 314 Rn. 3 m.w.N.

677 *Oetker* Dauerschuldverhältnis S. 257, 272.

678 *Oetker* Dauerschuldverhältnis S. 285.

679 *Oetker* Dauerschuldverhältnis S. 255 f.

680 BAG AP Nr. 3 zu § 3 TVG.

681 So *Dieterich/Hanau/Henssler/Oetker/Wank/Wiedemann* RdA 2004, 65, 76.

682 So bereits *Sinzheimer* Arbeitstarifgesetz S. 92.

ner Selbstbestimmung. Dies gilt zwar nicht für die grundsätzliche Begründung seiner Bindung, sehr wohl aber im Hinblick auf ihre Fortdauer. Dem kann nicht entgegengehalten werden, dass die Rechtsordnung eine im Ansatz dauerhafte Selbstbindung (z.B. durch Ausschluss der ordentlichen Kündigung) ermöglicht. Der Arbeitgeber kann sich selbst zwar wirksam sogar auf Lebenszeit binden.[683] Für Arbeitsverträge ist dabei in erster Linie auf die Entscheidung des Gesetzgebers abzustellen, der in § 624 BGB und durch die Übernahme dieser Vorschrift in § 15 Abs. 4 TzBfG sich dafür entschieden hat, eine längerfristige Bindung des Arbeitgebers ohne Kündigungsmöglichkeit zuzulassen. Der Arbeitgeber hat, was im Hinblick auf seine Vertragsfreiheit möglich ist, sein aus Art. 12 GG herzuleitendes Recht auf privatautonome Beendigung von Arbeitsverhältnissen selbst beschränkt. Jedoch ist diese einzelvertragliche Selbstbindung mit der vorliegenden zwingenden Tarifgeltung aufgrund des § 3 Abs. 3 TVG nicht vergleichbar. Einer einzelvertraglichen Bindung ist aufgrund ihrer Eigenständigkeit und Individualität größeres Gewicht beizumessen als tarifvertraglichen Bindungen.[684]

(d) Vertrauen auf gewisse Dauer der zwingenden Tarifgeltung?

Nach dem Zweck des § 3 Abs. 3 TVG soll ein einmal wirksam abgeschlossener Tarifvertrag seine normative Wirkung zum Schutz der Arbeitnehmer möglichst für den in ihm vorgesehenen Geltungszeitraum behalten.[685] Es bestehen aber berechtigte Zweifel, ob hieraus geschlossen werden kann, dass bei einem unbefristeten, aber kündbaren Tarifvertrag der „vorgesehene Geltungszeitraum“ am Interesse der Arbeitnehmer an einer möglichst lange fortdauernden Geltung zu messen und dementsprechend als potentiell unendlich zu begreifen ist.

An der dem Grunde nach bestehenden ordentlichen Kündbarkeit von Dauerschuldverhältnissen ändert es nämlich nichts, dass beim Vertragspartner eine Kontinuitätserwartung auf den zukünftigen Fortbestand der Vertragsbeziehung besteht.[686] Die bei allen Dauerschuldverhältnissen denkbaren Kontinuitätserwartungen rechtfertigen die Beschränkung der ordentlichen Kündbarkeit aufgrund der Bedeutung der Beendigungsfreiheit für das Selbstbestimmungsrecht dem Grunde nach nicht. Ein Anspruch auf zukünftigen Fortbestand der Vertragsbeziehung kommt allenfalls beim Hinzutreten besonderer Umstände in Betracht.

Bei einem unbefristeten, aber kündbaren Tarifvertrag steht der „vorgesehene Geltungszeitraum“ nicht von vornherein fest, sondern hängt vom Verhalten der Tarifvertragsparteien ab. Insoweit ist dem von einigen Befürwortern einer zeitli-

---

683 Zum Folgenden BAG AP Nr. 60 zu § 138 BGB.

684 BAG AP Nr. 60 zu § 138 BGB.

685 Siehe hierzu oben unter § 4 A.III.4. auf S. 70 ff.

686 Zum Folgenden *Oetker* Dauerschuldverhältnis S. 273, 279 f., 282 f., 285 f.

chen Begrenzung des § 3 Abs. 3 TVG vorgebrachten Argument zuzustimmen, wonach der tarifliche Arbeitnehmerschutz wie die von § 3 Abs. 3 TVG geschützte Tariftreueerwartung von vornherein durch die Kündbarkeit des Tarifvertrages begrenzt ist.[687] Auch wenn die Kündigungsmöglichkeit nur vom Verband wahrgenommen werden kann, so besteht gleichwohl die Möglichkeit, dass sie wahrgenommen wird. Wissen die Arbeitnehmer und auch die Gewerkschaft somit, dass die zwingende Wirkung der verbandstariflichen Ordnung nur bis zu dem ersten Kündigungstermin garantiert ist, ist ihr Vertrauen auf die unabdingbare Maßgeblichkeit dieser Ordnung auch nur bis zu diesem Zeitpunkt schutzbedürftig. Mit einer längeren Laufzeit können Arbeitnehmer und Gewerkschaft nicht verbindlich rechnen. So kann es allein aufgrund der tatsächlichen Umstände zu einer nur kurzen Bindung des Arbeitgebers kommen. Dies ist z.B. dann der Fall, wenn sein Beitritt zum Arbeitgeberverband und damit seine Tarifgebundenheit nach § 3 Abs. 1 TVG erst kurz vor einer Kündigung des Tarifvertrages durch eine der Tarifvertragsparteien erfolgt. Dabei kann die Frage, ob eine zeitliche Begrenzung der Wirkung des § 3 Abs. 3 TVG auf den Zeitpunkt der ersten Kündigungsmöglichkeit möglich ist und ggf. geboten wäre, hier zunächst offen gelassen werden. An der Argumentation ist jedenfalls zutreffend, dass die an einer möglichst langen Fortdauer der zwingenden Tarifgeltung nach §§ 3 Abs. 3, 4 Abs. 1, 3 Var. 1 TVG interessierten Arbeitnehmer darauf angewiesen sind, dass die Tarifvertragsparteien ein Ende des Tarifvertrages nicht herbeiführen. Auch insoweit steht es vollständig im Ermessen der Tarifvertragsparteien, ob sie die Tarifverträge kündigen oder ändern. Die Arbeitnehmer haben keinen Anspruch auf Unterlassen einer Kündigung bzw. Änderung des Tarifvertrages und damit auch keinen Anspruch auf eine bestimmte Fortdauer der zwingenden Tarifgeltung über den ersten Kündigungstermin hinaus.[688] Der aus Sicht des aus dem Arbeitgeberverband ausgetretenen Arbeitgebers auf unabsehbare Zeit aufrechterhaltenen Vertragsbindung steht auf Arbeitnehmerseite also ebenfalls eine Ungewissheit über die Dauer der zwingenden Tarifgeltung nach §§ 3 Abs. 3, 4 Abs. 1, 3 Var. 1 TVG gegenüber.

(e) Arbeitnehmerschutz durch § 4 Abs. 5 TVG

Wie bereits im Rahmen der Prüfung der Erforderlichkeit ausgeführt worden ist, würde eine zeitliche Begrenzung des § 3 Abs. 3 TVG nur bewirken, dass die zwingende Tarifgeltung wegfallen würde, die unmittelbare Tarifgeltung aufgrund der Nachwirkung gemäß § 4 Abs. 5 TVG aber aufrechterhalten bliebe.[689] Auch wenn im Rahmen der Prüfung der Erforderlichkeit noch festgestellt werden konnte, dass der Schutz der Arbeitnehmer im Stadium der nur unmittelbaren Ta-

---

687 Zum Folgenden vgl. oben unter § 4 B.II.1.a)aa)(1)(a) auf S. 90.

688 Vgl. hierzu allgemein auch *Oetker* Dauerschuldverhältnis S. 286.

689 Siehe hierzu oben unter § 4 B.IV.2.c)aa)(5)(a) auf S. 147 f.

rifgeltung des § 4 Abs. 5 TVG im Vergleich zur zwingenden Tarifgeltung des § 3 Abs. 3 TVG nicht gleich wirksam ist, kommt § 4 Abs. 5 TVG bei der Prüfung der Angemessenheit aufgrund des sich von der Prüfung der Erforderlichkeit unterscheidenden Prüfungsmaßstabs wieder Bedeutung zu. Es stellt sich nämlich die Frage, ob die Auswirkungen der fortbestehenden Tarifgebundenheit nach § 3 Abs. 3 TVG auf den aus dem Arbeitgeberverband ausgetretenen Arbeitgeber außer Verhältnis zum vom § 3 Abs. 3 TVG bezweckten Arbeitnehmerschutz stehen, weil durch den im Anschluss an § 3 Abs. 3 TVG eingreifenden Arbeitnehmerschutz des § 4 Abs. 5 TVG ein effektiver Schutz besteht, so dass eine auf unabsehbare Zeit angelegte Versagung der Arbeitsvertragsfreiheit unzumutbar erscheint.

§ 4 Abs. 5 TVG bezweckt unter anderem auch den Schutz der Arbeitnehmer.[690] Der Schutz, den § 4 Abs. 5 TVG den Arbeitnehmern im Anschluss an das Ende der zwingenden Tarifgeltung gemäß §§ 3 Abs. 3, 4 Abs. 1, 3 Var. 1 TVG vermittelt,[691] kann als effektiv bezeichnet werden: die Abweichung von den bisherigen tariflichen Arbeitsbedingungen setzt eine abweichende Abmachung voraus. Zu abweichenden Abmachungen i.S.d. § 4 Abs. 5 TVG gehören neben neuen bzw. anderen Verbandstarifverträgen, Firmentarifverträgen, Betriebsvereinbarungen (in den Grenzen des § 77 Abs. 3 BetrVG) und arbeitsvertraglichen Einheitsregeln sowie echten Individualabreden entgegen dem etwas missverständlichen Wortlaut des § 4 Abs. 5 TVG auch Änderungskündigungen, bei denen die Arbeitnehmer das Änderungsangebot (unter Vorbehalt oder ohne Vorbehalt) annehmen.[692] Aus dem Verband ist der jeweilige Arbeitgeber in der hier in Rede stehenden Konstellation gerade ausgetreten, um dessen Regelungsregime nicht mehr unterworfen zu sein, so dass der Verbandstarifvertrag (vorbehaltlich eines geplanten Verbandswechsels) als abweichende Abmachung per se ausscheidet. Wie bereits erläutert worden ist, wird auch der Abschluss eines Firmentarifvertrages in der Regel ausscheiden, da die Gewerkschaften dem aus dem Arbeitgeberverband ausgetretenen Arbeitgeber in den seltensten Fällen bei der Abweichung vom Verbandstarifvertrag zu Lasten der Arbeitnehmer behilflich sein werden.[693] Zu Recht wird des Weiteren darauf verwiesen, dass selbst eine zeitliche Begrenzung des § 3 Abs. 3 TVG die Betriebspartner wegen der auch im Stadium des § 4 Abs. 5 TVG eingreifenden Sperrwirkung des Tarifvorbehalts in § 77 Abs. 3 BetrVG regelmäßig hilflos lässt, da dadurch eine Regelung durch Be-

690 BAG AP Nr. 14 zu § 3 TVG Verbandszugehörigkeit; Jacobs/Krause/Oetker/*Oetker* § 8 Rn. 23 m.w.N.; Kempen/Zachert/*Kempen* TVG § 4 Rn. 533. Vgl. hierzu auch ErfK/*Franzen* § 4 TVG Rn. 50; *Löwisch/Rieble* TVG § 4 Rn. 375 ff.

691 Vgl. zu § 4 Abs. 5 TVG bereits oben unter § 4 B.IV.1.b)bb) auf S. 128 ff. und unter § 4 B.IV.2.c)aa)(5)(c) auf S. 149 f.

692 Vgl. ErfK/*Franzen* § 4 TVG Rn. 61 ff. m.w.N.

693 Siehe hierzu oben unter § 4 B.IV.1.c)cc) auf S. 135.

triebsvereinbarung weitgehend unmöglich ist.[694] Soweit dagegen ein Tarifvertrag im Rahmen von § 87 Abs. 1 Einleitungssatz BetrVG Gegenstände der Mitbestimmung in sozialen Angelegenheiten geregelt hat, besteht im Nachwirkungszeitraum keine Sperrwirkung gegenüber einer Betriebsvereinbarung, weil der Tarifvorrang des § 87 Abs. 1 Einleitungssatz BetrVG die zwingende Wirkung des Tarifvertrages voraussetzt.[695] Vor dem Hintergrund der eingeschränkten Geeignetheit von Betriebsvereinbarungen sowie der nur geringen Chancen, abweichende Vereinbarungen durch Firmentarifvertrag zu erreichen, kommen als Instrumente in der Regel nur der Änderungsvertrag gegebenenfalls i.V.m. einer Änderungskündigung in Frage[696]. Ein Vertragsdiktat des Arbeitgebers ist in dieser Situation aber nicht zu befürchten, weil er keine Handhabe hat, die Änderung der Arbeitsbedingungen zu oktroyieren.[697] Denn der Arbeitnehmer befindet sich in einem bestehenden Arbeitsverhältnis und nicht in der erheblich schwächeren Position eines Stellenbewerbers. Der Arbeitnehmer ist nicht durch den Arbeitgeber gehindert, von seiner Vertragsfreiheit sachgerecht Gebrauch zu machen. Er ist frei, das auf Vertragsänderung gerichtete Angebot des Arbeitgebers abzulehnen; er muss nicht befürchten, als Reaktion auf die Ablehnung des Änderungsangebots den Arbeitsplatz zu verlieren. Erklärt der Arbeitgeber eine Änderungskündigung, kann der Arbeitnehmer sie gerichtlich überprüfen lassen, auch darauf, ob die neuen Arbeitsbedingungen für ihn zumutbar sind. Es findet also eine gerichtliche Inhaltskontrolle statt. Dabei ist die Änderungskündigung kaum jemals zu realisieren ist, da der individuelle Kündigungsschutz nach § 2 KSchG eingreift und die Rechtsprechung des Bundesarbeitsgerichts[698] insoweit sehr hohe Anforderungen stellt.[699] Dabei kann sogar dahin gestellt bleiben, ob § 2 KSchG gerade dem Vertragsinhaltschutz dient[700] oder diesen zu Gunsten des Bestands des Arbeitsverhältnisses eher relativiert[701].

---

694 *Junker* ZfA 1996, 383, 401; *Lieb* NZA1994, 337, 338. Vgl. auch *Däubler* NZA 1996, 225, 229; ErfK/*Franzen* § 4 TVG Rn. 62; *Walker* ZfA 1996, 353, 379 f. Vgl. hierzu BAG AP Nr. 8 zu § 77 BetrVG 1972 Tarifvorbehalt; BAG AP Nr. 26 zu § 4 TVG Geltungsbereich.

695 *Däubler* NZA 1996, 225, 229; ErfK/*Franzen* § 4 TVG Rn. 62. Vgl. hierzu BAG AP Nr. 8 zu § 87 BetrVG 1972 Akkord; BAG AP Nr. 26 zu § 4 TVG Geltungsbereich.

696 *Schaub* BB 1995, 2003, 2006. Vgl. auch *Lieb* NZA1994, 337, 338.

697 Zum Folgenden *Belling/Hartmann* NZA 1998, 57, 60.

698 Vgl. etwa BAG NZA 2006, 92, 94 f. m.w.N.

699 *Bauer/Diller* DB 1993, 1085, 1087; *Buchner* RdA 1997, 259, 260 f.; *Däubler* NZA 1996, 225, 229; *Oetker* Gemeinsame Anm. zu BAG EzA Nr. 14 und 15 zu § 4 TVG Nachwirkung; *Reuter* ZfA 1995, 1, 41; *Schaub* BB 1995, 2003, 2006; *Schleusener* NJ 1998, 561, 564; *Walker* ZfA 1996, 353, 379 f.

700 So etwa BAG AP Nr. 81 zu § 2 KSchG 1969; BAG AP Nr. 31 zu § 2 KSchG 1969.

701 So ErfK/*Oetker* § 2 KSchG Rn. 3 m.w.N.

Selbst wenn man die Aufrechterhaltung der Normwirkung aufgrund der fortbestehenden Tarifgebundenheit nach § 3 Abs. 3 TVG zeitlich begrenzen würde, bestünden für den aus dem Arbeitgeberverband ausgetretenen Arbeitgeber also erhebliche tatsächliche Schwierigkeiten bei der Durchsetzung anderer Abmachungen i.S.d. § 4 Abs. 5 TVG. In der Literatur wird dies zu Recht hervorgehoben: durch die im Anschluss an die aufgrund der fortbestehenden Tarifgebundenheit nach § 3 Abs. 3 TVG aufrechterhaltene Normwirkung angeordnete Nachwirkung des § 4 Abs. 5 TVG erweitere sich die zeitliche Bindung des Arbeitgebers an den Tarifvertrag, von dem er sich durch Verbandsaustritt gerade distanzieren möchte, erheblich.[702] Realistischerweise führe der Austritt des Arbeitgebers aus dem Arbeitgeberverband selbst beim Übergang in das Stadium der Nachwirkung des § 4 Abs. 5 TVG nur zum „Einfrieren" der Arbeitsbedingungen.[703] Vor diesem Hintergrund wird teilweise darauf verwiesen, dass den Arbeitgebern mit der Zeit zumindest die faktische Entwicklung helfe. Im Regelfall gebe es für den Arbeitgeber eine vernünftige Anpassungsmöglichkeit.[704] Ihm helfe die Inflation. Da die tariflichen Arbeitsbedingungen eingefroren blieben und die Arbeitnehmer an den tariflichen Verbesserungen (Entgeltsteigerung, Arbeitszeitverkürzung) nicht teilnähmen, würden sie von der allgemeinen tariflichen Entwicklung überholt und müssten sogar Reallohnverluste hinnehmen. Ergebnis sei eine permanente Nullrunde. Sobald der Abstand zu den tarifgebundenen Arbeitnehmern fühlbar sei, müsse der Arbeitgeber ohnehin Verbesserungen der Arbeitsbedingungen anbieten, um sein Personal zu halten und den Betriebsfrieden zu wahren. Solche Verbesserungen könne er davon abhängig machen, dass der nachwirkende Tarifvertrag mit belastenden Klauseln abbedungen werde. Dies möge in größeren Betrieben wegen der Arbeitnehmerzahl aufwendig sein. Undurchführbar sei es nicht, weil die Arbeitnehmer ein erhebliches Interesse an der Anpassung ihrer Arbeitsbedingungen an die Marktbedingungen hätten. Zudem sei der Aufwand Konsequenz des Verzichts auf den Tarifvertrag und seine Transaktionskostenvorteile. Wirtschaftliche Dynamik und Inflation würden die wirtschaftliche Bedeutung der Tarifbindung also langfristig eher mindern als verstärken.[705] Wie allgemein in der Tarifpolitik, entstehe Anpassungsbedarf eher auf Arbeitnehmer- als auf Arbeitgeberseite. Auch das Bundesarbeitsgericht hat sich in diese Richtung geäußert: sobald der Abstand der Vergütung nach dem bei dem Verbandsaustritt geltenden Tarifvertrag zum aktuellen Tarifstand fühlbar sei, könne der ausgetretene Arbeitgeber Lohn- oder Gehaltssteigerungen von Zugeständnissen der Arbeitnehmer bei anderen wichtigen Arbeitsbedingungen (Ur-

702 Vgl. z.B. *Büdenbender* NZA 2000, 509, 510.

703 So etwa *Däubler* NZA 1996, 225, 229.

704 Zum Folgenden etwa *Rieble* Arbeitsmarkt Rn. 1561 f. Vgl. auch *Beathalter* Gestaltungsmöglichkeiten S. 364.

705 Zum Folgenden *Kittner* AuR 1998, 469, 471.

laubsdauer, Arbeitszeit) abhängig machen, bei deren Inhalt er aber darauf achten müsse, sein Personal zu halten und den Betriebsfrieden zu wahren.[706]

Im Ergebnis kann also festgestellt werden, dass selbst im Stadium der Nachwirkung des § 4 Abs. 5 TVG ein effektiver Arbeitnehmerschutz besteht und Arbeitgeber vom Tarifvertrag abweichende Abmachungen oft nur unter erheblichen tatsächlichen Schwierigkeiten bzw. erst mit gewissem Zeitablauf erreichen können. Die Tatsache, dass ein nur nachwirkender Tarifvertrag von vornherein nicht für neu eingestellte Arbeitnehmer gilt,[707] ermöglicht es dem aus dem Arbeitgeberverband ausgetretenen Arbeitgeber lediglich, die erst nach dem Ende der nach § 3 Abs. 3 TVG fortbestehenden Tarifgebundenheit begründeten Arbeitsverhältnisse privatautonom zu gestalten. Für die schon vorher begründeten Arbeitsverhältnisse kann hieraus hingegen Nichts hergeleitet werden. Vor diesem Hintergrund treffen die teilweise aufgestellten Behauptungen nicht zu, dass sämtliche Begrenzungsvorschläge an die Substanz des Tarifschutzes gehen[708] und ein Infragestellen des Gesamtsystems für wenige regelungsbedürftige Ausnahmefälle bedeuten sowie einen beliebigen Ausstieg aus einem zwingenden Tarifsystem ermöglichen und die Verbände schwächen würden.[709]

(f) Tariffähigkeit des Arbeitgebers

Im vorliegenden Zusammenhang von Bedeutung ist auch die Tariffähigkeit des aus dem Arbeitgeberverband ausgetretenen Arbeitgebers nach § 2 Abs. 1 Var. 2 TVG.[710] Definiert wird sie als die Fähigkeit, Partei eines Tarifvertrages zu sein.[711] Dies hat zur Folge, dass Tarifverträge auch für einzelne Unternehmen oder Betriebe geschlossen werden können (Firmen- oder Haustarifverträge).[712]

Die dem einzelnen Arbeitgeber in § 2 Abs. 1 Var. 2 TVG zuerkannte Tariffähigkeit dient der effektiven Verwirklichung der Tarifautonomie, indem sie verhindert, dass sich der Arbeitgeber durch Fernbleiben von oder Austritt aus einem Verband tarifunfähig macht und sich so der Inanspruchnahme auf den Abschluss von Tarifverträgen entzieht.[713] Dieser Zweck erschöpft sich nicht nur darin, der Gewerkschaft einen Verhandlungsgegner bereitzustellen. Vielmehr gehört die

---

706 BAG AP Nr. 3 zu § 3 TVG Verbandsaustritt.

707 Vgl. hierzu oben unter § 4 B.IV.1.b)bb) auf S. 128 f.

708 Zum Folgenden *Berg/Platow/Schoof/Unterhinninghofen* § 3 TVG Rn. 57.

709 Zum Folgenden *Henssler* ZfA 1994, 487, 514.

710 Vgl. bereits oben unter § 3 B.II. auf S. 55.

711 BAG AP Nr. 36, 55 zu § 2 TVG; Wiedemann/*Oetker* TVG § 2 Rn. 8 m.w.N.

712 *Hromadka/Maschmann* ArbR § 13 Rn. 63.

713 Zum Folgenden BAG AP Nr. 162 zu Art. 9 GG Arbeitskampf. Vgl. auch Wiedemann/*Oetker* TVG § 2 Rn. 124 m.w.N.

Tariffähigkeit des einzelnen Arbeitgebers auch zu dessen, durch Art. 9 Abs. 3 GG geschützten Betätigungsfreiheit.

Aufgrund seiner Tariffähigkeit kann sich der aus dem Arbeitgeberverband ausgetretene Arbeitgeber – im Einklang mit dem Zweck des § 2 Abs. 1 Var. 2 TVG – Firmentarifverträgen also nicht entziehen.[714] § 3 Abs. 3 TVG kann also nur die Flucht von Arbeitgebern aus Verbandstarifverträgen verhindern und nicht aus dem Tarifvertragssystem an sich.

Es bleibt den Arbeitnehmern, die bei dem aus dem Arbeitgeberverband ausgetretenen Arbeitgeber beschäftigt sind, über ihre jeweilige Gewerkschaft also jederzeit unbenommen, von ihrem Arbeitgeber den Abschluss eines Firmentarifvertrages zu verlangen und hierfür auch zu streiken; dies gilt jedenfalls im Stadium der Nachwirkung nach § 4 Abs. 5 TVG.[715]

(g) Unterschied: Handlungsmöglichkeit des Arbeitgebers

Auch wenn selbst im Stadium der Nachwirkung des § 4 Abs. 5 TVG ein beachtlicher Arbeitnehmerschutz besteht und Arbeitgeber vom Tarifvertrag abweichende Abmachungen oft nur unter erheblichen tatsächlichen Schwierigkeiten bzw. erst mit gewissem Zeitablauf erreichen können, sieht die Rechtsprechung allein die rechtliche Möglichkeit zu abweichenden Abmachungen als ausreichend an, um insoweit die Handlungsfreiheit des Arbeitgebers zu bejahen.[716]

So hat das Bundesverfassungsgericht die zeitlich unbegrenzte Nachwirkung gemäß § 4 Abs. 5 TVG nicht beanstandet und dies mit den insoweit bestehenden Handlungsmöglichkeiten des Arbeitgebers begründet:[717] im Stadium der Nachwirkung eines Tarifvertrages nach § 4 Abs. 5 TVG könnten die ehemals zwingend und unmittelbar geltenden Tarifvertragsbestimmungen, welche ohnehin nur für bereits bestehende Arbeitsverhältnisse gelten, jederzeit durch einzelvertragliche oder kollektive Vereinbarungen ersetzt werden. Es gehe allein darum, das ausgetretene Verbandsmitglied gegenüber denjenigen Vertragspartnern an der alten tarifvertraglichen Regelung festzuhalten, gegenüber denen sie vormals kraft Tarifgebundenheit gegolten hat, bis eine neue Abmachung getroffen wird. Dabei habe es der Arbeitgeber grundsätzlich selbst in der Hand, die Nachwirkung des alten Tarifvertrages nach § 4 Abs. 5 TVG dadurch zu beseitigen, dass er mit den bei ihm beschäftigten Arbeitnehmern anderweitige Abmachungen

---

714 Vgl. bereits oben unter § 4 A.III.3. auf S. 69 f.

715 Vgl. Wiedemann/*Thüsing* TVG § 1 Rn. 881. Zur Friedenspflicht während der fortbestehenden Tarifgebundenheit nach § 3 Abs. 3 TVG siehe Wiedemann/*Oetker* TVG § 3 Rn. 79 m.w.N.

716 Siehe hierzu bereits oben unter § 4 B.IV.1.b)bb) auf S. 129.

717 Zum Folgenden BVerfG AP Nr. 36 zu § 4 TVG Nachwirkung.

trifft. Er habe die Möglichkeit, sich von dem Tarifvertrag zu lösen, den der Verband abgeschlossen hat, aus dem er nunmehr ausgetreten ist. Er kann selbst seine Vorstellungen vom richtigen Inhalt der Arbeitsverhältnisse durch Aufnahme von Verhandlungen durchzusetzen versuchen. Anders als bei der Allgemeinverbindlicherklärung von Tarifverträgen gehe es bei der Nachwirkung von Tarifverträgen um die Geltung eines Regelwerkes, welches von einem Verband, dem der Arbeitgeber ehemals angehörte, abgeschlossen wurde und dessen Geltung er jederzeit mit eigenen Abmachungen beseitigen könne. Dem folgend hat auch das Bundesarbeitsgericht eine zeitliche Begrenzung der Nachwirkung nach § 4 Abs. 5 TVG abgelehnt und dies entsprechend begründet:[718] der Arbeitgeber habe es jederzeit in der Hand, die Nachwirkung dadurch zu beseitigen, dass er mit den bei ihm beschäftigten, der Nachwirkung unterfallenden Arbeitnehmern unter Einsatz seiner Verhandlungsmacht anderweitige Abmachungen trifft, einen Firmentarifvertrag schließt oder Änderungskündigungen durchsetzt. Auch eine Allgemeinverbindlicherklärung eines Tarifvertrages könne zum Ende der Nachwirkung führen. Deshalb bedürfe es einer zeitlichen Begrenzung der Nachwirkung nicht.

Soweit von einigen Stimmen in der Literatur mit Bezug auf diese Rechtsprechung vertreten wird, dass die zeitlich unbegrenzt fortbestehende Tarifgebundenheit nach § 3 Abs. 3 TVG von dieser Rechtsprechung gebilligt worden ist, da sie auch die zeitliche Unbegrenztheit der Nachwirkung des Tarifvertrages nach § 4 Abs. 5 TVG nach einem Austritt aus dem Arbeitgeberverband nicht beanstandet hat,[719] ist dem nicht zu folgen. Die von den beiden Gerichten entschiedenen Fallgestaltungen boten keinen Anlass auf diese Frage einzugehen. So hat die fortbestehende Tarifgebundenheit in dem vom Bundesverfassungsgericht entschiedenen Fall regulär geendet und der Zeitraum zwischen der Beendigung der Verbandsmitgliedschaft des Arbeitgebers und dem Ende der fortbestehenden Tarifgebundenheit war nicht übermäßig lang. In dem der Entscheidung des Bundesarbeitsgerichts zugrunde liegenden Fall ist es hingegen erst gar nicht dazu gekommen, dass der Arbeitgeber der fortbestehenden Tarifgebundenheit unterlag. In beiden Fällen ging es jeweils einzig und allein um die Frage, wie lange die Nachwirkung des § 4 Abs. 5 TVG andauern kann, wenn es zu keinen abweichenden Abmachungen kommt. Nur insoweit haben das Bundesverfassungsgericht und das Bundesarbeitsgericht Entscheidungen zugunsten der zeitlich unbegrenzten Nachwirkung getroffen. Zudem lässt sich das Kernargument beider Gerichte, dass es der Arbeitgeber jederzeit in der Hand habe, unter Einsatz seiner

718 Zum Folgenden BAG AP Nr. 41 zu § 4 TVG Nachwirkung. Vgl. bereits BAG AP Nr. 14 zu § 3 TVG Verbandszugehörigkeit; BAG AP Nr. 3 zu § 3 TVG Verbandsaustritt.

719 So Schaub/*Schaub* ArbR-Hb § 206 Rn. 9 unter Hinweis auf BVerfG AP Nr. 36 zu § 4 TVG Nachwirkung. Vgl. auch AnwK-ArbR/*Friedrich* § 3 TVG Rn. 57; *Bayreuther* Tarifautonomie S. 728.

Verhandlungsmacht anderweitige Abmachungen zu treffen, und deswegen die zeitlich unbegrenzte Nachwirkung nach § 4 Abs. 5 TVG nicht zu beanstanden sei, nicht auf die zeitlich unbegrenzt fortbestehende Tarifgebundenheit nach § 3 Abs. 3 TVG übertragen.[720] Der wesentliche Unterschied zwischen den beiden Konstellationen ist, dass der Arbeitgeber unter der Geltung des § 4 Abs. 5 TVG überhaupt eine Handlungsmöglichkeit hat, während diese unter Geltung des § 3 Abs. 3 TVG eben nicht besteht.

Vor diesem Hintergrund kann festgestellt werden, dass § 4 Abs. 5 TVG im Vergleich zu § 3 Abs. 3 TVG für den aus dem Arbeitgeberverband ausgetretenen Arbeitgeber aus Sicht des Bundesverfassungsgerichts und des Bundesarbeitsgerichts ausreichende Handlungsmöglichkeiten eröffnet.

(h) Abwägungsresultat und Ergebnis zur Angemessenheit

Fasst man die vorstehenden Überlegungen zusammen, ergibt sich folgendes Bild:

Die zeitlich unbegrenzte Aufrechterhaltung der fortbestehenden Tarifgebundenheit hindert aufgrund der zwingenden Tarifgeltung nach §§ 3 Abs. 3, 4 Abs. 1, 3 Var. 1 TVG den aus dem Arbeitgeberverband ausgetretenen Arbeitgeber auf unabsehbare Zeit unter Vorenthaltung jeglicher Gestaltungsrechte daran, seine Bindung an die Tarifverträge zu beenden und den Versuch zu unternehmen, die Arbeitsverhältnisse der bei ihm beschäftigten Arbeitnehmer in Zukunft vollumfänglich privatautonom zu gestalten, d.h. seine Arbeitsvertragsfreiheit auszuüben. Der Zweck des § 3 Abs. 3 TVG, wonach ein einmal wirksam abgeschlossener Tarifvertrag seine normative Wirkung zum Schutz der Arbeitnehmer möglichst für den in ihm vorgesehenen Geltungszeitraum behalten soll, rechtfertigt es hingegen nicht, den „vorgesehenen Geltungszeitraum“ bei einem unbefristeten, aber kündbaren Tarifvertrag am Interesse der Arbeitnehmer an einer möglichst lange fortdauernden Geltung zu messen und dementsprechend als potentiell unendlich zu begreifen. § 4 Abs. 5 TVG sichert einen gegenüber dem Arbeitnehmerschutz des § 3 Abs. 3 TVG zwar nicht gleich wirksamen, aber dennoch effektiven Schutz vor einseitiger Festsetzung und/oder Abänderung der Arbeitsbedingungen durch den Arbeitgeber, da der aus dem Arbeitgeberverband ausgetretene Arbeitgeber vom Tarifvertrag zu Lasten der Arbeitnehmer abweichende Abmachungen oft nur unter erheblichen tatsächlichen Schwierigkeiten bzw. erst mit gewissem Zeitablauf erreichen kann. Hinzu kommt, dass der aus dem Arbeitgeberverband ausgetretene Arbeitgeber auch nach dem Ende der zwingenden Tarifgeltung mit Forderungen nach einem Firmentarifvertrag konfrontiert und hierfür ggf. auch bestreikt werden kann.

720 Vgl. auch *Behrendt/Gaumann/Liebermann* NZA 2006, 525, 528 f.

Vor diesem Hintergrund steht das Maß der durch § 3 Abs. 3 TVG für den aus dem Arbeitgeberverband ausgetretenen Arbeitgeber folgenden Belastung somit jedenfalls bei Tarifverträgen, die über Jahre hinweg nicht geändert und nicht gekündigt werden, in keinem vernünftigen Verhältnis zu dem durch § 3 Abs. 3 TVG bezweckten Arbeitnehmerschutz.

Die zeitlich unbegrenzte Aufrechterhaltung der Normwirkung aufgrund der fortbestehenden Tarifgebundenheit nach § 3 Abs. 3 TVG ist im Verhältnis zur Erreichung des mit § 3 Abs. 3 TVG verfolgten Zwecks nicht angemessen (verhältnismäßig im engeren Sinne).

(7) Ergebnis zur Verhältnismäßigkeit

Die zeitlich unbegrenzte Aufrechterhaltung der Normwirkung aufgrund der fortbestehenden Tarifgebundenheit nach § 3 Abs. 3 TVG ist nicht verhältnismäßig.

bb) Kein Legitimationsdefizit des § 3 Abs. 3 TVG (Art. 20 Abs. 2, 3 GG)

Soweit auf die fehlende Legitimation einer zeitlich unbegrenzten Wirkung des § 3 Abs. 3 TVG verwiesen wird, bestehen im Hinblick auf das Demokratieprinzip nach Art. 20 Abs. 2 GG i.V.m. dem Rechtsstaatsprinzip nach Art. 20 Abs. 3 GG[721] allerdings keine verfassungsrechtlichen Bedenken.

Die Aufrechterhaltung der Tarifgeltung in § 3 Abs. 3 i.V.m. § 4 Abs. 1 TVG ist ausreichend legitimiert: das Bundesverfassungsgericht hat die Geltungsanordnung tariflicher Normen für Außenseiter schon als zulässig erachtet, wenn diese durch einen staatlichen Mitwirkungsakt eine zusätzliche Rechtfertigung erfährt.[722] In diesem Kontext ist § 3 Abs. 3 TVG somit als ausreichender und erforderlicher[723] staatlicher Mitwirkungsakt an der Geltungserstreckung tariflicher Normen auf die durch den Verbandsaustritt zu Außenseitern gewordenen Arbeitgeber anzusehen.

Zweifel hieran sind vor dem Hintergrund der folgenden Überlegung nicht gerechtfertigt: wie bereits an anderer Stelle ausgeführt,[724] handelt es sich bei dem aus dem Arbeitgeberverband ausgetretenen Arbeitgeber bereits nicht um einen klassischen Außenseiter, da § 3 Abs. 3 TVG an die ursprüngliche Verbandsmitgliedschaft des ausgetretenen Arbeitgebers anknüpft. Zudem ist die Wirkung des

721 Vgl. zu diesem Gesichtspunkt bei der staatlichen Geltungsanordnung tariflicher Normen BVerfGE 44, 322, 347 f.; BVerfGE 64, 208, 214 f. Siehe hierzu auch bereits oben unter § 3 B.I.1. auf S. 52 f.

722 Siehe hierzu bereits oben unter § 3 B.I.1. auf S. 53.

723 Siehe hierzu auch oben unter § 4 A.IV.2.b) auf S. 74.

724 Siehe oben unter § 4 B.IV.2.b)bb)(1)auf S. 141 f.

§ 3 Abs. 3 TVG (anders als etwa bei der Allgemeinverbindlicherklärung nach § 5 TVG) auch begrenzt: der ausgetretene Arbeitgeber unterfällt als künftiger Außenseiter nicht mehr der Normsetzungsbefugnis seines ehemaligen Verbandes.[725] Nur im Hinblick auf die zum Zeitpunkt des Wirksamwerdens der Beendigung der Verbandsmitgliedschaft des jeweiligen Arbeitgebers für ihn unmittelbar und zwingend geltenden Tarifverträge, wird die Normwirkung aufrechterhalten; zu diesem Zeitpunkt war der jeweilige Arbeitgeber aber noch nicht Außenseiter.[726] Bei der Änderung des Tarifvertrages ist die Begründung für die Beendigung der fortbestehenden Tarifgebundenheit[727] des aus dem Arbeitgeberverband ausgetretenen Arbeitgebers auch eine andere: der Tarifvertragsinhalt bleibt bei einer nicht erfolgenden Kündigung oder Änderung derselbe. Demgegenüber kommt es bei der Änderung des Tarifvertrages zu einem Inkraftsetzen von tariflichen Inhalten, die vorher und insbesondere vor dem Austritt des Arbeitgebers aus dem Arbeitgeberverband noch nicht galten.[728] Diese Unterscheidung spiegelt sich auch in der weiteren Begründung der Rechtsprechung des Bundesarbeitsgerichts wider: für die Frage des Fortbestehens der Tarifgebundenheit mache es keinen Unterschied, ob die Tarifvertragsparteien eine Änderung des Tarifvertrages beschließen oder nach der Kündigung des Tarifvertrages einen inhaltlich teilweise geänderten, neuen Tarifvertrag abschließen. Das Erfordernis der Rechtsklarheit spreche für ein Ende der Tarifgebundenheit in beiden Fällen. Für den Tarifvertrag in seiner alten Fassung bestehe kein Geltungswille der Tarifvertragsparteien mehr. Es kommt also auf eine Legitimation der geltenden tariflichen Normen und nicht auf die Legitimation hypothetischer, abweichender tariflichen Inhalte an. Der aus seinem Verband ausgetretene Arbeitgeber hat die hierauf begrenzte Normsetzung seines Verbandes und dessen Tarifpartners ursprünglich aber mitgliedschaftlich legitimiert, unabhängig davon, ob in der Zwischenzeit eine Kündigung, Änderung oder Aufhebung des Tarifvertrages möglich war. Insofern ist einigen der eine Begrenzung des § 3 Abs. 3 TVG ablehnenden Ansicht zugehörigen Stimmen in der Literatur jedenfalls vom Grundsatz her zuzustimmen, dass § 3 Abs. 3 TVG lediglich die Folgen eigenen Handelns der ausgetretenen Arbeitgeber festlegt.[729]

725 Siehe hierzu oben unter § 4 A.V.1. auf S. 75.

726 Siehe hierzu oben unter § 4 A.V.2. auf S. 76.

727 Siehe hierzu oben unter § 4 A.VI.2.d) auf S. 81 f.

728 Zum Folgenden siehe oben unter § 4 A.VI.2.d) auf S. 82.

729 Insofern zutreffend *Bayreuther* Tarifautonomie S. 728 f.; *Buchner* Koalitionsfreiheit, S. 86 f.; *Gerhards* BB 1995, 1290, 1291; Kempen/Zachert/*Kempen* TVG § 3 Rn. 43; *Konzen* ZfA 1975, 401, 409.

cc) Ergebnis zur verfassungsrechtlichen Rechtfertigung

Der durch eine zeitlich unbegrenzt fortbestehende Tarifgebundenheit nach § 3 Abs. 3 TVG erfolgte Eingriff in die Vertragsfreiheit der aus dem Arbeitgeberverband ausgetretenen Arbeitgeber ist trotz einer Abwägung mit dem durch § 3 Abs. 3 TVG bezweckten Arbeitnehmerschutz mangels Verhältnismäßigkeit des Eingriffs verfassungsrechtlich nicht gerechtfertigt. Der Gesetzgeber hat die kollidierenden Grundrechtspositionen in ihrer Wechselwirkung nicht so erfasst und begrenzt, dass sie für alle Beteiligten möglichst weitgehend wirksam werden.

Keine verfassungsrechtlichen Bedenken bestehen hingegen im Hinblick auf das Demokratieprinzip nach Art. 20 Abs. 2 GG i.V.m. dem Rechtsstaatsprinzip nach Art. 20 Abs. 3 GG wegen einer etwaigen fehlenden Legitimation des § 3 Abs. 3 TVG gegenüber dem ausgetretenen Arbeitgeber.

d) Ergebnis zur Verfassungsmäßigkeit des § 3 Abs. 3 TVG

Die aufgrund der fortbestehenden Tarifgebundenheit nach § 3 Abs. 3 TVG aufrechterhaltene Normwirkung ist ohne eine zeitliche Begrenzung nicht verfassungsgemäß.

3. De lege lata: Verfassungskonforme Auslegung des § 3 Abs. 3 TVG?

Im Anschluss an die festgestellte Verfassungswidrigkeit einer zeitlich unbegrenzten Tarifgebundenheit nach § 3 Abs. 3 TVG stellt sich die Frage nach einer verfassungskonformen Auslegung des § 3 Abs. 3 TVG.

Verstößt ein Gesetz gegen das Grundgesetz, ist es nichtig.[730] Das Gesetz darf nicht mehr angewandt werden, wobei die Prüfungs- und Verwerfungskompetenz dem Bundesverfassungsgericht obliegt. Die Folge der Nichtigkeit greift aber nicht ein, wenn eine verfassungskonforme Auslegung des Gesetzes möglich ist.[731]

a) Möglichkeit der verfassungskonformen Auslegung

Zu prüfen ist zunächst, ob *de lege lata* eine verfassungskonforme Auslegung des § 3 Abs. 3 TVG möglich ist.

---

730 Zum Folgenden Jarass/Pieroth/*Jarass* GG Art. 20 Rn. 33 f., 36 m.w.N. zur Rechtsprechung des BVerfG. Zur stattdessen erklärten Unvereinbarkeit mit dem Verfassungsrecht vgl. *ders.* Art. 20 Rn. 35 m.w.N.

731 Ständige Rechtsprechung: BVerfGE 2, 266, 282; BVerfGE 19, 1, 5; BVerfGE 49, 148, 157; BVerfGE 86, 288, 320 f.; BVerfGE 88, 145, 166. Vgl. auch ErfK/*Dieterich* GG Einl. Rn. 81.

Lassen der Wortlaut, die Entstehungsgeschichte, der Gesamtzusammenhang der einschlägigen Regelungen und deren Sinn und Zweck mehrere Deutungen zu, von denen eine zu einem verfassungsgemäßen Ergebnis führt, so ist diese geboten.[732] Allerdings darf die Auslegung nicht in Widerspruch mit dem Wortlaut und dem klar erkennbaren Willen des Gesetzgebers treten.[733] Es darf einem nach Wortlaut und Sinn eindeutigem Gesetz nicht ein entgegenstehender Sinn verliehen, der normative Gehalt der auszulegenden Norm nicht grundlegend neu bestimmt oder das gesetzgeberische Ziel nicht in einem wesentlichen Punkt verfehlt werden.[734]

aa) Wortlaut

Teilweise wird vertreten, dass der Wortlaut des § 3 Abs. 3 TVG eindeutig ist und eine abweichende Interpretation nicht zulässt.[735] Dies ist zunächst nachvollziehbar. Die Norm bestimmt, dass die Tarifgebundenheit bestehen bleibt, bis der Tarifvertrag endet. § 3 Abs. 3 TVG knüpft das Ende der Tarifgebundenheit damit an den zeitlichen Geltungsbereich des jeweiligen Tarifvertrages.[736] Wenn bzw. solange ein Tarifvertrag aber nicht endet,[737] scheint eine zeitliche Begrenzung des § 3 Abs. 3 TVG dem Wortlaut nach unmöglich zu sein. Würde man es dabei belassen, wäre § 3 Abs. 3 TVG aufgrund der festgestellten Verfassungswidrigkeit nichtig.

Der Wortlaut allein bildet aber keine für die verfassungskonforme Auslegung unübersteigbare Grenze.[738] Die Bindung des Richters an das Gesetz (Art. 20 Abs. 3, 97 Abs. 1 GG) bedeutet nicht seine Bindung an dessen Buchstaben mit dem Zwang zu wörtlicher Auslegung, sondern Gebundensein an Sinn und Zweck des Gesetzes. Die Interpretation ist Methode und Weg, auf dem der Richter den Inhalt einer Gesetzesbestimmung unter Berücksichtigung ihrer Einordnung in die gesamte Rechtsordnung erforscht, ohne durch den formalen Wortlaut des Gesetzes begrenzt zu sein. Zur Erfassung des Inhalts des Gesetzes darf sich der

---

732 BVerfGE 19, 1, 5; BVerfGE 32, 373, 383 f.; BVerfGE 49, 148, 157; BVerfGE 69, 1, 55; BVerfGE 88, 145, 166; BVerfGE 95, 64, 93. Zum Folgenden auch Jarass/Pieroth/*Jarass* GG Art. 20 Rn. 34 m.w.N.

733 BVerfGE 18, 97, 111; BVerfGE 71, 81, 105; BVerfGE 86, 288, 320; BVerfGE 95, 64, 93; BVerfGE 98, 17, 45; BVerfGE 101, 312, 329.

734 BVerfGE 8, 28, 34; BVerfGE 54, 277, 299 f. m.w.N.; BVerfGE 71, 81, 105.

735 Vgl. *Hoß/Liebscher* DB 1995, 2525, 2526; *Kittner* AuR 1998, 469, 471; *Stein* TVR Rn. 173.

736 Siehe hierzu oben unter § 4 A.IV.1. auf S. 72 f.

737 Zu Beendigungsgründen siehe oben unter § 4 A.VI.1 auf S. 78.

738 Zum Folgenden BVerfGE 35, 263, 278 f.; Vgl. auch BVerfGE 8, 210, 220 f.; BVerfGE 22, 28, 37; BVerfGE 88, 145, 166 f.; BVerfG NZA 1997, 773, 774; ErfK/*Dieterich* GG Einl. Rn. 81.

Richter der verschiedenen, insbesondere der systematischen und der teleologischen Auslegungsmethoden gleichzeitig und nebeneinander bedienen. Sie stehen zur grammatischen Auslegung im Verhältnis gegenseitiger Ergänzung. Dabei kann gerade die systematische Stellung einer Vorschrift im Gesetz, ihr sachlich-logischer Zusammenhang mit anderen Vorschriften den Sinn und Zweck der Norm, ihre wahre Bedeutung, freilegen. So hat auch das Bundesarbeitsgericht den § 3 Abs. 3 TVG trotz des eindeutigen Wortlauts dahingehend ausgelegt, dass bei jeder Änderung des normativen Teils des Tarifvertrages dessen Ende i.S.d. § 3 Abs. 3 TVG vorliegt.[739]

bb) Entstehungsgeschichte

Zum Teil wird auch vertreten, dass die Entstehungsgeschichte des § 3 Abs. 3 TVG gegen die Möglichkeit einer einschränkenden Auslegung spricht.[740] Die Entscheidung des Gesetzgebers, für die Tarifgebundenheit gemäß § 3 Abs. 3 TVG auf die tatsächliche Beendigung des Tarifvertrages und nicht etwa auf dessen bloße Beendigungsmöglichkeit abzustellen, sei bewusst gewählt worden.[741] Bereits in der Weimarer Zeit sei bereits in Tarifvertragsgesetzentwürfen vorgeschlagen worden, das Ende der Tarifgebundenheit an die Kündigungsmöglichkeit des Tarifvertrages zu koppeln. Die Entwürfe von *Sinzheimer* und *Nipperdey* sowie der Referentenentwurf des Reichsarbeitsministeriums vom Mai 1931 stellten für das Ende der fingierten Tarifgebundenheit (teilweise unter anderem) ausdrücklich auf den frühesten Kündigungstermin nach dem Ausscheiden ab.[742] Diese Regelung habe der Gesetzgeber des Tarifvertragsgesetzes jedoch nicht aufgegriffen, sondern sich bewusst für das Ende des Tarifvertrages als zeitliche Grenze entschieden.

Im Interesse der Normerhaltung, die im Zweifel eine verfassungskonforme Auslegung verlangt, kann es aber nicht entscheidend darauf ankommen, ob dem subjektiven Willen des Gesetzgebers eine weitergehende als die nach der Verfassung zulässige Auslegung des Gesetzes eher entsprochen hätte.[743] In einem solchen Fall ist es allerdings geboten, in den von der Verfassung gezogenen Grenzen das Maximum dessen zu erhalten, was der Gesetzgeber gewollt hat. Auch insoweit kann die Rechtsprechung des Bundesarbeitsgerichts, wonach bei jeder Änderung

739 Vgl. hierzu oben unter § 4 A.VI.2.d) auf S. 81 f.

740 Zum Folgenden siehe bereits oben unter § 4 B.II.1.a)aa)(1)(d) auf S. 95.

741 Zum Folgenden *Hanau/Kania* DB 1995, 1229, 1232 f. Vgl. aber *Hanau* RdA 1998, 65, 69, wo die Ansicht aufgegeben wird.

742 Zu § 13 Abs. 2 S. 1 des Referentenentwurfs siehe oben unter § 4 A.II.2.a)bb) auf S. 66. Vgl. dazu auch die Entwürfe von *Sinzheimer* (§ 13 Abs. 1 S. 2 des Entwurfs) und *Nipperdey* (§ 10 Abs. 2 des Entwurfs) oben unter § 4 A.II.2.a)aa) auf S. 65.

743 Zum Folgenden BVerfGE 49, 148, 157. Vgl. auch BVerfGE 8, 28, 34; BVerfGE 9, 194, 200; BVerfGE 12, 45, 61; BVerfGE 47, 327, 380.

des normativen Teils des Tarifvertrages dessen Ende i.S.d. § 3 Abs. 3 TVG vorliegt,[744] als Beispiel herangezogen werden. *Nipperdey* schlug in seinem Entwurf zur Regelung der Tarifangehörigkeit der Arbeitgeber und Arbeitnehmer, die nach dem Abschluss des Tarifvertrages aus den vertragsschließenden Vereinigungen ausgeschieden sind, vor, dass diese unter anderem auch mit der Änderung des Tarifvertrages erlischt.[745] Eine ähnliche Regelung sah auch der Referentenentwurf des Reichsarbeitsministeriums vom Mai 1931 vor.[746] Diese Regelung hat der Gesetzgeber des Tarifvertragsgesetzes ebenfalls nicht aufgegriffen, was die entsprechende Auslegung des § 3 Abs. 3 TVG aber zu Recht nicht verhindert hat.

cc) Gesamtzusammenhang

Aus dem Gesamtzusammenhang der einschlägigen Regelungen sind keine Gründe ersichtlich, die einer auf eine zeitliche Begrenzung des § 3 Abs. 3 TVG gerichteten Auslegung entgegen stehen könnten.

dd) Sinn und Zweck

Schließlich verbietet auch der auf Arbeitnehmerschutz gerichtete Sinn und Zweck des § 3 Abs. 3 TVG keine einschränkende Auslegung des § 3 Abs. 3 TVG. Unabhängig davon, wie eine zeitliche Begrenzung der aufgrund der fortbestehenden Tarifgebundenheit nach § 3 Abs. 3 TVG aufrechterhaltene Normwirkung nunmehr auszusehen hat, wurde im Rahmen dieser Abhandlung bereits dargelegt, dass selbst bei einer zeitlichen Begrenzung der aufgrund der fortbestehenden Tarifgebundenheit nach § 3 Abs. 3 TVG aufrechterhaltenen Normwirkung die Arbeitnehmer dem effektiven Schutz des § 4 Abs. 5 TVG unterliegen. Durch eine einschränkende Auslegung kann das gesetzgeberische Ziel des Arbeitnehmerschutzes also gar nicht wesentlich verfehlt oder dem § 3 Abs. 3 TVG ein entgegenstehender Sinn verliehen werden.

ee) Ergebnis zur Möglichkeit der verfassungskonformen Auslegung

Eine verfassungskonforme Auslegung des § 3 Abs. 3 TVG *de lege lata* ist demnach möglich.

b) Inhalt der verfassungskonformen Auslegung

Fraglich ist somit, zu welchem Ergebnis die verfassungskonforme Auslegung des § 3 Abs. 3 TVG führt.

---

744 Vgl. hierzu oben unter § 4 A.VI.2.d) auf S. 81 f.

745 So § 10 Abs. 2 des Entwurfs, siehe hierzu oben unter § 4 A.II.2.a)aa) auf S. 65.

746 Zu § 13 Abs. 1 S. 2 des Referentenentwurfs siehe oben unter § 4 A.II.2.a)bb) auf S. 66.

aa) Ausgleich der kollidierenden Grundrechtspositionen

Maßgebender Gesichtspunkt für die verfassungskonforme Auslegung des § 3 Abs. 3 TVG ist, dass die Verfassungswidrigkeit des durch eine zeitlich unbegrenzt fortbestehende Tarifgebundenheit nach § 3 Abs. 3 TVG erfolgten Eingriffs in die Vertragsfreiheit des aus dem Arbeitgeberverband ausgetretenen Arbeitgebers im Wege einer Abwägung mit dem durch § 3 Abs. 3 TVG bezweckten Arbeitnehmerschutz festgestellt worden ist. Der Gesetzgeber hat die kollidierenden Grundrechtspositionen in ihrer Wechselwirkung nicht so erfasst und begrenzt, dass sie für alle Beteiligten möglichst weitgehend wirksam werden.[747]

Die verfassungskonforme Auslegung des § 3 Abs. 3 TVG muss folglich die kollidierenden Grundrechtspositionen (Arbeitsvertragsfreiheit des aus dem Arbeitgeberverband ausgetretenen Arbeitgebers einerseits und Arbeitnehmerschutz andererseits) in ihrer Wechselwirkung erfassen und so begrenzen, dass sie sowohl für Arbeitgeber als auch für Arbeitnehmer möglichst weitgehend wirksam werden (praktische Konkordanz).[748] Die zeitliche Begrenzung der aufgrund der fortbestehenden Tarifgebundenheit nach § 3 Abs. 3 TVG aufrechterhaltenen Normwirkung findet hierin ihre von der Verfassung vorgegebene Grenze.

Die verfassungskonforme Auslegung des § 3 Abs. 3 TVG hat also dergestalt zu erfolgen, dass die aufgrund der fortbestehenden Tarifgebundenheit nach § 3 Abs. 3 TVG aufrechterhaltene Normwirkung zeitlich nur so weit begrenzt wird, wie es nötig ist, um die Verfassungswidrigkeit zu beseitigen. Es muss also diejenige Auslegung des § 3 Abs. 3 TVG gewählt werden, die den Arbeitnehmerschutz des § 3 Abs. 3 TVG nur so wenig wie möglich, aber so weit wie nötig begrenzt, damit der aus dem Arbeitgeberverband ausgetretene Arbeitgeber seine Bindung an die Tarifverträge auf absehbare Zeit beenden und den Versuch unternehmen kann, die Arbeitsverhältnisse der bei ihm beschäftigten Arbeitnehmer in Zukunft vollumfänglich privatautonom zu gestalten.

bb) Zu den einzelnen Begrenzungsvorschlägen

Unter Zugrundelegung dieser Vorgabe werden im Folgenden die einzelnen Begrenzungsvorschläge[749] daraufhin untersucht, ob einer davon als diejenige Auslegung des § 3 Abs. 3 TVG angesehen werden kann, der zum möglichst schonenden Ausgleich der kollidierenden Positionen führt.

747 Siehe hierzu oben unter § 4 B.IV.2.c) auf S. 144 ff.

748 Siehe hierzu bereits oben unter § 4 B.IV.2.c) auf S. 144.

749 Siehe hierzu oben unter § 4 B.II.1. und 2. auf S. 87 ff. und auf S. 114 ff.

(1) Völliger Wegfall der zwingenden Wirkung?

Nach dem weitestgehenden Begrenzungsvorschlag soll § 3 Abs. 3 TVG dahingehend ausgelegt werden, dass mit dem Verbandsaustritt jegliche zwingende Tarifgeltung entfällt und dadurch die Gleichbehandlung von Weitergeltung nach § 3 Abs. 3 TVG und Nachwirkung nach § 4 Abs. 5 TVG erreicht wird.[750] Dieser Begrenzungsvorschlag wird vor allem damit begründet, dass der von § 3 Abs. 3 TVG bezweckte Arbeitnehmerschutz ausreichend durch § 4 Abs. 5 TVG gewährleistet sein soll.[751]

Auch wenn es richtig ist, dass auch im Anschluss an eine zwingende Tarifgeltung mit § 4 Abs. 5 TVG ein effektiver Arbeitnehmerschutz besteht,[752] ist dieser Begrenzungsvorschlag als zu weitgehend abzulehnen. Unabhängig davon, ob der Gesetzgeber im Rahmen seines Beurteilungsspielraums *de lege ferenda* eine so weite Begrenzung vornehmen könnte, berücksichtigt dieser Begrenzungsvorschlag nicht, dass nach der bisherigen gesetzlichen Regelung eine zwingende Tarifgeltung im Stadium der fortbestehenden Tarifgebundenheit des § 3 Abs. 3 TVG ausdrücklich gewollt ist. Der wesentliche Unterschied zwischen § 3 Abs. 3 TVG und § 4 Abs. 5 TVG, nämlich die rechtliche Möglichkeit, Abweichungen vom Tarifvertrag zu vereinbaren, würde zudem aufgegeben, obwohl ein solcher Unterschied nach der gesetzlichen Systematik besteht. Diese Auslegung würde also mit dem Wortlaut, dem klar erkennbaren Willen des Gesetzgebers und dem Gesamtzusammenhang der Regelungen in Widerspruch stehen und auch nicht zum möglichst schonenden Ausgleich der kollidierenden Positionen führen.

(2) Starre Zeitgrenze?

Mehrere Begrenzungsvorschläge sehen demgegenüber verschiedene fixe Zeitgrenzen zur zeitlichen Begrenzung der fortbestehenden Tarifgebundenheit des § 3 Abs. 3 TVG vor.

Zum Teil wird (wenn auch *de lege ferenda*) vorgeschlagen, die fortbestehende Tarifgebundenheit nach § 3 Abs. 3 TVG auf eine Maximalfrist von einem halben Jahr für Entgelt- und auf halbes bis ein Jahr für Manteltarifverträge zu verkürzen.[753] Ein anderer Begrenzungsvorschlag sieht vor, dass die nach § 3 Abs. 3 TVG fortbestehende Tarifgebundenheit analog § 613a Abs. 1 S. 2 BGB auf ein

---

750 Siehe hierzu bereits oben unter § 4 B.II.1.e) auf S. 111 f. und unter § 4 B.II.2.d) auf S. 118 f.

751 Siehe hierzu bereits oben unter § 4 B.II.1.e) auf S. 112.

752 Siehe hierzu bereits oben unter § 4 B.IV.1.b)bb) auf S. 128 ff., unter § 4 B.IV.2.c)aa)(5)(c) auf S. 149 f. und unter § 4 B.IV.2.c)aa)(6)(e) auf S. 157 ff.

753 Siehe hierzu bereits oben unter § 4 B.II.2.b)aa) auf S. 115.

Jahr nach Wirksamwerden des Verbandsaustritts begrenzt ist.[754] Teilweise wird hingegen erwogen, die fortbestehende Tarifgebundenheit analog § 39 Abs. 2 BGB auf maximal zwei Jahre zu begrenzen.[755] Einem weiteren Begrenzungsvorschlag zufolge soll ein unbefristeter Tarifvertrag den ausgeschiedenen Arbeitgeber nach dem Abschluss des Tarifvertrages im Sinne von § 3 Abs. 3 TVG nur für die Dauer der arbeitsrechtlichen Legislaturperiode, die sich in der regelmäßigen Amtsperiode des Betriebsrats von vier Jahren widerspiegelt, binden. Teilweise wird dieser Vorschlag dahingehend modifiziert, dass dieser Zeitraum nicht bereits mit dem Abschluss des Tarifvertrages, sondern erst mit dem Verbandsaustritt beginnen soll.[756] Schließlich wird auch vorgeschlagen, die Dauer der aufgrund der fortbestehenden Tarifgebundenheit von § 3 Abs. 3 TVG aufrechterhaltenen Normwirkung analog § 624 BGB/§ 15 Abs. 4 TzBfG bzw. § 160 HGB auf maximal fünf Jahre nach Austritt aus dem Arbeitgeberverband zu beschränken, wobei teilweise eine Erklärungspflicht des ausgetretenen Arbeitgebers befürwortet wird.[757] Vergleichbar mit dem letzten Vorschlag wird auch vorgeschlagen, dass die Tarifgebundenheit eines Nichtmitglieds an einen bestimmten Tarifvertrag durch Zustimmung beider Tarifvertragsparteien aufgehoben werden müsse. Diese seien verpflichtet, sie zu erteilen, wenn der Tarifvertrag bereits wesentlich länger als üblich in Kraft sei; dafür würde § 624 BGB einen Hinweis geben.[758]

Dem Vorschlag, der eine Maximalfrist für § 3 Abs. 3 TVG von einem halben Jahr für Entgelt- und einem halben bis einem Jahr für Manteltarifverträge vorsieht, wird bereits zu Recht entgegengehalten, dass eine Differenzierung des Fortgeltungszeitraumes in Abhängigkeit von dem Inhalt der jeweiligen Tarifverträge wegen der Abgrenzungsschwierigkeiten und den regelungstechnischen Zufälligkeiten nicht sinnvoll ist.[759]

Im Übrigen wäre eine starre Zeitgrenze zur Begrenzung der aufgrund der fortbestehenden Tarifgebundenheit nach § 3 Abs. 3 TVG aufrechterhaltenen Normwirkung zwar sinnvoll, weil sie zu Rechtssicherheit und Kalkulierbarkeit für alle Beteiligten führen würde. Jedoch werden zu Recht Bedenken erhoben, da jeder

754 Zum Folgenden siehe bereits oben unter § 4 B.II.1.c)aa) auf S. 99 f. und unter § 4 B.II.2.b)cc) auf S. 115 f.

755 Siehe hierzu bereits oben unter § 4 B.II.1.c)bb) auf S. 100 und unter § 4 B.II.2.b)ee) auf S. 117.

756 Siehe hierzu bereits oben unter § 4 B.II.1.c)cc) auf S. 101 f. und unter § 4 B.II.2.b)dd) auf S. 117.

757 Siehe hierzu bereits oben unter § 4 B.II.1.c)dd) auf S. 102 f. und unter § 4 B.II.2.b)ee) auf S. 117.

758 Siehe hierzu bereits oben unter § 4 B.II.1.g) auf S. 113 f.

759 Siehe hierzu bereits oben unter § 4 B.II.2.b)aa) auf S. 115.

starren Grenzziehung ein Makel der Willkür anhaften würde.[760] Den einzelnen in Analogie herangezogenen Normen liegen auf die jeweilige spezifische Materie und Situation zugeschnittene gesetzgeberische Erwägungen zugrunde,[761] weshalb es zweifelhaft ist, ob eine der genannten Normen auf die zeitliche Begrenzung des § 3 Abs. 3 TVG sinngemäß angewandt werden kann:[762]

An eine analoge Anwendung der Zwei-Jahres-Frist des § 39 Abs. 2 BGB könnte man zwar denken, da diese mit der hier in Rede stehenden Fragestellung zumindest thematische Berührungspunkte hat.[763] Diese Norm gibt eine Antwort auf die von der Rechtsordnung noch akzeptierten Perpetuierungsinteressen von Vereinen.[764] Allerdings ist dieser Zweck des § 39 Abs. 2 BGB im Rahmen des § 3 Abs. 3 TVG allenfalls noch mittelbar von Bedeutung.[765] In erster Linie dient § 3 Abs. 3 TVG dem Arbeitnehmerschutz.[766] Eine Begrenzung der Bindung des aus dem Arbeitgeberverband austretenden Arbeitgebers gegenüber seinem Verband kann aber anders ausgestaltet sein als eine Begrenzung der Bindung des aus dem Arbeitgeberverband ausgetretenen Arbeitgebers gegenüber den bei ihm beschäftigten tarifgebundenen Arbeitnehmern. Eine Bindung des Arbeitgebers, die zum Schutz des Arbeitgeberverbandes ausreichend ist, muss nicht zwingend dem Arbeitnehmerschutz genügen. Auch wenn man die einschränkende Auslegung des § 39 Abs. 2 BGB beim Austritt des Arbeitgebers aus dem Arbeitgeberverband, wonach eine Bindung nicht zwei Jahre, sondern nur sechs Monate betragen darf,[767] bei der analogen Anwendung des § 39 Abs. 2 BGB auf § 3 Abs. 3 TVG nicht nachvollzieht, sondern die Bindung für zwei Jahre erlaubt, bestehen gegenüber der Analogie wegen der unterschiedlichen Regelungszusammenhänge Bedenken. So ist § 39 Abs. 2 BGB in Zusammenhang mit § 39 Abs. 1 BGB zu sehen: der Grundsatz ist der jederzeit mögliche Austritt, von dem die Vereine zur Wahrung ihrer Perpetuierungsinteressen in ihrer Satzung abweichen und diesen auf einen späteren Zeitpunkt verzögern dürfen. Bei § 3 Abs. 3 TVG hingegen liegt der umgekehrte Fall vor: der Grundsatz ist die Bindung bis zum Ende des Tarifvertrages. In Ausnahme hierzu soll zur Wahrung der grundrechtlich geschützten Arbeitsvertragsfreiheit des Arbeitgebers in verfassungskonformer Aus-

760 Däubler/*Lorenz* TVG § 3 Rn. 115. Vgl. auch Wiedemann/*Oetker* TVG § 3 Rn. 92. In anderem Zusammenhang auch *Oetker* Dauerschuldverhältnis S. 276 sowie *ders*. Gemeinsame Anm. zu BAG EzA Nr. 14, 15 zu § 4 TVG Nachwirkung.

761 Vgl. hierzu in anderem Zusammenhang auch *Oetker* Dauerschuldverhältnis S. 276.

762 Vgl. auch die zu diesen Begrenzungsvorschlägen geäußerte Kritik. Siehe hierzu oben unter § 4 B.II.1.c) auf S. 99 ff.

763 Vgl. hierzu oben unter § 2 A. auf S. 7 und unter § 2 C.II.1. auf S. 12 ff.

764 Siehe hierzu oben unter § 4 B.II.1.c)bb) auf S. 100.

765 Siehe hierzu oben unter § 4 A.III.1. auf S. 68.

766 Siehe hierzu oben unter § 4 A.III.4. auf S. 70 ff.

767 Siehe hierzu bereits oben unter § 2 C.II.1.b)bb) auf S. 25.

legung ein früheres Ende dieser Bindung ermittelt werden. Zudem darf nicht vergessen werden, dass § 3 Abs. 3 TVG zum Zwecke der Aufrechterhaltung der Normwirkung die von § 3 Abs. 1 TVG vorausgesetzte Verbandsmitgliedschaft gerade bewusst für unerheblich erklärt: die Tarifgebundenheit ist nur in ihrem Entstehen, nicht aber in ihrem Fortbestand von der Verbandsmitgliedschaft abhängig.[768]

Mit Blick auf den Arbeitnehmerschutz könnte man aber an eine analoge Anwendung der Fünf-Jahres-Frist des § 624 S. 1 BGB (bzw. § 15 Abs. 4 S. 1 TzBfG) denken. Der Sinn und Zweck des § 624 BGB besteht darin, eine überlange Bindung des Dienstverhältnisses zu verhindern und mit dem eingeräumten Kündigungsrecht dem Schutz der persönlichen Freiheit des Dienstverpflichteten zu dienen.[769] Die Vorschrift beruht auf der Erwägung, dass eine über eine gewisse Zeit hinausgehende dauernde Bindung des Dienstverpflichteten aus sozialpolitischen und volkswirtschaftlichen Gründen unzulässig ist, eine längere als fünfjährige Gebundenheit den Dienstverpflichteten übermäßig in der persönliche Freiheit beschränkt und dem Gange der modernen Entwicklung widerstrebt, die darauf gerichtet ist, die wirtschaftliche Freiheit des Dienstverpflichteten, des wirtschaftlich Schwachen zu erweitern.[770] Jedoch besteht ein wesentlicher Unterschied zu der vorliegenden Fragestellung. § 624 S. 1 BGB (bzw. § 15 Abs. 4 S. 1 TzBfG) ist selbst Arbeitnehmerschutzrecht und nach der Entscheidung des Gesetzgebers auf Arbeitgeber nicht anwendbar.[771] Der Arbeitgeber kann sich hingegen wirksam auf Lebenszeit binden. Jedoch ist diese einzelvertragliche Selbstbindung mit der vorliegenden zwingenden Tarifgeltung aufgrund des § 3 Abs. 3 TVG nicht vergleichbar. Einer einzelvertraglichen Bindung ist auf Grund ihrer Eigenständigkeit und Individualität größeres Gewicht beizumessen als tarifvertraglichen Bindungen. Deswegen ist die Norm nicht unbedingt der geeignete Maßstab zur maßvollen Begrenzung des Arbeitnehmerschutzes zugunsten der Arbeitsvertragfreiheit des aus dem Arbeitgeberverband ausgetretenen Arbeitgebers.

Auch eine analoge Anwendung der Ein-Jahres-Frist des § 613a Abs. 1 S. 2 BGB kommt in Betracht. § 613a Abs. 1 S. 2, 4 BGB erhält die zwingende, wenn auch nicht mehr unmittelbare Wirkung der in das Arbeitsverhältnis transformierten Tarifnormen zugunsten der Arbeitnehmer aufrecht und begrenzt diesen Schutz auf maximal ein Jahr. Jedoch ist der Erwerber eines Betriebs(teils), der nie in

768 Siehe hierzu oben unter § 4 A. auf S. 61.

769 BAG AP Nr. 2 zu § 624 BGB; BAG AP Nr. 37 zu § 256 ZPO 1977; ErfK/*Müller-Glöge* § 15 TzBfG Rn. 14.

770 BAG AP Nr. 2 zu § 624 BGB m.w.N.

771 Zum Folgenden BAG AP Nr. 60 zu § 138 BGB. Siehe auch bereits oben unter § 4 B.IV.2.c)aa)(6)(c) auf S. 156.

dem einschlägigen Arbeitgeberverband und deswegen nie nach § 3 Abs. 1 TVG tarifgebunden war, in einer ganz anderen Situation als der aus dem Arbeitgeberverband ausgetretene Arbeitgeber, der nunmehr der fortbestehenden Tarifgebundenheit des § 3 Abs. 3 TVG unterliegt. § 3 Abs. 3 TVG legt insoweit lediglich die Folgen eigenen Handelns des ausgetretenen Arbeitgebers fest[772], während sich der Erwerber eines Betriebs(teils) über § 613a Abs. 1 S. 2, 4 BGB die Folgen fremden Handelns zurechnen lassen muss. Dies rechtfertigt eine unterschiedliche Behandlung dieser Situationen.

Bei der vorgeschlagenen Begrenzung des § 3 Abs. 3 TVG in Anlehnung an die Dauer der arbeitsrechtlichen Legislaturperiode, die sich in der regelmäßigen Amtsperiode des Betriebsrats widerspiegelt, auf vier Jahre fällt es bereits schwer, irgendwelche Gemeinsamkeiten zwischen der vorliegenden Fragestellung und der regelmäßigen Amtsperiode des Betriebsrats zu entdecken. Dem wird entgegengehalten, dass es um die Frage gehe, wie lange eine frühere Legitimation durch die Verbandszugehörigkeit weiterwirken dürfe.[773] Unbeschadet der Tatsache, dass die betriebsverfassungsrechtliche Regelung auf ganzen anderen Prinzipien aufbaue als das Tarifrecht, dürfe andererseits nicht übersehen werden, dass es sich um die einzige gesetzliche Regelung im Arbeitsrecht handele, welche die Frage der Legitimationsdauer betreffe. Dies ist bereits deswegen unzutreffend, da es mit § 613a Abs. 1 S. 2, 4 BGB durchaus eine sachnähere Regelung zur Dauer der zwingenden Wirkung von Tarifnormen gibt. Zudem wurde im Rahmen dieser Abhandlung bereits dargestellt, dass Aufrechterhaltung der Tarifgeltung durch § 3 Abs. 3 TVG ausreichend legitimiert ist.[774]

Im Ergebnis bestehen gegen jede der vorgeschlagenen Analogien somit Bedenken, welche die schon erwähnte Aussage, dass einer entsprechenden Auslegung des § 3 Abs. 3 TVG der Makel der Willkür anhaften würde, durchaus stützen. Aufgrund der Kürze einiger vorgeschlagenen Fristen ist zudem zweifelhaft, ob diese Auslegungen zum möglichst schonenden Ausgleich der kollidierenden Positionen führen würden.

(3) Abstellen auf die Umstände des Einzelfalls?

Andere Begrenzungsvorschläge wollen die Begrenzung des § 3 Abs. 3 TVG hingegen von den Umständen des Einzelfalls abhängig machen.

Teilweise wird ein nachbindungsfreier Verbandsaustritt innerhalb eines Zeitraums von drei Wochen nach Abschluss eines neuen Tarifvertrages bzw. eine

772 Vgl. hierzu bereits oben unter § 4 B.IV.2.c)bb) auf S. 166.

773 Siehe hierzu bereits oben unter § 4 B.II.1.c)cc) auf S. 102.

774 Siehe hierzu bereits oben unter § 4 B.IV.2.c)bb) auf S. 165 f.

Ende der Unterwerfung unter die tarifliche Normsetzung bereits mit dem Zugang der Kündigungserklärung und nicht erst mit dem Wirksamwerden der Kündigung vorgeschlagen.[775] Andere wollten dem einzelnen Verbandsmitglied selbst – unabhängig von seinem Verband – das Recht einräumen, die Bindung an den Verbandstarifvertrag aus wichtigem Grund zu kündigen. In Betracht komme vor allem eine Änderungskündigung dergestalt, dass mit der Kündigung das Angebot verbunden werde, einen Haus- oder (sofern der Verband dazu bereit ist) einen unternehmensnahen Verbandstarifvertrag zu für das Unternehmen tragbaren Bedingungen abzuschließen.[776] Vorgeschlagen wird von dieser Ansicht nunmehr, dem Arbeitgeber ein außerordentliches Kündigungsrecht der Verbandsmitgliedschaft wegen individueller Unzumutbarkeit zu gewähren, wobei die Kündigung zugleich den Wegfall des § 3 Abs. 3 TVG bewirken soll.[777] Ein anderer Begrenzungsvorschlag sieht vor, dass die zwingende Wirkung der Tarifverträge – als die wesentliche Folge der Tarifgebundenheit – wegfällt, wenn und (nur) solange sie dem Arbeitgeber individuell unzumutbar ist.[778] Beim Sonderfall des firmenbezogenen Verbandstarifvertrages wird auch vorgeschlagen, dem einzelnen ausgetretenen Arbeitgeber ein Recht zur Kündigung des Tarifvertrages einzuräumen, das er unter denselben Voraussetzungen wie der Verband ausüben könne.[779]

Ein nachbindungsfreier Verbandsaustritt kurz vor oder kurz nach dem Abschluss eines Tarifvertrages widerspricht der bisherigen gesetzlichen Regelung, sofern es dem Arbeitgeber nicht gelingt, vor Inkrafttreten des neuen Tarifvertrages seine Verbandsmitgliedschaft wirksam zu beenden[780]. Ebenso wie der bereits abgelehnte Begrenzungsvorschlag, wonach die zwingende Tarifgeltung mit dem Verbandsaustritt völlig wegfallen soll,[781] würde auch diese Auslegung mit dem Wortlaut, dem klar erkennbaren Willen des Gesetzgebers und dem Gesamtzusammenhang der Regelungen in Widerspruch stehen und auch nicht zum möglichst schonenden Ausgleich der kollidierenden Positionen führen.

Diejenigen Ansätze, die ein Lösungsrecht des Arbeitgebers nur bei Unzumutbarkeit, insbesondere bei schwieriger wirtschaftlicher Lage, vorsehen, können das Problem der grundsätzlichen Wiedererlangung der Arbeitsvertragsfreiheit durch den aus dem Arbeitgeberverband ausgetretenen Arbeitgeber bei lange Zeit nicht

775 Siehe hierzu bereits oben unter § 4 B.II.1.d)aa) auf S. 108.

776 Siehe hierzu bereits oben unter § 4 B.II.1.d)bb) auf S. 108 ff. und unter § 4 B.II.2.c)bb) auf S. 117 f.

777 Siehe hierzu bereits oben unter § 4 B.II.1.d)cc) auf S. 110 f. und unter § 4 B.II.2.c)cc) auf S. 118.

778 Siehe hierzu bereits oben unter § 4 B.II.1.f) auf S. 112 f.

779 Siehe hierzu bereits oben unter § 4 B.II.1.d)dd) auf S. 111.

780 Z.B. durch Aufhebungsvertrag oder einvernehmliche Abkürzung der Kündigungsfrist. Siehe hierzu oben unter § 2 C.III. und IV. auf S. 35 ff. und S. 40 ff.

781 Siehe hierzu bereits oben unter § 4 B.IV.3.b)bb)(1) auf S. 172.

geänderten und nicht gekündigten Verbandstarifverträgen nicht lösen. Gleiches gilt für den Vorschlag zum Sonderfall des firmenbezogenen Verbandstarifvertrags. Diese Begrenzungsvorschläge scheiden für die vorliegende verfassungskonforme Auslegung des § 3 Abs. 3 TVG also *per se* aus, unabhängig davon, ob sie als Grundlage für eine darüber hinausgehende einschränkende Auslegung des § 3 Abs. 3 TVG dienen könnten.

(4) Anlehnung an die Vorgaben der Tarifverträge?

Andere Begrenzungsvorschläge sehen zum Zweck der zeitlichen Begrenzung des § 3 Abs. 3 TVG eine Anlehnung an die Vorgaben der Tarifverträge vor.

Insbesondere ist insoweit der in der Literatur weit verbreitete Begrenzungsvorschlag zu nennen, wonach ein unbefristeter, aber kündbarer Tarifvertrag i.S.d. § 3 Abs. 3 TVG und damit die fortbestehende Tarifgebundenheit für den ausgetretenen Arbeitgeber mit der ersten (vom Arbeitgeberverband nicht wahrgenommenen) Kündigungsmöglichkeit des Tarifvertrages (zum Kündigungstermin) enden soll.[782] In Anlehnung an den soeben genannten Begrenzungsvorschlag wird auch vertreten, dass die fortbestehende Tarifgebundenheit auch mit der ersten (von den Verbänden nicht wahrgenommenen) Änderungsmöglichkeit ende.[783] Als Grenze der fortbestehenden Tarifgebundenheit für jede sonstige tarifvertragliche Bindung – etwa aus einem Manteltarifvertrag – wird auch die Laufzeit des zuerst endenden Tarifvertrages bzw. der Ablauf eines Lohn- oder Gehaltstarifvertrages vorgeschlagen.[784]

Die Ansicht, wonach die fortbestehende Tarifgebundenheit auch mit der ersten (von den Verbänden nicht wahrgenommenen) Änderungsmöglichkeit enden soll, ist abzulehnen, da eine Änderung des Tarifvertrages – anders als eine Kündigung – jederzeit, also auch unmittelbar nach Austritt des Arbeitgebers aus dem Arbeitgeberverband möglich ist. Dies würde im Ergebnis zu der gleichen Folge wie der bereits abgelehnte Begrenzungsvorschlag, wonach die zwingende Tarifgeltung mit dem Verbandsaustritt völlig wegfallen soll,[785] führen. Ebenso wie dieser Begrenzungsvorschlag würde auch die auf die Änderungsmöglichkeit abstellende Auslegung mit dem Wortlaut, dem klar erkennbaren Willen des Gesetzgebers und dem Gesamtzusammenhang der Regelungen in Widerspruch stehen und

782 Siehe hierzu bereits oben unter § 4 B.II.1.a) auf S. 87 ff. und unter § 4 B.II.2.a) auf S. 114.

783 Siehe hierzu bereits oben unter § 4 B.II.1.b) auf S. 98 f.

784 Siehe hierzu bereits oben unter § 4 B.II.1.c)ee) auf S. 104 ff. und unter § 4 B.II.2.b)bb) auf S. 115.

785 Siehe hierzu bereits oben unter § 4 B.IV.3.b)bb)(1) auf S. 172.

auch nicht zum möglichst schonenden Ausgleich der kollidierenden Positionen führen.

Soweit als Grenze der fortbestehenden Tarifgebundenheit die Laufzeit des zuerst endenden Tarifvertrages bzw. der Ablauf eines Lohn- oder Gehaltstarifvertrages für jede sonstige tarifvertragliche Bindung – etwa aus einem Manteltarifvertrag – vorgeschlagen wird, ist dies ebenfalls abzulehnen. Zwar wäre eine einheitliche Beendigung der aufgrund der fortbestehenden Tarifgebundenheit des § 3 Abs. 3 TVG aufrechterhaltenen Normwirkung für alle tariflichen Arbeitsbedingungen wünschenswert. Denn nur dies würde dazu führen, dass der aus dem Arbeitgeberverband ausgetretene Arbeitgeber den Versuch, die Arbeitsverhältnisse der bei ihm beschäftigten Arbeitnehmer in Zukunft privatautonom zu gestalten, d.h. seine Arbeitsvertragsfreiheit auszuüben, vollumfänglich unternehmen könnte, ohne im Hinblick auf einige Arbeitsbedingungen noch der zwingenden Tarifgeltung zu unterliegen. Jedenfalls *de lege lata* ist dies aber nicht möglich. Wie zu Recht eingewandt wird, steht dem nicht nur der auf den Singular abstellende Wortlaut entgegen,[786] der gegebenenfalls noch überwunden werden könnte, sondern auch die Tatsache, dass das, was die Tarifvertragsparteien in getrennten Tarifverträgen geregelt haben, auch getrennten Tarifvertragspflichten und getrennten Regelungen des TVG hinsichtlich der Weitergeltung der Tarifvertragsnormen zu unterwerfen ist. Nach einer zutreffenden Entscheidung des Bundesarbeitsgerichts – wenn auch in einem anderem Zusammenhang – handelt es sich nämlich um selbständige Tarifverträge, wenn verschiedene Tarifverträge eines Tarifwerks selbständig abgeschlossen, getrennt ausformuliert und mit unterschiedlichen Laufzeiten und Kündigungsmöglichkeiten versehen sind.[787] Diese von den Tarifvertragsparteien im Rahmen ihrer Tarifautonomie vorgenommenen Unterscheidungen zu ignorieren, erscheint bedenklich. Zudem ist aufgrund der danach oft nur recht kurzen Bindung zweifelhaft, ob diese Auslegung zum möglichst schonenden Ausgleich der kollidierenden Positionen führen würde.

(a) Insbesondere: Ende mit erster Kündigungsmöglichkeit

Der Begrenzungsvorschlag, wonach ein unbefristeter, aber kündbarer Tarifvertrag i.S.d. § 3 Abs. 3 TVG und damit die fortbestehende Tarifgebundenheit für den ausgetretenen Arbeitgeber mit der ersten (vom Arbeitgeberverband nicht wahrgenommenen) Kündigungsmöglichkeit des Tarifvertrages (zum Kündigungstermin) enden soll, erscheint am ehesten geeignet, zu der verfassungskonformen Auslegung des § 3 Abs. 3 TVG zu führen, die einen möglichst schonenden Ausgleich der kollidierenden Positionen bewirkt.

786 Siehe hierzu bereits oben unter § 4 B.II.1.c)ee) auf S. 106.

787 BAG AP Nr. 43 zu § 4 TVG Nachwirkung.

Der Begrenzungsvorschlag hat jedenfalls für sich, dass an die Mindestgeltungsdauer des jeweiligen Tarifvertrages angeknüpft wird. Dies hat insbesondere gegenüber einer starren Zeitgrenze, die in Analogie zu einer gesetzlichen Norm erfolgt, den Vorteil, dass der Makel der Willkür vermieden wird. Vielmehr wird dadurch an das vom Tarifvertrag vorgesehene „Geltungsprogramm" angeknüpft und damit im Ansatz dem Zweck des § 3 Abs. 3 TVG Rechnung getragen, wonach ein einmal wirksam abgeschlossener Tarifvertrag zum Schutz der Arbeitnehmer seine normative Wirkung möglichst für den in ihm vorgesehenen Geltungszeitraum behalten soll[788].

Insoweit kann auch nicht angenommen werden, dass die Kündigungsmöglichkeit bei einer nicht erklärten Kündigung des Tarifvertrages keine Bedeutung haben soll,[789] so dass der „vorgesehene Geltungszeitraum" über die erste Kündigungsmöglichkeit hinausgehen würde. Bei einem unbefristeten, aber kündbaren Tarifvertrag steht der „vorgesehene Geltungszeitraum" nicht von vornherein fest, sondern hängt von dem Verhalten der Tarifvertragsparteien ab. Es wurde im Rahmen der vorstehenden Abhandlung bereits dargelegt, dass es deswegen nicht gerechtfertigt ist, bei einem unbefristeten, aber kündbaren Tarifvertrag den „vorgesehenen Geltungszeitraum" am Interesse der Arbeitnehmer an einer möglichst lange fortdauernden zwingenden Geltung zu messen und dementsprechend als potentiell unendlich zu begreifen.[790] Der tarifliche Arbeitnehmerschutz ist wie die von § 3 Abs. 3 TVG geschützte Tariftreueerwartung von vornherein durch die Kündbarkeit des Tarifvertrages begrenzt. Mit einer längeren Laufzeit können Arbeitnehmer und Gewerkschaft nicht verbindlich rechnen. Ohnehin kann es allein aufgrund der tatsächlichen Umstände bereits zu einer nur kurzen Bindung des Arbeitgebers kommen. Dies ist z.B. dann der Fall, wenn sein Beitritt zum Arbeitgeberverband und damit seine Tarifgebundenheit nach § 3 Abs. 1 TVG erst kurz vor einer Kündigung des Tarifvertrages durch eine der Tarifvertragsparteien erfolgt.

Auch der Einwand, dass die grundlegenden (Mantel- oder Rahmen-) Tarifverträge in aller Regel bereits kündbar sein würden, wenn sie nicht zufällig kurz vor dem Austritt vereinbart wurden, so dass es lediglich noch um das Abwarten der Kündigungsfrist ginge,[791] überzeugt nicht. Zwar kann es im Einzelfall zu einem nur noch kurzen Zeitraum der fortbestehenden Tarifgebundenheit kommen, wenn der Tarifvertrag zum Zeitpunkt des Verbandsaustritts schon kündbar ist und keine lange Kündigungsfrist vorgesehen ist. Jedoch rechtfertigt dies nicht die bei einigen anderen Begrenzungsvorschlägen bestehenden Bedenken, dass

788 Siehe hierzu bereits oben unter § 4 A.III.4. auf S. 71 f.

789 Siehe hierzu bereits oben unter § 4 B.II.1.a)aa)(1)(d) auf S. 94.

790 Zum Folgenden siehe bereits oben unter § 4 B.IV.2.c)aa)(6)(d) auf S. 156 f.

791 Siehe hierzu bereits oben unter § 4 B.II.1.a)aa)(1)(d) auf S. 95.

die Kürze der Bindung den schonendsten Ausgleich der kollidierenden Positionen verhindert. Denn die Kürze der Bindung des aus dem Arbeitgeberverband ausgetretenen Arbeitgebers ist lediglich eine Folge der von den Tarifvertragsparteien getroffenen Regelungen. Diese vereinbaren in der Regel eine Mindestgeltungsdauer des jeweiligen Tarifvertrages und die Länge der Kündigungsfristen sowie ggf. den Zeitpunkt der Kündigungstermine. Die zeitliche Reichweite des von § 3 Abs. 3 TVG bezweckten Arbeitnehmerschutzes ist somit kaum vorhersehbar. Den Tarifvertragsparteien steht es frei, eine längere Mindestgeltungsdauer, längere Kündigungsfristen und seltenere Kündigungstermine zu vereinbaren. Es ist dann hinzunehmen, dass die erste Kündigungsmöglichkeit weit hinausgezögert wird und damit die fortbestehende Tarifgebundenheit des aus dem Arbeitgeberverband ausgetretenen Arbeitgebers wieder einen längeren Zeitraum andauern würde. Aufgrund der eigenen Regelungsinteressen der Tarifvertragsparteien wird es kaum zu einer unangemessen langen Mindestgeltungsdauer oder unangemessen langen Kündigungsfristen kommen. Insoweit kann offen bleiben, ob die Tarifvertragsparteien die der Tarifautonomie immanenten Grenzen überschreiten und den Kernbereich ihrer Normsetzungsbefugnis aufgeben, wenn sie die Unkündbarkeit des Tarifvertrages vereinbaren oder eine zeitlich lange Bindung eingehen, sei es durch eine besonders lange Laufdauer oder durch die Vereinbarung einer sehr langen Kündigungsfrist.[792] Sofern insoweit kritisiert wird, dass diese zu Verweisungstarifverträgen erfolgte Rechtsprechung nicht auf eigene tarifliche Regelungen übertragbar sei,[793] ist dies zwar nicht überzeugend. Denn auch wenn die Gefahr einer unvorhersehbaren Entwicklung des Normeninhalts nicht bestehen mag, so kann jedoch die Gefahr einer unvorhersehbaren Entwicklung der tatsächlichen Umstände bestehen, die zu dem von den Tarifvertragsparteien vereinbarten Normeninhalt geführt haben. Langfristig unkündbare Tarifverträge schließen etwaig erforderliche, einseitige Anpassungen an veränderte Verhältnisse aus.[794] Jedoch würde es jedenfalls im Hinblick auf die vorliegende Fragestellung an einem ausreichend bestimmten Maßstab fehlen, wann diese Grenzen überschritten sind. Eine solche Grenzziehung könnte im Ergebnis aufgrund der den Tarifvertragsparteien zugewiesenen Förderung der Arbeits- und Wirtschaftsbedingungen unter weitgehender Enthaltung des Staates[795] wohl auch nur von Fall zu Fall unter Berücksichtigung der im Einzelfall vorliegenden Umstände erfolgen.

---

792 Vgl. zu Verweisungstarifverträgen BAG AP Nr. 8 zu § 1 TVG Form; BAG AP Nr. 8, 9 zu § 3 TVG Verbandsaustritt. Siehe hierzu bereits oben unter § 4 B.II.1.a)aa)(2) auf S. 96.

793 Siehe hierzu oben unter § 4 B.II.1.a)aa)(2) auf S. 97.

794 Siehe hierzu oben unter § 4 B.II.1.a)aa)(2) auf S. 97.

795 Siehe hierzu oben unter § 4 B.IV.2.b)bb)(1) auf S. 141.

Im Ergebnis würde dieser Begrenzungsvorschlag den durch § 3 Abs. 3 TVG bezweckten Arbeitnehmerschutz nur in geringem Umfang beschränken, aber zugleich die Bindung des aus dem Arbeitgeberverband ausgetretenen Arbeitgebers an die Tarifverträge in absehbarer Zeit beenden und ihm so die Möglichkeit eröffnen, den Versuch unternehmen zu können, die Arbeitsverhältnisse der bei ihm beschäftigten Arbeitnehmer in Zukunft vollumfänglich privatautonom zu gestalten.

(b) Ipso iure?

Gegenüber dem auf den ersten Kündigungstermin abstellenden Begrenzungsvorschlag bestehen aber auch Bedenken. Selbst wenn die Kündigungsmöglichkeit bei einer nicht erklärten Kündigung des Tarifvertrages keine Bedeutung für den „vorgesehenen Geltungszeitraum" hat, ist zweifelhaft, ob trotz dessen, dass eine Kündigung (oder auch Änderung) des Tarifvertrages nicht erfolgt, die fortbestehende Tarifgebundenheit des aus dem Arbeitgeberverband ausgetretenen Arbeitgebers automatisch, also *ipso iure* mit dem ersten Kündigungstermin enden kann.

Die zutreffende Rechtsprechung des Bundesarbeitsgerichts, wonach bei jeder Änderung des normativen Teils des Tarifvertrages dessen Ende i.S.d. § 3 Abs. 3 TVG vorliegt,[796] unterscheidet sich von dem auf den ersten Kündigungstermin abstellenden Begrenzungsvorschlag in einem wesentlichen Punkt. Zwar ist es richtig, dass ebenso wie im Fall der Änderung eines fortgeltenden Tarifvertrages der aus dem Arbeitgeberverband ausgeschiedene Arbeitgeber keine Einwirkungsmöglichkeit auf die Entscheidung über eine Kündigung oder stillschweigende Fortsetzung des Tarifvertrages hat.[797] Jedoch tritt die Änderung nach außen in Erscheinung, während die Entscheidung, eine Kündigung des Tarifvertrages nicht zu erklären, nur ein interner Verbandsvorgang ist, dem eine Gestaltungskraft oder ein relevanter Erklärungswert nicht zukommt.

Wie zu Recht eingewandt wird, können Tarifverträge Teilkündigungsmöglichkeiten mit unterschiedlich langen Kündigungsfristen vorsehen.[798] Aus Gründen der Rechtssicherheit kann die aufgrund der fortbestehenden Tarifgebundenheit aufrechterhaltene Normwirkung eines Tarifvertrages aber nur einheitlich weiter gelten.[799] Lässt man die fortbestehende Tarifgebundenheit des § 3 Abs. 3 TVG zum nächstmöglichen Kündigungstermin entfallen, entsteht bei einem Tarifvertrag

796 Siehe hierzu oben unter § 4 A.VI.2.d) auf S. 81 f.

797 Siehe hierzu oben unter § 4 B.II.1.a)aa)(1)(c) auf S. 92.

798 Zum Folgenden siehe oben unter § 4 B.II.1.a)aa)(1)(d) auf S. 96.

799 So bereits das BAG bei der Änderung des Tarifvertrages. Siehe hierzu oben unter § 4 A.VI.2.d) auf S. 82.

mit mehreren Teilkündigungsmöglichkeiten und unterschiedlich langen Kündigungsfristen das Problem, auf welche Kündigungsfrist für den Wegfall der Nachbindung des gesamten Tarifvertrags abzustellen ist. Es ist insoweit nicht sachgerecht, auf die erste Teilkündigungsmöglichkeit abzustellen. Ebenso wie bereits beim abgelehnten Begrenzungsvorschlag, wonach die fortbestehende Tarifgebundenheit mit dem Ende der Laufzeit des zuerst endenden Tarifvertrages bzw. eines Lohn- oder Gehaltstarifvertrages gleichzeitig auch für jede sonstige tarifvertragliche Bindung enden soll,[800] erscheint es bedenklich, die von den Tarifvertragsparteien im Rahmen ihrer Tarifautonomie vorgenommenen Unterscheidungen (unterschiedliche Laufzeiten und Kündigungsmöglichkeiten) zu ignorieren.

Vor diesem Hintergrund ist eine automatische, also *ipso iure* mit dem ersten Kündigungstermin erfolgende Beendigung der fortbestehenden Tarifgebundenheit des aus dem Arbeitgeberverband ausgetretenen Arbeitgebers abzulehnen.

(c) Aufgrund Erklärung des Arbeitgebers?

Insofern ist aber eine zum ersten Kündigungstermin erfolgende Beendigung der fortbestehenden Tarifgebundenheit des aus dem Arbeitgeberverband ausgetretenen Arbeitgebers aufgrund einer Erklärung des Arbeitgebers in Betracht zu ziehen.

Im Rahmen der meisten Begrenzungsvorschläge wird zwar davon ausgegangen, dass die fortbestehende Tarifgebundenheit des § 3 Abs. 3 TVG bei Erreichen der vorgeschlagenen Zeitgrenze, mit dem ersten von den Verbänden nicht wahrgenommenen Kündigungstermin usw. von sich aus *ipso iure* endet. Demgegenüber stellen einige Begrenzungsvorschläge aber auch ausdrücklich darauf ab, dass der aus dem Arbeitgeberverband austretende bzw. ausgetretene Arbeitgeber sich auf das Ende der fortbestehenden Tarifgebundenheit des § 3 Abs. 3 TVG berufen (z.B. eine Kündigung erklären oder seinen Aufhebungsanspruch geltend machen) müsse.[801] Teilweise wird insoweit verlangt, dass der aus dem Arbeitgeberverband ausgetretene Arbeitgeber eine Kündigungsfrist einzuhalten hat.

Auch von einigen Vertretern der Ansicht, nach der ein unbefristeter, aber kündbarer Tarifvertrag i.S.d. § 3 Abs. 3 TVG und damit die fortbestehende Tarifgebundenheit für den ausgetretenen Arbeitgeber mit der ersten (vom Arbeitgeberverband nicht wahrgenommenen) Kündigungsmöglichkeit (zum Kündigungstermin) endet, wird verlangt, dass der Arbeitgeber die Kündigungsfrist einzuhal-

---

800 Siehe hierzu oben unter § 4 B.IV.3.b)bb)(4) auf S. 179.

801 Siehe hierzu oben unter § 4 B.II.1.a)bb) auf S. 97 f., unter § 4 B.II.1.c)dd) auf S. 102 f., unter § 4 B.II.1.d) auf S. 107 ff. und unter § 4 B.II.1.g) auf S. 113 f.

ten habe, die auch der Arbeitgeberverband bei einer tatsächlichen Kündigung des Tarifvertrages einzuhalten hat.[802] Da die Gewerkschaft von dem Verbandsaustritt nicht informiert sein muss, könnte sie an eine weitere Vertragsbindung glauben. Der durch § 3 Abs. 3 TVG bezweckten Sicherung der Tarifvertragsordnung widerspreche es daher, wenn man einerseits die Kündigungsmöglichkeit zugunsten des Arbeitgebers anwende, ohne aber andererseits eine Information zu fordern, wie sie der Tarifvertragspartner erwarten darf. Folglich werde man vom ausgeschiedenen Arbeitgeber verlangen müssen, der Gewerkschaft in der vorgesehenen Form und unter entsprechender Einhaltung von Fristen zu erklären, dass er der Fortgeltung für sein Unternehmen widerspricht, was einer Quasikündigung gleichkomme. Dieser Lösung könne nicht entgegengehalten werden, dass die Kündigung als vertragliches Gestaltungsrecht nur dem Vertragspartner, also dem Arbeitgeberverband zustehe. Denn es sei gerade keine echte Kündigung, die den Verbandstarifvertrag insgesamt betreffe und zu der das Mitglied selbstverständlich nicht berechtigt sei. Vielmehr handele es sich um eine Obliegenheit mit dem Ziel, die Beschränkung der Fortgeltung zu erreichen. Auf diese Weise werde letztlich der Sinn und Zweck des § 3 Abs. 3 TVG gewahrt, die zum Austrittszeitpunkt bestehende tarifvertragliche Situation vor einer Aushöhlung zu schützen. Folglich ende die Tarifbindung des ausgeschiedenen Arbeitgebers entgegen dem uneingeschränkten Wortlaut des § 3 Abs. 3 TVG bereits, wenn er sich gegenüber der Gewerkschaft wie bei einer Kündigung durch den Arbeitgeberverband auf den Ablauf der Mindestlaufzeit des Tarifvertrages berufe.

Diesem Begrenzungsvorschlag ist zuzustimmen. Die Annahme einer Erklärungsobliegenheit des aus dem Arbeitgeberverband ausgetretenen Arbeitgebers und die Forderung, dass dabei die im Tarifvertrag vorgesehenen Kündigungsfristen zu beachten sind, führt zum sachgerechten Ergebnis. Zudem werden dadurch die gegen den auf den ersten Kündigungstermin abstellenden Begrenzungsvorschlag noch verbleibenden Bedenken[803] ausgeräumt.

Die Annahme einer Erklärungsobliegenheit des aus dem Arbeitgeberverband ausgetretenen Arbeitgebers zieht die richtigen Konsequenzen daraus, dass die Verfassungswidrigkeit der zeitlich unbegrenzten Aufrechterhaltung der fortbestehenden Tarifgebundenheit im Wesentlichen auch aufgrund einer auf unabsehbare Zeit erfolgenden Vorenthaltung der Ausübung seiner Arbeitsvertragsfreiheit beruht.[804] Soweit der aus dem Arbeitgeberverband ausgetretene Arbeitgeber dadurch gehindert wird, seine Bindung an die Tarifverträge zu beenden und den Versuch zu unternehmen, die Arbeitsverhältnisse der bei ihnen beschäftigten Arbeitnehmer in Zukunft vollumfänglich privatautonom zu gestalten, ist es nur

802 Zum Folgenden siehe oben unter § 4 B.II.1.a)bb) auf S. 97 f.

803 Siehe hierzu oben unter § 4 B.IV.3.b)bb)(4)(b) auf S. 182 f.

804 Siehe hierzu bereits oben unter § 4 B.IV.2.c)aa)(6)(b) und (c) auf S. 152 ff.

konsequent, ihm diese Selbstbestimmung durch Einräumung eines Lösungsrecht wieder zu ermöglichen. Damit wird im Ergebnis die vorliegende Vorenthaltung jeglicher Gestaltungsrechte beseitigt und die darin liegende, nicht gerechtfertigte Schlechterstellung des aus dem Arbeitgeberverband ausgetretenen Arbeitgebers gegenüber dem Arbeitgeber, der selbst Tarifvertragspartei ist,[805] ausgeglichen.

Gegen eine Erklärungsobliegenheit des aus dem Arbeitgeberverband ausgetretenen Arbeitgebers kann nicht angeführt werden, dass die Arbeitnehmer und die Gewerkschaft auch sonst in der Regel nicht wissen, ob der Arbeitgeber Mitglied im Arbeitgeberverband war sowie ob und ggf. wann er aus diesem ausgetreten ist. Es ist zwar gleichgültig, ob sich die Arbeitsvertragsparteien ihre Organisationszugehörigkeit gegenseitig mitteilen.[806] Eine Benachrichtigung oder Kenntnis der anderen Partei des Arbeitsverhältnisses ist für den Beginn der Tarifgebundenheit nicht erforderlich. Anders als die Tarifzuständigkeit des Verbands, die anhand der Satzung zuverlässig feststellbar sein muss, muss die Tarifgebundenheit einzelner Mitglieder nicht unmittelbar erkennbar sein, auch wenn die Gewerkschaft ein berechtigtes Interesse daran haben mag, zu wissen, welche Mitglieder des Arbeitgeberverbands an einen Tarifvertrag gebunden sind. Vorliegend geht es aber nicht um die Frage nach der Verbandsmitgliedschaft, sondern um eine Begrenzung der von dieser Verbandsmitgliedschaft losgelösten fortbestehenden Tarifgebundenheit im Interesse des aus dem Arbeitgeberverband ausgetretenen Arbeitgebers. Will der Arbeitgeber dieses Interesse durchsetzten, muss er sich insoweit auch erklären.

Gegenüber dem auf den ersten Kündigungstermin abstellenden Begrenzungsvorschlag wird auch nicht mehr nur an einen nur internen Verbandsvorgang angeknüpft, dem eine Gestaltungskraft oder ein relevanter Erklärungswert nicht zukommt. Vielmehr tritt die Erklärung des Arbeitgebers nach außen in Erscheinung und gestaltet die Rechtslage. Es handelt sich dabei aber nicht um eine Kündigung des Verbandstarifvertrages, die dem einzelnen Arbeitgeber nicht möglich ist. Vielmehr kann man von einem Lösungsrecht des aus dem Arbeitgeberverband ausgetretenen Arbeitgebers sprechen, dessen Ausübung die nach § 3 Abs. 3 TVG fortbestehende Tarifgebundenheit und damit die zwingende Geltung des Tarifvertrages beseitigt. Ein Ende des Tarifvertrages i.S.d. § 3 Abs. 3 TVG und das Eingreifen der Nachwirkung gemäß § 4 Abs. 5 TVG wird dadurch – wie bei einer Änderung des Tarifvertrages[807] – nur für den aus dem Arbeitgeberverband ausgetretenen Arbeitgeber und die bei ihm beschäftigten tarifgebundenen Arbeitnehmer herbeigeführt. Für die übrigen Tarifgebundenen besteht die zwingende Geltung des Tarifvertrages fort.

805 Siehe hierzu bereits oben unter § 4 B.IV.2.c)aa)(6)(c) auf S. 155.

806 Zum Folgenden siehe bereits oben unter § 3 D. auf S. 56 f.

807 Siehe hierzu oben unter § 4 A.IV.2.d) auf S. 81 f.

Die Einräumung eines Lösungsrecht des aus dem Arbeitgeberverband ausgetretenen Arbeitgebers bedarf vor diesem Hintergrund aber auch einer folgerichtigen Einschränkung. Wenn nur die Versagung jeglicher Möglichkeit der Einflussnahme des aus dem Arbeitgeberverband ausgetretenen Arbeitgebers überwunden werden soll, muss er sich bei der Ausübung des Lösungsrechts wie eine Tarifvertragspartei behandeln lassen.

Dies hat zunächst zur Folge, dass der aus dem Arbeitgeberverband ausgetretene Arbeitgeber seine Lösung von der aufgrund der fortbestehenden Tarifgebundenheit nach § 3 Abs. 3 TVG aufrechterhaltenen Normwirkung gegenüber der zuständigen Gewerkschaft erklären muss. Die Ausübung des Lösungsrechts kann demnach nicht bereits im Austritt aus dem Arbeitgeberverband selbst gesehen werden, da dieser der Gewerkschaft nicht bzw. nicht ohne Weiteres zur Kenntnis gelangen muss. Dabei ist zu verlangen, dass die vom Arbeitgeber gewollte Rechtsfolge, nämlich die Beendigung der zwingenden Tarifgeltung, in der Erklärung mit hinreichender Deutlichkeit zum Ausdruck kommt. Die bloße Mitteilung des Austritts aus dem Arbeitgeberverband gegenüber der Gewerkschaft dürfte deswegen nicht genügen.

Als weitere Konsequenz hängt das Lösungsrecht vom „Geltungsprogramm" des jeweiligen Tarifvertrages ab. Dieses „Geltungsprogramm" umfasst die ordentliche Kündbarkeit des Tarifvertrages, etwaige Teilkündigungsmöglichkeiten und Mindestlaufzeiten sowie die Kündigungsfristen und -termine. Im Einzelnen hat dies folgende Auswirkungen: nur wenn der Tarifvertrag ordentlich kündbar ist, kann der aus dem Arbeitgeberverband ausgetretene Arbeitgeber ein Lösungsrecht geltend machen, ohne dass hierfür Gründe vorliegen müssen, die über die beabsichtigte Beendigung der Bindung an die Tarifverträge und den Versuch, die Arbeitsverhältnisse der bei ihm beschäftigten Arbeitnehmer in Zukunft vollumfänglich privatautonom zu gestalten, hinausgehen.[808] Ist der Tarifvertrag hingegen ausnahmsweise ordentlich unkündbar, ist ein solches Lösungsrecht nicht ohne Weiteres gegeben. Es erscheint allerdings konsequent, dem aus dem Arbeitgeberverband ausgetretenen Arbeitgeber ein Lösungsrecht aus wichtigem Grund analog § 314 Abs. 1 bis 3 BGB einzuräumen. Im Hinblick auf die genauen Voraussetzungen, unter denen es ausgeübt werden kann, kann auf die Anforderungen an eine durch die Tarifvertragsparteien selbst erklärte außerordentliche Kündigung[809] sowie ergänzend auf die verschiedenen, im Wesentlichen das Kriteri-

---

808 Vgl. dazu, dass bei der ordentlichen Kündigung von Tarifverträgen ein Kündigungsgrund nicht erforderlich ist, Jacobs/Krause/Oetker/*Oetker* § 8 Rn. 11; *ders.* RdA 1995, 82, 92 f.

809 Siehe hierzu etwa ErfK/*Franzen* § 1 TVG Rn. 33 ff.; Jacobs/Krause/Oetker/*Oetker* § 8 Rn. 14 ff.; *ders.* RdA 1995, 82, 93 ff.; *Löwisch/Rieble* TVG § 1 Rn. 514 ff jeweils m.w.N.

um der Unzumutbarkeit konkretisierenden Ansichten, die auch dem einzelnen Arbeitgeber ein Lösungsrecht eingestehen wollen,[810] verwiesen werden. Wenn der jeweilige Tarifvertrag ordentlich kündbar ist und der aus dem Arbeitgeberverband ausgetretene Arbeitgeber somit ein Lösungsrecht geltend machen kann, muss er sich insoweit an die für die ordentliche Kündigung des Tarifvertrages geregelten Vorgaben halten. Eine vorgesehene Mindestlaufzeit des Tarifvertrages und die einzuhaltenden Kündigungsfristen sind auch für ihn verbindlich. Gleiches gilt für etwaige Teilkündigungsmöglichkeiten mit unterschiedlichen Mindestlaufzeiten bzw. Kündigungsfristen, so dass der Arbeitgeber sich von der zwingenden Tarifgeltung einiger tariflicher Arbeitsbedingungen gegenüber anderen tariflichen Arbeitsbedingungen unter Umständen erst später lösen kann. Der Zugang der Erklärung des Arbeitgebers beendet die fortbestehende Tarifgebundenheit und damit die zwingende Tarifgeltung somit nur in dem Rahmen und zu dem Zeitpunkt, wie eine zugleich zugegangene Kündigung des Arbeitgeberverbandes den Tarifvertrag beenden könnte.

Die Annahme eines solchen Lösungsrechts hat zudem auch positive Auswirkungen für das Tarifvertragssystem an sich. Durch die Erklärung des aus dem Arbeitgeberverband ausgetretenen Arbeitgebers gegenüber der Gewerkschaft wird diese rechtzeitig informiert und somit in die Lage versetzt, zu entscheiden, ob vom Arbeitgeber der Abschluss eines Firmentarifvertrages verlangt und ggf. hierfür gestreikt werden soll. Zudem wird die Attraktivität des Tarifvertragssystems dadurch gestärkt, dass der vereinfachte „Ausstieg" sich nicht mehr so sehr als Barriere für den „Einstieg" auswirkt.

Nur die vorstehende Ausgestaltung des Lösungsrechts führt zu einer verfassungskonformen Auslegung des § 3 Abs. 3 TVG, die den schonendsten Ausgleich der kollidierenden Positionen bewirkt. Die Aufrechterhaltung der fortbestehenden Tarifgebundenheit des aus dem Arbeitgeberverband ausgetretenen Arbeitgebers wird dadurch zeitlich begrenzt. Zugleich wird der von § 3 Abs. 3 TVG bezweckte Arbeitnehmerschutz nicht mehr als unbedingt nötig berührt, da die Beendigung der fortbestehenden Tarifgebundenheit anstatt durch die Ausübung des Lösungsrechts genauso gut auch durch Kündigung einer der Tarifvertragsparteien erfolgen kann. Wie bereits ausgeführt, können die Arbeitnehmer auf eine möglichst lange Dauer der zwingenden Tarifgeltung nicht vertrauen.[811] Bis auf die Frage, von wem die Initiative zur Beendigung der fortbestehenden Tarifgebundenheit ausgeht, unterscheiden sich beide Konstellationen in ihren Auswirkungen auf die Arbeitnehmer, die bei dem aus dem Arbeitgeberverband ausgetretenen Arbeitgeber beschäftigt sind, somit nicht. In beiden Fällen schließt

810 Siehe hierzu oben unter § 4 B.II.1.d)bb) und cc) auf S. 108 ff. und unter § 4 B.II.2.c)bb) und cc) auf S. 117 f.

811 Siehe hierzu bereits oben unter § 4 B.IV.2.c)aa)(6)(d) auf S. 156 f.

sich daran im Übrigen der effektive, wenn auch nicht gleich wirksame Schutz der Arbeitnehmer durch § 4 Abs. 5 TVG an. Das Problem der sog. ewigen Tarifgebundenheit wird auf diese Weise systemimmanent gelöst.

(5) Ergebnis zu den einzelnen Begrenzungsvorschlägen

Einige der Begrenzungsvorschläge sind bereits nicht geeignet, das Problem der grundsätzlichen Wiedererlangung der Arbeitsvertragsfreiheit durch den aus dem Arbeitgeberverband ausgetretenen Arbeitgeber im Fall von lange Zeit nicht geänderten und erst recht nicht gekündigten Verbandstarifverträgen zu lösen.

Gegen andere Begrenzungsvorschläge spricht, dass sie keinen schonendsten Ausgleich der kollidierenden Positionen zu bewirken vermögen.

Im Ergebnis ist dem Begrenzungsvorschlag zuzustimmen, der ein Lösungsrecht des aus dem Arbeitgeberverband ausgetretenen Arbeitgebers von der zwingenden Tarifgeltung annimmt, dessen Ausübung sich inhaltlich vollständig am „Geltungsprogramm" des jeweiligen Tarifvertrages (ordentliche Kündbarkeit des Tarifvertrages, Teilkündigungsmöglichkeiten, Mindestlaufzeiten, Kündigungsfristen) orientiert.

cc) Ergebnis zum Inhalt der verfassungskonformen Auslegung

§ 3 Abs. 3 TVG ist wie folgt verfassungskonform auszulegen:

1. Dem aus dem Arbeitgeberverband ausgetretenen Arbeitgeber steht ein die aufgrund der fortbestehenden Tarifgebundenheit des § 3 Abs. 3 TVG aufrechterhaltene Normwirkung zeitlich begrenzendes Lösungsrecht zu, das die zwingende Tarifgeltung des Verbandstarifvertrages nur für den Arbeitgeber und die bei ihm beschäftigten Arbeitnehmer beendet. Im Anschluss hieran wirkt der Verbandstarifvertrag gemäß § 4 Abs. 5 TVG nach.

2. Der aus dem Arbeitgeberverband ausgetretene Arbeitgeber muss sein Lösungsrecht dergestalt ausüben, dass er dieses gegenüber der zuständigen Gewerkschaft erklärt. In der Erklärung muss die vom Arbeitgeber gewollte Rechtsfolge mit hinreichender Deutlichkeit zum Ausdruck kommen. Die Ausübung des Lösungsrechts liegt deswegen nicht bereits im Austritt aus dem Arbeitgeberverband selbst oder in der bloßen Mitteilung des Austritts aus dem Arbeitgeberverband gegenüber der Gewerkschaft.

3. Die Ausübung des Lösungsrechts ist an dem „Geltungsprogramm" zu messen, das für die Kündigung des Verbandstarifvertrages gilt. Dieses „Geltungsprogramm" umfasst die ordentliche Kündbarkeit des Tarifvertrages, etwaige Teilkündigungsmöglichkeiten und Mindestlaufzeiten sowie die

Kündigungsfristen. Der Zugang der Erklärung des aus dem Arbeitgeberverband ausgetretenen Arbeitgebers beendet die zwingende Tarifgeltung nur in dem Rahmen und zu dem Zeitpunkt, wie eine zugleich zugegangene Kündigung des Arbeitgeberverbandes den Verbandstarifvertrag beenden würde.

4. Wenn der Verbandstarifvertrag ordentlich kündbar ist, muss der aus dem Arbeitgeberverband ausgetretene Arbeitgeber sich bei der Ausübung seines Lösungsrechts also an die für die ordentliche Kündigung des Verbandstarifvertrages geregelten Vorgaben halten. Er kann die zwingende Tarifgeltung nicht vor Ablauf der vorgesehenen Mindestlaufzeit bewirken und muss die einzuhaltenden Kündigungsfristen einhalten. Etwaige Teilkündigungsmöglichkeiten mit unterschiedlichen Mindestlaufzeiten bzw. Kündigungsfristen haben zur Folge, dass der Arbeitgeber sich von der zwingenden Tarifgeltung einiger tariflicher Arbeitsbedingungen gegenüber anderen tariflichen Arbeitsbedingungen unter Umständen erst später lösen kann.

5. Ist der Tarifvertrag ausnahmsweise ordentlich unkündbar, steht dem aus dem Arbeitgeberverband ausgetretenen Arbeitgeber ein Lösungsrecht aus wichtigem Grund analog § 314 Abs. 1 bis 3 BGB zu. Es kann unter den gleichen Voraussetzungen ausgeübt werden, unter denen eine durch die Tarifvertragsparteien selbst erklärte außerordentliche Kündigung erklärt werden kann. Die Unsicherheit über die Bewertung dieser Voraussetzungen durch die Gerichte und damit die Wirksamkeit eines solchen außerordentlichen Lösungsrechts muss der Arbeitgeber hinnehmen.

c) Ergebnis zur verfassungskonformen Auslegung des § 3 Abs. 3 TVG

Die verfassungskonforme Auslegung des § 3 Abs. 3 TVG ist möglich. Sie führt zu dem Ergebnis, dass die aufgrund der fortbestehenden Tarifgebundenheit nach § 3 Abs. 3 TVG aufrechterhaltene Normwirkung zeitlich dahingehend begrenzt ist, dass ein Lösungsrecht des aus dem Arbeitgeberverband ausgetretenen Arbeitgebers von der zwingenden Tarifgeltung besteht, dessen Ausübung sich inhaltlich vollständig am „Geltungsprogramm" des jeweiligen Tarifvertrages (ordentliche Kündbarkeit des Tarifvertrages, Teilkündigungsmöglichkeiten, Mindestlaufzeiten, Kündigungsfristen) orientiert. Ein Ende des Tarifvertrages i.S.d. § 3 Abs. 3 TVG und das Eingreifen der Nachwirkung gemäß § 4 Abs. 5 TVG wird dadurch nur für den aus dem Arbeitgeberverband ausgetretenen Arbeitgeber und die bei ihm beschäftigten tarifgebundenen Arbeitnehmer herbeigeführt. Für die übrigen Tarifgebundenen besteht die zwingende Geltung des Tarifvertrages fort.

Nur dieser Begrenzungsvorschlag trägt der Vorgabe zum Ausgleich der kollidierenden Grundrechtspositionen ausreichend Rechnung, wonach diejenige Auslegung des § 3 Abs. 3 TVG gewählt werden muss, die den Arbeitnehmerschutz des § 3 Abs. 3 TVG nur so wenig wie möglich, aber so weit wie nötig begrenzt, damit der aus dem Arbeitgeberverband ausgetretene Arbeitgeber seine Bindung an die Tarifverträge auf absehbare Zeit beenden und den Versuch unternehmen kann, die Arbeitsverhältnisse der bei ihnen beschäftigten Arbeitnehmer in Zukunft vollumfänglich privatautonom zu gestalten.

4. De lege ferenda: Änderung des § 3 Abs. 3 TVG durch den Gesetzgeber

Unabhängig von der verfassungskonformen Auslegung des § 3 Abs. 3 TVG kann der Gesetzgeber eine Änderung der Norm vornehmen, um die Verhältnismäßigkeit des durch § 3 Abs. 3 TVG erfolgenden Eingriffs in die Vertragsfreiheit der aus dem Arbeitgeberverband ausgetretenen Arbeitgeber sicherzustellen.

Der Gesetzgeber, der die kollidierenden Grundrechtspositionen in ihrer Wechselwirkung zu erfassen und zu begrenzen hat, so dass sie für alle Beteiligten möglichst weitgehend wirksam werden, hat *de lege ferenda* einen größeren Beurteilungs- und Einschätzungsspielraum bei einer Änderung des § 3 Abs. 3 TVG als dies *de lege lata* bei der durch die Auslegungskriterien begrenzten verfassungskonformen Auslegung der aktuell bestehenden gesetzlichen Regelung der Fall ist. Neben einer gesetzgeberischen Umsetzung des in dieser Abhandlung gefundenen Ergebnisses kommen deswegen auch andere Regelungen einer zeitlichen Begrenzung der aufgrund der fortbestehenden Tarifgebundenheit nach § 3 Abs. 3 TVG aufrechterhaltenen Normwirkung (wie z.B. die Einführung einer starren zeitlichen Grenze für die maximale Dauer der fortbestehenden Tarifgebundenheit) in Betracht. Unabhängig von der konkret vom Gesetzgeber zu wählenden Art der zeitlichen Begrenzung des § 3 Abs. 3 TVG wäre eine gesetzgeberische Klarstellung welcher Art auch immer auf jeden Fall wünschenswert.

5. Konsequenzen des Lösungsrechts

Das dem Arbeitgeber zugestandene Lösungsrecht von der aufgrund der fortbestehenden Tarifgebundenheit nach § 3 Abs. 3 TVG aufrechterhaltenen Normwirkung bewirkt im Ergebnis nur, dass der aus dem Arbeitgeberverband ausgetretene Arbeitgeber durch die Ausübung des Lösungsrechts die zwingende Geltung der für ihn bisher aufgrund von §§ 3 Abs. 3, 4 Abs. 1 TVG unmittelbar und zwingend geltenden Tarifverträge beseitigt. Die unmittelbare Wirkung dieser Tarifverträge bleibt gemäß § 4 Abs. 5 TVG bestehen.

Der Austritt aus dem Arbeitgeberverband und die Ausübung des Lösungsrechts führen allein also nicht zu einer Änderung der Tarifgeltung. Der Arbeitgeber kann im Nachwirkungsstadium des § 4 Abs. 5 TVG nunmehr aber den Versuch unternehmen, die Arbeitsverhältnisse der bei ihm beschäftigten Arbeitnehmer auch zu deren Lasten abweichend zu gestalten. Er erlangt seine Arbeitsvertragsfreiheit zurück. Der Arbeitgeber trägt also eine über den Verbandsaustritt und die Ausübung des Lösungsrechts hinausgehende Initiativlast für entsprechende Veränderungen. An den für den aus dem Arbeitgeberverband ausgetretenen Arbeitgeber bestehenden, erheblichen tatsächlichen Schwierigkeiten bei der Durchsetzung anderer Abmachungen i.S.d. § 4 Abs. 5 TVG[812] ändert das Lösungsrecht aber nichts.

Zusätzliche Schwierigkeiten können für den Arbeitgeber zudem durch in den Arbeitsverträgen enthaltene Bezugnahmeklauseln entstehen, in denen auf den Tarifvertrag verwiesen wird, von dem der Arbeitgeber sich gerade lösen möchte.[813] Die Verpflichtung zur Anwendung der tariflichen Regelungen besteht dann unabhängig vom § 4 Abs. 5 TVG auch auf arbeitsvertraglicher Ebene fort. Je nach Formulierung und nach Zeitpunkt der Vereinbarung der Bezugnahmeklausel kann sogar trotz Austritts aus dem Arbeitgeberverband und Ausübung des Lösungsrechts eine Anbindung an die künftige Tarifentwicklung arbeitsvertraglich vereinbart worden sein. Nach der neuen Rechtsprechung sind ab dem 1. Januar 2002 vereinbarte individualvertragliche Klauseln, die ihrem Wortlaut nach ohne Einschränkung auf einen bestimmten Tarifvertrag in seiner jeweiligen Fassung verweisen, im Regelfall so auszulegen, dass durch sie eine Anbindung an die künftige Tarifentwicklung begründet wird. Dadurch wird der Austritt aus dem Arbeitgeberverband und die Ausübung des Lösungsrechts aber nicht wertlos, denn der Arbeitgeber kann jederzeit (sogar schon vor Verbandsaustritt) versuchen, die Aufhebung einer Bezugnahmeklausel zu erreichen. Muss der Arbeitgeber im Nachwirkungsstadium des § 4 Abs. 5 TVG ohnehin eine abweichende Abmachung erreichen, muss er eben auch gleichzeitig die Beseitigung der Bezugnahmeklausel vereinbaren. Im Fall einer Bezugnahmeklausel, die trotz Austritts aus dem Arbeitgeberverband und Ausübung des Lösungsrechts eine Anbindung an die künftige Tarifentwicklung begründet, ist der Anpassungsdruck zugegebenermaßen aber größer als im bloßen Nachwirkungsstadium des § 4 Abs. 5 TVG. Will der Arbeitgeber diesen Druck vermeiden, muss er schon deutlich vor dem Austritt aus dem Arbeitgeberverband und der Ausübung des Lösungsrechts bei der Begründung bzw. anlässlich einer Änderung von Arbeitsverträgen solche Bezugnahmeklauseln vereinbaren, die im Falle eines Verbandsaustritts keine Anbindung an die künftige Tarifentwicklung begründen. In der Literatur sind entsprechende Formulierungsvorschläge solcher rechtlich zulässiger Klauseln bereits seit längerem vorhanden.[814]

---

812 Zu den insoweit kritischen Stimmen vgl. bereits oben unter § 1 auf S. 1.

813 Zum Folgenden vgl. bereits oben unter § 4 B.IV.1.b)cc) auf S. 130 ff.

814 Vgl. hierzu Nachweise bei BAG AP Nr. 39 zu § 1 TVG Bezugnahme auf Tarifvertrag.

6. Ergebnis der Stellungnahme

Die aufgrund der fortbestehenden Tarifgebundenheit nach § 3 Abs. 3 TVG aufrechterhaltene Normwirkung ist ohne eine zeitliche Begrenzung nicht verfassungsgemäß. Der durch eine zeitlich unbegrenzt fortbestehende Tarifgebundenheit nach § 3 Abs. 3 TVG erfolgte Eingriff in die durch Art. 12 Abs. 1 GG geschützte Vertragsfreiheit der aus dem Arbeitgeberverband ausgetretenen Arbeitgeber ist trotz einer Abwägung mit dem durch § 3 Abs. 3 TVG bezweckten und ebenfalls durch Art. 12 Abs. 1 GG geschützten Arbeitnehmerschutz mangels Verhältnismäßigkeit des Eingriffs verfassungsrechtlich nicht gerechtfertigt. Der Gesetzgeber hat die kollidierenden Grundrechtspositionen in ihrer Wechselwirkung nicht so erfasst und begrenzt, dass sie für alle Beteiligten möglichst weitgehend wirksam werden. Keine verfassungsrechtlichen Bedenken bestehen hingegen im Hinblick auf das Demokratieprinzip nach Art. 20 Abs. 2 GG i.V.m. dem Rechtsstaatsprinzip nach Art. 20 Abs. 3 GG wegen einer etwaigen fehlenden Legitimation des § 3 Abs. 3 TVG gegenüber dem ausgetretenen Arbeitgeber.

Die verfassungskonforme Auslegung des § 3 Abs. 3 TVG ist aber möglich und führt zu dem Ergebnis, dass die aufgrund der fortbestehenden Tarifgebundenheit nach § 3 Abs. 3 TVG aufrechterhaltene Normwirkung zeitlich zu begrenzen ist. Dem aus dem Arbeitgeberverband ausgetretenen Arbeitgeber steht insoweit ein Lösungsrecht von der zwingenden Tarifgeltung zu, dessen Ausübung sich inhaltlich vollständig an den Vorgaben orientiert, die für eine Kündigung des jeweiligen Verbandstarifvertrages durch die Tarifvertragsparteien gelten.

Neben einer gesetzgeberischen Umsetzung dieser verfassungskonformen Auslegung kommen auch andere gesetzliche Regelungen der zeitlichen Begrenzung der aufgrund der fortbestehenden Tarifgebundenheit nach § 3 Abs. 3 TVG aufrechterhaltenen Normwirkung in Betracht. Der Gesetzgeber hat einen Beurteilungs- und Einschätzungsspielraum und ist nicht auf eine anhand der Auslegungskriterien vorzunehmende verfassungskonforme Auslegung begrenzt.

V. Exkurs: Lösungsrecht auch für Arbeitnehmer?

Da § 3 Abs. 3 TVG nach ganz herrschender Meinung auch für den Arbeitnehmer gilt[815], stellt sich unweigerlich die Frage, ob das dem Arbeitgeber zugestandene Lösungsrecht von der aufgrund der fortbestehenden Tarifgebundenheit nach § 3 Abs. 3 TVG aufrechterhaltenen Normwirkung auch dem Arbeitnehmer zusteht.

815 BAG AP Nr. 26 zu § 4 TVG Tarifkonkurrenz; BAG EzA Nr. 23 zu § 3 TVG; *Löwisch/Rieble* TVG § 3 Rn. 85; Wiedemann/*Oetker* TVG § 3 Rn. 60. A.A. nur *Jacobs* Anm. zu BAG AP Nr. 26 zu § 4 TVG Tarifkonkurrenz.

Hierfür könnte sprechen, dass § 3 Abs. 3 TVG ohne Unterscheidung nach Arbeitgeber und Arbeitnehmer gleich auszulegen wäre. Einer Übertragung des Lösungsrechts auch auf Arbeitnehmer bedarf es aber nicht. Eine solche Übertragung wäre unschädlich, würde aber leer laufen, da der Arbeitnehmer im Gegensatz zum Arbeitgeber an sich bereits eine bessere Rechtsposition inne hat. Das Problem der zeitlich unbegrenzten Normwirkung von Tarifverträgen, die über Jahre hinweg nicht geändert und nicht gekündigt werden, stellt sich aus Arbeitnehmersicht überhaupt nicht. Gleiches gilt für dem Fall der beabsichtigten Flucht vor einem verschlechternden Firmentarifvertrag durch Austritt aus der Gewerkschaft.[816] Der Arbeitnehmer ist anders als der Arbeitgeber bereits während der Tarifgebundenheit nach § 3 Abs. 1 TVG und damit auch während der fortbestehenden Tarifgebundenheit nach § 3 Abs. 3 TVG nicht daran gehindert, mit dem Arbeitgeber zu seinen Gunsten Abweichungen vom Tarifvertrag zu vereinbaren. Dies ist in Abweichung zur in § 4 Abs.1 TVG angeordneten zwingenden Wirkung des Tarifvertrages ausdrücklich in § 4 Abs. 3 Var. 2 TVG gestattet. Schafft es der Arbeitnehmer nicht, vor Wirksamwerden des (Firmen)Tarifvertrages aus der Gewerkschaft auszutreten, hilft ihm das dem Arbeitgeber zugestandene Lösungsrecht von der aufgrund der fortbestehenden Tarifgebundenheit nach § 3 Abs. 3 TVG aufrechterhaltenen Normwirkung nicht weiter; er benötigt es aber auch nicht. Und auch wenn der Arbeitnehmer gleich aus welchen Gründen ausnahmsweise daran interessiert sein sollte, zu seinen Ungunsten Abweichungen vom Tarifvertrag mit dem Arbeitgeber zu vereinbaren (z.B. um seinen Arbeitsplatz zu sichern), ist die Übertragung des Lösungsrechts auch auf den Arbeitnehmer nicht erforderlich. In diesem Fall wird stets der Arbeitgeber die treibende Kraft sein, der selbst sein Lösungsrecht ausüben und abweichende Vereinbarungen treffen wird. Eine zu Lasten der Arbeitnehmer erfolgende Abweichung von betrieblichen bzw. betriebsverfassungsrechtlichen Tarifnormen, die gemäß §§ 3 Abs. 2, 4 Abs. 1 S. 2 TVG allein aufgrund der Tarifgebundenheit des Arbeitgebers unmittelbar und zwingend wirken, könnte mit Hilfe eines Lösungsrecht (nur) des Arbeitnehmers bereits gar nicht erreicht werden.

VI. Ergebnis zu den zeitlichen Grenzen des Art. 3 Abs. 3 TVG

Ein aus dem Arbeitgeberverband ausgetretener Arbeitgeber ist bei einem mangels Kündigung oder Änderung auf unbestimmte Zeit nicht endenden Tarifvertrag nicht auf unabsehbare Zeit an diesen gebunden. Der aufgrund der fortbestehenden Tarifgebundenheit nach § 3 Abs. 3 TVG aufrechterhaltenen Normwirkung sind aufgrund einer verfassungskonformen Auslegung des § 3 Abs. 3 TVG zeitlich Grenzen gesetzt. Die verfassungskonformen Auslegung des § 3 Abs. 3 TVG begründet ein Lösungsrecht des aus dem Arbeitgeberverband ausgetretenen Arbeitgebers von der zwingenden Tarifgeltung, das unter denselben Voraussetzungen

816 Vgl. BAG AP Nr. 26 zu § 4 TVG Tarifkonkurrenz.

zungen ausgeübt werden kann, wie eine Kündigung des jeweiligen Verbandstarifvertrages durch die Tarifvertragsparteien. Einer Übertragung dieses Lösungsrechts auch auf Arbeitnehmer bedarf es nicht.

§ 5 Zusammenfassung der Ergebnisse

Die vorliegende Abhandlung kommt zu folgenden Ergebnissen:

1. Dem Arbeitgeber steht grundsätzlich ein unabdingbares jederzeitiges Austrittsrecht aus dem Arbeitgeberverband zu. Dieses kann der Arbeitgeberverband nur durch in der Satzung geregelte Kündigungsfristen und -termine beschränken. Die höchstzulässige Kündigungsfrist, die ein Arbeitgeberverband in der Satzung vorsehen kann, beträgt in Abweichung zu § 39 Abs. 2 Hs. 2 BGB sechs Monate. Diese Höchstgrenze gilt auch dann, wenn eine Kombination von Kündigungsfrist und Kündigungstermin statuiert ist. Ob die Höchstgrenze einer zulässigen Kündigungsfrist eingehalten worden ist, beurteilt sich in diesem Fall nach der potentiell längsten vom Mitglied beim Austritt einzuhaltenden Zeitspanne. Eine hiernach unzulässig lange Kündigungsfrist ist auch dann unwirksam, wenn der austretende Arbeitgeber dies nicht im Wege eines Vorbehalts beim Austritt rügt; bei widersprüchlichem Verhalten kann sich der Arbeitgeber allerdings nicht auf die Unwirksamkeit berufen. Ist die Höchstgrenze einer zulässigen Kündigungsfrist vom Arbeitgeberverband überschritten worden und die satzungsgemäße Kündigungsfrist daher unwirksam, gilt die maximal zulässige Kündigungsfrist von sechs Monaten.

   Eine vom Arbeitgeber für den Austritt aus dem Arbeitgeberverband einzuhaltende Kündigungsfrist können der Arbeitgeberverband und der Arbeitgeber einvernehmlich abkürzen. Genauso können der Arbeitgeberverband und der Arbeitgeber einvernehmlich die Beendigung der Mitgliedschaft vereinbaren. Einzige Ausnahme hierfür ist, wenn der Satzung eindeutig entnommen werden kann, dass eine solche Vereinbarung unzulässig ist. Tarifrechtliche Wirkungen solcher Vereinbarungen und deren vereinsrechtliche Zulässigkeit sind zu trennen und die vorzeitige Beendigung der Mitgliedschaft mit Ausnahme von Umgehungstatbeständen (Rückwirkungsvereinbarungen) zu respektieren. Insbesondere die bewusst angestrebte Flucht aus der Tarifgebundenheit anlässlich eines bevorstehenden Tarifvertragsabschlusses ändert nichts an der Zulässigkeit solcher Vereinbarungen.

2. Die Tarifgebundenheit nach § 3 Abs. 1 TVG ist – neben dem Unterfallen unter den Geltungsbereich des Tarifvertrages – Voraussetzung für die Normwirkung gemäß § 4 Abs. 1 TVG. Sie ist nicht mit der Normwirkung identisch. Die Tarifgebundenheit ist auch nicht dem Unterfallen unter den persönlichen Geltungsbereich gleichzusetzen, der im Tarifvertrag festgelegt wird.

§ 3 Abs. 1 TVG unterscheidet zwischen der Tarifgebundenheit aufgrund von Mitgliedschaft in den Tarifvertragsparteien einerseits und der Tarifgebundenheit des einzelnen Arbeitgebers, der selbst Tarifvertragspartei ist, andererseits.

Die Tarifgebundenheit aufgrund von Mitgliedschaft in den Tarifvertragsparteien gemäß § 3 Abs. 1 Var. 1 TVG ist die gesetzliche Bestimmung der potentiellen Adressaten der tariflichen Normsetzung. Die Tarifgebundenheit bedeutet nicht, dass eine Bindung an einen konkreten Tarifvertrag besteht. Für die Tarifgebundenheit genügt die Mitgliedschaft der Arbeitsvertragspartei in der für sie zuständigen Tarifvertragspartei. Weitere Voraussetzungen bestehen nicht. Die Tarifgebundenheit beginnt mit der Begründung der Mitgliedschaft im Verband und würde mit ihrer Beendigung enden, wenn § 3 Abs. 3 TVG nichts Abweichendes bestimmen würde. Eine Benachrichtigung oder Kenntnis der anderen Partei des Arbeitsverhältnisses ist für die Folgen der Tarifgebundenheit nicht erforderlich. Trotz sinkenden Organisationsgrades ist die Zahl der an Verbandstarifverträge gebundenen Arbeitsvertragsparteien immer noch bedeutend.

Die in § 3 Abs. 1 Var. 2 TVG genannte Tarifgebundenheit des einzelnen Arbeitgebers, der selbst Tarifvertragspartei ist, besteht allein aufgrund seiner Stellung als Tarifvertragspartei. Die Nennung des Arbeitgebers als Tarifvertragspartei hätte unter Verzicht auf § 3 Abs. 1 Var. 2 TVG auch erst in § 4 Abs. 1 TVG erfolgen können, ohne dass dies inhaltlich etwas geändert hätte.

3. Die fortbestehende Tarifgebundenheit nach § 3 Abs. 3 TVG geht auf die – aus Arbeitnehmersicht – negativen Erfahrungen mit der Vorgängerregelung des § 1 Abs. 2 der Tarifvertrags-Verordnung von 1918 zurück, die es zuließ, dass sich der Arbeitgeber der Geltung des Tarifvertrages nach Verbandsaustritt durch Kündigung und Wiedereinstellung des Arbeitnehmers entziehen konnte. § 3 Abs. 3 TVG dient in erster Linie dem Schutz der Arbeitnehmer. Ein einmal wirksam abgeschlossener Tarifvertrag soll seine normative Wirkung möglichst für den in ihm vorgesehenen Geltungszeitraum behalten. Der Arbeitgeber soll die Arbeitsvertragsbedingungen insoweit nicht einseitig festsetzen und/oder abändern können.

Die Aufrechterhaltung der Tarifgebundenheit durch § 3 Abs. 3 TVG führt im Ergebnis lediglich dazu, dass die Normwirkung nach § 4 Abs. 1 TVG trotz Wegfalls der Mitgliedschaft im Verband als Legitimationsgrundlage für die Normwirkung aufrechterhalten bleibt. § 3 Abs. 3 TVG legitimiert nur die Fortgeltung derjenigen Tarifverträge, die während der Mitgliedschaft im Verband abgeschlossen worden sind; danach abgeschlossene Tarifverträge gelten für den ausgetretenen Arbeitgeber nicht. Vorbehaltlich der Erwähnung des einzelnen Arbeitgebers als Tarifvertragspartei hätte das TVG anstelle der Regelung in § 3 Abs. 3 TVG auch in Zusammengang mit § 4 Abs. 1 TVG eine Regelung wie die folgende vorsehen können: *„Die unmittelbare und zwingende Geltung des Tarifvertrages zwischen den beiderseits Tarifgebundenen, die unter den Geltungsbereich des Tarifvertrages fallen, bleibt bestehen, bis der Tarifvertrag endet."*

§ 3 Abs. 3 TVG ersetzt nur das Merkmal der Tarifgebundenheit, nicht aber die übrigen Voraussetzungen für die Anwendbarkeit eines Tarifvertrages. Unterfällt ein Betrieb etwa dem Geltungsbereich eines Tarifvertrages nicht (mehr), entfaltet der Tarifvertrag keine Wirkung (mehr).

Die aufgrund von § 3 Abs. 3 TVG aufrechterhaltene Normwirkung endet mit dem Ende des Tarifvertrages. Neben den sich nach dem Vertragsrecht richtenden Beendigungsgründen (Kündigung etc.) endet der Tarifvertrag i.S.d. § 3 Abs. 3 TVG und damit die fortbestehende Tarifgebundenheit insbesondere auch bei jeder Änderung des normativen Teils des Tarifvertrages.

4. Die aufgrund der fortbestehenden Tarifgebundenheit nach § 3 Abs. 3 TVG aufrechterhaltene Normwirkung ist ohne eine zeitliche Begrenzung nicht verfassungsgemäß. Der durch eine zeitlich unbegrenzt fortbestehende Tarifgebundenheit nach § 3 Abs. 3 TVG erfolgte Eingriff in die durch Art. 12 Abs. 1 GG geschützte Vertragsfreiheit der aus dem Arbeitgeberverband ausgetretenen Arbeitgeber ist trotz einer Abwägung mit dem durch § 3 Abs. 3 TVG bezweckten und ebenfalls durch Art. 12 Abs. 1 GG geschützten Arbeitnehmerschutz mangels Verhältnismäßigkeit des Eingriffs verfassungsrechtlich nicht gerechtfertigt. Der Gesetzgeber hat die kollidierenden Grundrechtspositionen in ihrer Wechselwirkung nicht so erfasst und begrenzt, dass sie für alle Beteiligten möglichst weitgehend wirksam werden. Keine verfassungsrechtlichen Bedenken bestehen hingegen im Hinblick auf das Demokratieprinzip nach Art. 20 Abs. 2 GG i.V.m. dem Rechtsstaatsprinzip nach Art. 20 Abs. 3 GG wegen einer etwaigen fehlenden Legitimation des § 3 Abs. 3 TVG gegenüber dem ausgetretenen Arbeitgeber.

5. Die verfassungskonforme Auslegung des § 3 Abs. 3 TVG ist aber möglich und führt zu dem Ergebnis, dass die aufgrund der fortbestehenden Tarifgebundenheit nach § 3 Abs. 3 TVG aufrechterhaltene Normwirkung zeitlich zu begrenzen ist. Dem aus dem Arbeitgeberverband ausgetretenen Arbeitgebers steht insoweit ein Lösungsrecht von der zwingenden Tarifgeltung zu, dessen Ausübung sich inhaltlich vollständig an den Vorgaben orientiert, die für eine Kündigung des jeweiligen Verbandstarifvertrages durch die Tarif-

vertragsparteien gelten. § 3 Abs. 3 TVG ist danach wie folgt verfassungskonform auszulegen:

a) Dem aus dem Arbeitgeberverband ausgetretenen Arbeitgeber steht zum Zwecke der zeitlichen Begrenzung der aufgrund der fortbestehenden Tarifgebundenheit des § 3 Abs. 3 TVG aufrechterhaltenen Normwirkung ein Lösungsrecht zu, dass die zwingende Tarifgeltung des Verbandstarifvertrages nur für den Arbeitgeber und die bei ihm beschäftigten Arbeitnehmer beendet. Im Anschluss hieran wirkt der Verbandstarifvertrag gemäß § 4 Abs. 5 TVG nach.

b) Der aus dem Arbeitgeberverband ausgetretene Arbeitgeber muss sein Lösungsrecht dergestalt ausüben, dass er dieses gegenüber der zuständigen Gewerkschaft erklärt. In der Erklärung muss die vom Arbeitgeber gewollte Rechtsfolge mit hinreichender Deutlichkeit zum Ausdruck kommen. Die Ausübung des Lösungsrechts liegt deswegen nicht bereits im Austritt aus dem Arbeitgeberverband selbst oder in der bloßen Mitteilung des Austritts aus dem Arbeitgeberverband gegenüber der Gewerkschaft.

c) Die Ausübung des Lösungsrechts ist an dem „Geltungsprogramm" zu messen, das für die Kündigung des Verbandstarifvertrages gilt. Dieses „Geltungsprogramm" umfasst die ordentliche Kündbarkeit des Tarifvertrages, etwaige Teilkündigungsmöglichkeiten und Mindestlaufzeiten sowie die Kündigungsfristen. Der Zugang der Erklärung des aus dem Arbeitgeberverband ausgetretenen Arbeitgebers beendet die zwingende Tarifgeltung nur in dem Rahmen und zu dem Zeitpunkt, wie eine zugleich zugegangene Kündigung des Arbeitgeberverbandes den Verbandstarifvertrag beenden würde.

d) Wenn der Verbandstarifvertrag ordentlich kündbar ist, muss der aus dem Arbeitgeberverband ausgetretene Arbeitgeber sich bei der Ausübung seines Lösungsrechts also an die für die ordentliche Kündigung des Verbandstarifvertrages geregelten Vorgaben halten. Er kann die zwingende Tarifgeltung nicht vor Ablauf der vorgesehenen Mindestlaufzeit bewirken und muss die einzuhaltenden Kündigungsfristen einhalten. Etwaige Teilkündigungsmöglichkeiten mit unterschiedlichen Mindestlaufzeiten bzw. Kündigungsfristen haben zur Folge, dass der Arbeitgeber sich von der zwingenden Tarifgeltung einiger tariflicher Arbeitsbedingungen gegenüber anderen tariflichen Arbeitsbedingungen unter Umständen erst später lösen kann.

e) Ist der Tarifvertrag ausnahmsweise ordentlich unkündbar, steht dem aus dem Arbeitgeberverband ausgetretenen Arbeitgeber ein Lösungsrecht aus wichtigem Grund analog § 314 Abs. 1 bis 3 BGB zu. Es kann unter den gleichen Voraussetzungen ausgeübt werden, unter denen eine durch die Tarifvertragsparteien selbst erklärte außerordentliche Kündigung erklärt werden kann. Die Unsicherheit über die Bewertung dieser Voraussetzungen durch die Gerichte und damit die Wirksamkeit eines solchen außerordentlichen Lösungsrechts muss der Arbeitgeber hinnehmen.

6. Neben einer gesetzgeberischen Umsetzung dieser verfassungskonformen Auslegung kommen auch andere gesetzliche Regelungen der zeitlichen Begrenzung der aufgrund der fortbestehenden Tarifgebundenheit nach § 3 Abs. 3 TVG aufrechterhaltenen Normwirkung (wie z.B. die Einführung einer starren zeitlichen Grenze für die maximale Dauer der fortbestehenden Tarifgebundenheit) in Betracht. Unabhängig von der konkret vom Gesetzgeber zu wählenden Art der zeitlichen Begrenzung des § 3 Abs. 3 TVG wäre eine gesetzgeberische Klarstellung welcher Art auch immer auf jeden Fall wünschenswert.

7. Einer Übertragung dieses Lösungsrechts auch auf Arbeitnehmer bedarf es nicht.

Literaturverzeichnis

Adomeit, Klaus: Regelung von Arbeitsbedingungen und ökonomische Notwendigkeiten, München/Landsberg am Lech 1996; zitiert: *Adomeit* Regelung

Bauer, Jobst-Hubertus: Flucht aus Tarifverträgen: Königs- oder Irrweg? in: Tarifautonomie für eine neues Jahrhundert, Festschrift für Günther Schaub, München 1998, S. 19-46; zitiert: *Bauer* FS Schaub

Bauer, Jobst-Hubertus/*Diller*, Martin: Flucht aus Tarifverträgen, DB 1993, 1085-1090

Bauer, Jobst-Hubertus/*Rolf*, Christian: Anmerkung zu ArbG Berlin DB 2003, 1518-1521

Bayreuther, Frank: Tarifautonomie als kollektiv ausgeübte Privatautonomie, München 2005, zitiert: *Bayreuther* Tarifautonomie

Beathalter, André: Einseitige Gestaltungsmöglichkeiten der Arbeitgeberseite zur Einwirkung auf Gesamtvereinbarungen im Rahmen wirtschaftlicher Krisen, Berlin 1999; zitiert: *Beathalter* Gestaltungsmöglichkeiten

Behrendt, Malte/*Gaumann*, Ralf/*Liebermann*, Dirk: Tarifvertragliche Bindungswirkungen und -folgen beim Austritt aus dem Arbeitgeberverband - Am Beispiel des Landes Hessen nach dem Austritt aus der TdL, NZA 2006, 525-530

Belling, Detlev W./*Hartmann*, Christian: Die Tarifbindung in der Insolvenz, NZA 1998, 57-70

Belling, Detlev W./*Hartmann*, Christian: Die Unzumutbarkeit als Begrenzung der Bindung an den Tarifvertrag, ZfA 1997, 87-144

Benedikt, Felix: Die Kürzung von Tariflöhnen zur Sanierung - Eine verfassungskonforme Auslegung des § 3 III TVG entsprechend § 626 BGB, Frankfurt a.M. 2003; zitiert: *Benedikt* Kürzung

Berg, Peter/*Platow*, Helmut/ *Schoof*, Christian/*Unterhinninghofen*, Hermann: Tarifvertragsgesetz und Arbeitskampf, Frankfurt a.M. 2005; zitiert: *Berg/Platow Schoof/Unterhinninghofen*

Bernuth, Wolf von: Austritt aus dem Arbeitgeberverband, NJW 2003, 2215-2216

Beuthien, Volker/*Meik*, Frank: Wenn Tariftreue unzumutbar wird, DB 1993, 1518-1520

Bieback, Karl-Jürgen: Tarifrechtliche Probleme des Verbandswechsels von Arbeitgebern, DB 1989, 477-482

Biedenkopf, Kurt H.: Grenzen der Tarifautonomie, Karlsruhe 1964; zitiert: *Biedenkopf* Grenzen

Böhm, Wolfgang: Hat der flächendeckende Branchentarifvertrag noch eine Zukunft? NZA 1994, 497-498

Brunssen, Michaela: Der Arbeitgeberverbandswechsel, Frankfurt a.M. 2000; zitiert: *Brunssen* Arbeitgeberverbandswechsel

Buchner, Herbert: Die tarifrechtliche Situation bei Verbandsaustritt und bei Auflösung eines Arbeitgeberverbandes, RdA 1997, 259-267

Buchner, Herbert: Tarifvertragsgesetz und Koalitionsfreiheit, Diss. München 1964; zitiert: *Buchner* Koalitionsfreiheit

Buchner, Herbert: Verbandsmitgliedschaft ohne Tarifgebundenheit, NZA 1995, 761-769

Büdenbender, Ulrich: Tarifbindung trotz Austritts aus dem Arbeitgeberverband - eine notwendige oder korrekturbedürftige Regelung?, NZA 2000, 509-518

Bulla: Tarifgebundenheit bei Verbandsaustritt, DB 1951, 818-819

Dahlbender, Frank: Der Austritt des Arbeitgebers aus seinem Verband zwecks Loslösung von Tarifverträgen, Diss. Bonn 1995; zitiert: *Dahlbender* Austritt

Däubler, Wolfgang: Die Anpassung von Tarifverträgen an veränderte wirtschaftliche Umstände, ZTR 1996, 241-245

Däubler, Wolfgang: Tarifausstieg - Erscheinungsformen und Rechtsfolgen, NZA 1996, 225-233

Däubler, Wolfgang: Tarifflucht – eine aussichtsreiche Strategie zur Reduzierung von Lohnkosten? ZTR 1994, 448-455

Däubler, Wolfgang: Tarifvertragsgesetz, 2. Aufl., Baden-Baden 2006; zitiert: Däubler/*Bearbeiter* TVG

Däubler, Wolfgang: Tarifvertragsrecht, 3. Aufl., Baden-Baden 1993; zitiert: *Däubler* TVR (1993)

Dieterich, Thomas/*Hanau*, Peter/*Henssler*, Martin/*Oetker*, Hartmut/*Wank*, Rolf/*Wiedemann*, Herbert: Empfehlungen zur Entwicklung des Tarifvertragsrechts, RdA 2004, 65-78

Dieterich, Thomas/*Müller-Glöge*, Rudi/*Preis*, Ulrich/*Schaub*, Günter: Erfurter Kommentar zum Arbeitsrecht, 8. Aufl., München 2008; zitiert: ErfK/*Bearbeiter*

Dietz, Rolf: Freiheit und Bindung im kollektiven Arbeitsrecht, RdA 1957, 178–179

Dutti, Klaus: Tarifgebundenheit bei Verbandswechsel, BB 1968, 1335-1338

Feger, Sandra: Flucht aus dem Arbeitgeberverband, AiB 1995, 490-505

Frieges, Holger M.: Der Verbandsaustritt: Unwägbarkeiten und verfassungsrechtliche Grenzen der zwingenden Fortgeltung von Tarifbestimmungen, NZA 1998, 630-633

Frieges, Holger M.: Wegfall der Tarifbindung und einzelvertragliche Inbezugnahme von Tarifverträgen, DB 1996, 1281-1283

Gamillscheg, Franz: Kollektives Arbeitsrecht, Band I: Grundlagen/Koalitionsfreiheit/Tarifvertrag/Arbeitskampf und Schlichtung, München 1997; zitiert: *Gamillscheg* KollArbR

Gaul, Björn: Das Schicksal von Tarifverträgen und Betriebsvereinbarungen bei der Umwandlung von Unternehmen, NZA 1995, 717-725

Gaumann, Ralf/*Schafft*, Marcus: Auskunftspflichten über den Mitgliedsstatus im Arbeitgeberverband, NZA 2001, 1125-1133

Gerhards, Thomas: Tarifgebundenheit beim Verbandswechsel des Arbeitgebers, BB 1995, 1290-1292

Giesen, Richard: Anmerkung zu BAG BB 2002, 1050-1051

Gorissen, Lars: Der Arbeitgeberverbandswechsel, Frankfurt a.M. 1999; zitiert: *Gorissen* Arbeitgeberverbandswechsel

Graf, Esther: Die Tarifzuständigkeit, Frankfurt a.M. 2003; zitiert: *Graf* Tarifzuständigkeit

Hagemeier, Christian/*Kempen*, Otto Ernst/*Zachert*, Ulrich/*Zilius*, Jan: Tarifvertragsgesetz, 2. Aufl., Köln 1990; zitiert: *Hagemeier/Kempen/Zachert/Zilius* TVG (1990)

Hanau, Peter: Der Tarifvertrag in der Krise, RdA 1998, 65-71

Hanau, Peter/*Kania*, Thomas: Stufentarifverträge, DB 1995, 1229-1234

Heilmann, Micha/*Peter*, Gabriele: Anmerkung zu ArbG Leipzig AiB 1996, 685-687

Heinze, Meinhard: Kollektive Arbeitsbedingungen im Spannungsfeld zwischen Tarif- und Betriebsautonomie, NZA 1995, 5-8

Heinze, Meinhard/*Ricken*, Oliver: Verbandsaustritt und Verbandsauflösung im Spannungsfeld von Tarifeinheit und Tarifpluralität, ZfA 2001, 159-182

Henssler, Martin: Flexibilisierung der Arbeitsmarktordnung, ZfA 1994, 487-515

Herschel, Wilhelm: Besprechung von Kurt. H Biedenkopf, Grenzen der Tarifautonomie, AcP 166 (1966), 372-379

Herschel, Wilhelm: Zur Entstehung des Tarifvertragsgesetzes, ZfA 1973, 183-200

Hohenhaus, Ulf R./*Otzipka*, Jochen: Flucht vor ERA – warum? BB 2004, 1737-1739

Hoß, Axel/*Liebscher*, Brigitta: Der Austritt aus dem Arbeitgeberverband – Eine Chance für die Betriebspartner? DB 1995, 2525-2530

Hromadka, Wolfgang/*Maschmann*, Frank: Arbeitsrecht, Band 2, Kollektivarbeitsrecht und Arbeitsstreitigkeiten, 4. Aufl., Berlin/Heidelberg 2007; zitiert: *Hromadka/Maschmann* ArbR

Hromadka, Wolfgang/*Maschmann*, Frank/*Wallner*, Franz: Der Tarifwechsel, München 1996; zitiert: *Hromadka/Maschmann/Wallner* Tarifwechsel

Hueck, Alfed: Der Geltungsbereich des Tarifvertrages, BB 1949, 354-356

Hueck, Alfred: Das Recht des Tarifvertrages unter besonderer Berücksichtigung der Verordnung vom 23. Dezember 1918, Berlin 1920; zitiert: *Hueck* Tarifvertrag

Hueck, Alfred/*Nipperdey*, Hans Carl: Lehrbuch des Arbeitsrechts, Bd. II 1. Hb, 7. Aufl., Berlin/Frankfurt a.M. 1967; zitiert: *Hueck/Nipperdey* ArbR Bd. II Hb. 1

Hümmerich, Klaus: Flexibilisierung der Arbeitszeit durch Betriebsvereinbarung, DB 1996, 1182-1186

Hümmerich, Klaus/*Boecken*, Winfried/*Düwell*, Josef: Anwaltkommentar Arbeitsrecht, Band 2, Bonn 2008; zitiert: AnwK-ArbR/*Bearbeiter*

Jacobs, Matthias: Anmerkung zu BAG AP Nr. 26 zu § 4 TVG Tarifkonkurrenz.

Jacobs, Matthias/*Krause*, Rüdiger/*Oetker*, Hartmut: Tarifvertragsrecht, München 2007; zitiert: Jacobs/Krause/Oetker/*Bearbeiter*

Jarass, Hans/*Pieroth*, Bodo: Grundgesetz für die Bundesrepublik Deutschland, 8. Aufl., München 2006; zitiert; Jarass/Pieroth/*Bearbeiter* GG

Junker, Abbo: Der Flächentarifvertrag im Spannungsverhältnis von Tarifautonomie und betrieblicher Regelung, ZfA 1996, 383-417

Junker, Abbo: Grundkurs Arbeitsrecht, 6. Aufl., München 2007; zitiert: *Junker* ArbR

Kania, Thomas: Flucht vor ERA – zu spät? BB 2004, 665–667

Kania, Thomas: Tarifbindung bei Ausgliederung und Aufspaltung eines Betriebs, DB 1995, 625-631

Käppler, Renate: Die Rechtsprechung des Bundesarbeitsgerichts im Jahre 1993, ZfA 1995, 271-416

Karakatsanis, Alexander: Die kollektivrechtliche Gestaltung des Arbeitsverhältnisses und ihre Grenzen, Heidelberg 1963; zitiert: *Karakatsanis* Gestaltung

Kempen, Otto Ernst/*Zachert*, Ulrich: Tarifvertragsgesetz, 4. Aufl., Frankfurt a.M. 2005; zitiert: Kempen/Zachert/*Bearbeiter* TVG

Kittner, Michael: „Flucht aus dem Tarifvertrag" durch Austritt aus dem Arbeitgeberverband, AuR 1998, 469-473

Kleinebrink, Wolfgang: Austritt aus dem Arbeitgeberverband – Folgen und Handlungsvarianten, ArbRB 2004, 22-25

Knoppik, Michael: Tarifgeltung ohne Mitgliedschaft am Beispiel von § 3 Abs. 3 TVG und § 613a BGB, Leipzig 2002; zitiert: *Knoppik* Tarifgeltung

Konzen, Horst: Die Tarifautonomie zwischen Akzeptanz und Kritik, NZA 1995, 913-920

Konzen, Horst: Tarifbindung, Friedenspflicht und Kampfparität beim Verbandswechsel des Arbeitgebers, ZfA 1975, 401-436

Krauss, Stefan: Die neue Freiheit ohne Verbandstarif? DB 1995, 1562-1565

Lambrich, Thomas: Tarif- und Betriebsautonomie, Berlin 1999; zitiert: *Lambrich* Betriebsautonomie

Larenz, Karl/*Wolf*, Manfred: Allgemeiner Teil des Bürgerlichen Rechts, 9. Aufl., München 2004; zitiert: *Larenz/Wolf* AT BR

Leinemann, Wolfgang: Handbuch zum Arbeitsrecht, Loseblatt, Neuwied, Stand: 1/2005; zitiert: HzA/*Bearbeiter*

Lesch, Hagen: Dezentralisierung der Tarifpolitik und Reform des Tarifrechts, DB 2000, 322-326

Leßmann, Herbert: Die öffentlichen Aufgaben und Funktionen privatrechtlicher Wirtschaftsverbände, Köln/Berlin/Bonn/München 1976; zitiert: *Leßmann* Wirtschaftsverbände

Lieb, Manfred: Mehr Flexibilität im Tarifvertragsrecht? „Moderne" Tendenzen auf dem Prüfstand, NZA 1994, 337-342

Löwisch, Manfred: Tariföffnung bei Unternehmens- und Arbeitsplatzgefährdung, NJW 1997, 905-911

Löwisch, Manfred/*Rieble*, Volker: Tarifvertragsgesetz, 2. Aufl., München 2004; zitiert: *Löwisch/Rieble* TVG

Mann, Thomas: Zeitliche Austrittsbeschränkungen in Tarifverbänden, Diss. Berlin 1994; zitiert: *Mann* Austrittsbeschränkungen

Martens, Klaus-Peter: Anmerkung zu BAG SAE 1976, 81-85

Maschmann, Frank: Tarifautonomie im Zugriff des Gesetzgebers, München 2007; zitiert: *Maschmann* Zugriff

Maunz, Theodor/*Dürig*, Günter/*Herzog*, Roman: Grundgesetz, Loseblatt, München, Stand: Juni 2007; zitiert: Maunz/Dürig/Herzog/*Bearbeiter* GG

Melot de Beauregard, Paul: Anmerkung zu BAG DB 2005, 1282-1284

Melot de Beauregard, Paul: Mitgliedschaft in Arbeitgeberverbänden und Tarifbindung, Frankfurt a.M. 2002; zitiert: *Melot de Beauregard* Mitgliedschaft

Moll, Frank: Tarifausstieg der Arbeitgeberseite: Mitgliedschaft im Arbeitgeberverband "Ohne Tarifbindung", Berlin 2000, zitiert: *Moll* Tarifausstieg

Münchener Handbuch zum Arbeitsrecht: Bd. 3, Kollektives ArbR, 2. Aufl., München 2000; zitiert: MünchHbArbR/*Bearbeiter*

Münchener Kommentar zum Bürgerlichen Gesetzbuch: Band 1, 1. Halbband, Allgemeiner Teil, §§ 1-240, AGBG, 5. Aufl., München 2006; zitiert: MünchKomm/*Bearbeiter* BGB

Nikisch, Arthur: Arbeitsrecht, II. Band, Koalitionsrecht, Arbeitskampfrecht und Tarifvertragsrecht, 2. Aufl., Tübingen 1959; zitiert: *Nikisch* ArbR II

Nipperdey, Hans Carl: Beiträge zum Tarifrecht, Mannheim 1924; zitiert: *Nipperdey* Beiträge

Nipperdey, Hans Carl: Das Tarifvertragsgesetz des vereinigten Wirtschaftsgebietes, RdA 1949, 81-89

Oetker, Hartmut: Anmerkung zu BAG AP Nr. 12 zu § 3 TVG Verbandsaustritt

Oetker, Hartmut: Das Dauerschuldverhältnis und seine Beendigung, Tübingen 1994; zitiert: *Oetker* Dauerschuldverhältnis

Oetker, Hartmut: Die Beendigung der Mitgliedschaft in Arbeitgeberverbänden als tarifrechtliche Vorfrage, ZfA 1998, 41-82

Oetker, Hartmut: Die Kündigung von Tarifverträgen, RdA 1995, 82-103

Oetker, Hartmut: Gemeinsame Anmerkung zu BAG EzA Nr. 14, 15 zu § 4 TVG Nachwirkung

Otto, Sven-Joachim: Die rechtliche Zulässigkeit einer tarifbindungsfreien Mitgliedschaft in Arbeitgeberverbänden, NZA 1996, 624-631

Palandt: Bürgerliches Gesetzbuch, 67. Aufl., München 2008; zitiert: Palandt/*Bearbeiter* BGB

Plander, Harro: Tarifflucht durch kurzfristig vereinbarten Verbandsaustritt? NZA 2005, 897-902

Pogge, Beate: Tarifbindung und Tarifausstieg, in: Arbeitsrecht aus Arbeitgebersicht, Festschrift für Dieter Stege, Köln 1997, S. 112-129; zitiert: *Pogge* FS Stege

Reitze, Serge: Der Austritt aus Gewerkschaft und Arbeitgeberverband – Vereinbarkeit von Kündigungsfristen (§ 39 BGB) mit Art. 9 III GG, NZA 1999, 70-73

Reuter, Dieter: Anmerkung zu BAG RdA 2006, 117-120

Reuter, Dieter: Das Verhältnis von Tarif- und Betriebsautonomie, in: Tarifautonomie für ein neues Jahrhundert, Festschrift für Günther Schaub, München 1998, S. 605-637; zitiert: *Reuter* FS Schaub

Reuter, Dieter: Die Mitgliedschaft ohne Tarifbindung (OT-Mitgliedschaft) im Arbeitgeberverband, RdA 1996, 201-209

Reuter, Dieter: Möglichkeiten und Grenzen einer Auflockerung des Tarifkartells, ZfA 1995, 1-94

Rewolle, Hans-Dietrich: Die Tarifgebundenheit der Vertragsparteien, DB 1950, 11

Richardi, Reinhard: Kollektivgewalt und Individualwille bei der Gestaltung des Arbeitsverhältnisses, München 1968; zitiert: *Richardi* Kollektivgewalt

Rieble, Volker: Anmerkung zu BAG SAE 1994, 157-160

Rieble, Volker: Arbeitsmarkt und Wettbewerb, Berlin/Heidelberg/NewYork/Barcelona/Budapest/Hongkong/London/Mailand/Paris/Santa Clara/Singapur/Tokio 1996; zitiert: *Rieble* Arbeitsmarkt

Rieble, Volker: Krise des Flächentarifvertrages?, RdA 1996, 151-158

Rieble, Volker: Tarifvertrag und Beschäftigung, ZfA 2004, 1-66
Rolfs, Christian/*Giesen*, Richard/ *Kreikebohm*, Ralf/*Udsching*, Peter: Beck'scher Online-Kommentar Arbeitsrecht, Edition 4, München, Stand: 1. September 2007; zitiert: *Bearbeiter* BeckOK ArbR

Schaub, Günter: Aktuelle Fragen des Tarifvertragsrechts, BB 1995, 2003-2006
Schaub, Günter: Aktuelle Streitfragen zur Kostensenkung bei der Arbeitsvergütung, BB 1994, 2005-2011
Schaub, Günther: Arbeitsrechts-Handbuch, 12. Aufl., München 2007; zitiert: Schaub/*Bearbeiter* ArbRHb
Schlachter, Monika: Herausforderungen der Tarifautonomie – Länderbericht Deutschland und vergleichende Diskussion –, ZIAS 1997, 101-122
Schleusener, Axel Aino: Überlegungen zur Reform des Tarifvertragsrechts, NJ 1998, 561-566
Schliemann, Harald: Arbeitsvertragliche Verweisung auf Tarifverträge, Sonderbeilage (Heft 16) zu NZA 2003, 3-14
Schmidt, Uwe: Die Mitgliedschaft in Verbänden, Frankfurt am Main 1989; zitiert: *Schmidt* Mitgliedschaft
Scholz, Rupert: Koalitionsfreiheit als Verfassungsproblem, München 1971; zitiert: *Scholz* Koalitionsfreiheit
Scholz, Rupert: Rechtsfragen zur Verweisung zwischen Gesetz und Tarifvertrag, in Arbeitsleben und Rechtspflege, Festschrift für Gerhard Müller, Berlin 1981, 509-536; zitiert: *Scholz* FS G. Müller
Schwab, Martin: Mindestarbeitsbedingungen nach Verbandsaustritt des Arbeitgebers, BB 1994, 781-785
Sinzheimer, Hugo: Ein Arbeitstarifgesetz: die Idee der sozialen Selbstbestimmung im Recht, München 1916; zitiert: *Sinzheimer* Arbeitstarifgesetz
Sinzheimer, Hugo: Rechtsfragen des Arbeitstarifvertrags, Brauchen wir ein Arbeitstarifgesetz?, Jena 1913; zitiert: *Sinzheimer* Rechtsfragen
Soergel: Bürgerliches Gesetzbuch, Bd. 1, Allgemeiner Teil 1, §§ 1-103, 13. Auflage, Stuttgart/Berlin/Köln 2000; zitiert: Soergel/*Bearbeiter* BGB
Staudinger: Kommentar zum Bürgerlichen Gesetzbuch mit Einführungsgesetz und Nebengesetzen, Zweites Buch, Recht der Schuldverhältnisse, §§ 611-615, Neubearbeitung, Berlin 2005; zitiert: Staudinger/*Bearbeiter* BGB
Stein, Axel: Anmerkung zu BAG AuR 2005, 29-33
Stein, Axel: Anmerkung zu LAG Sachsen-Anhalt AuR 2000, 147-151
Stein, Axel: Tarifvertragsrecht, Stuttgart/Berlin/Köln 1997; zitiert: *Stein* TVR
Stumpfe, Werner: Änderungen in der Verbandslandschaft – Arbeitgeber, NZA Beilage 2004 (Heft 24), 1-4

Tophoven: Anmerkung zu BAG AP Nr. 1 zu § 3 TVG Verbandszugehörigkeit

Walker, Wolf-Dietrich: Möglichkeiten und Grenzen einer flexibleren Gestaltung von Arbeitsbedingungen, ZfA 1996, 353-381

Wank, Rolf: Kündigung und Wegfall der Geschäftsgrundlage bei Tarifverträgen, in Tarifautonomie für ein neues Jahrhundert, Festschrift für Günther Schaub, München 1998, S. 761-791; zitiert: *Wank* FS Schaub

Westecker, Wilhelm: Die Rechtsnatur von Tariffähigkeit und Tarifgebundenheit, öffentlich-rechtliche Befugnis und Gebundenheit oder privatrechtliche Gestaltungsmacht und Unterwerfung? Bamberg 1966; zitiert: *Westecker* Rechtsnatur

Wiedemann, Herbert: Anmerkung zu BAG AP Nr. 4 zu § 3 TVG

Wiedemann, Herbert: Die Gestaltungsaufgabe der Tarifvertragsparteien, RdA 1997, 297-304

Wiedemann, Herbert: Tarifvertragsgesetz, 7. Aufl., München 2007; zitiert: Wiedemann/*Bearbeiter* TVG

Wiedemann, Herbert/*Stumpf*, Hermann: Tarifvertragsgesetz, 5. Aufl., München 1977; zitiert: *Wiedemann/Stumpf* TVG (1977)

Wilhelm, Gerhard/*Dannhorn*, Wolfgang: Die „OT-Mitgliedschaft" – neue Tore für die Tarifflucht? NZA 2006, 466-473

Winzer, Thomas: Beeinflussung der Tarifgeltung durch den Arbeitgeber, Frankfurt a.M. 2002; zitiert: *Winzer* Beeinflussung

Zachert, Ulrich: Anmerkung zu BAG AP Nr. 8 zu § 3 TVG Verbandsaustritt

Zöllner, Wolfgang/*Loritz*, Karl-Georg/*Hergenröder*, Curt Wolfgang: Arbeitsrecht, 6. Aufl. München 2008; zitiert: *Zöllner/Loritz/Hergenröder* ArbR

FSC
www.fsc.org
MIX
Papier | Fördert gute Waldnutzung
FSC® C083411

Kolibri 360 GmbH
Ferdinand-Jühlke-Straße 7
99095 Erfurt, Deutschland
produktsicherheit@kolibri360.de

Druck:
CPI Druckdienstleistungen GmbH
im Auftrag der
Kolibri 360 GmbH
Ferdinand-Jühlke-Str. 7
99095 Erfurt